Shequ Jiaozheng Zhidu Yanjiu

社区矫正制度研究

/ 刘渝峡 著 /

西南交通大学出版社

·成 都·

图书在版编目（CIP）数据

社区矫正制度研究 / 刘渝峡著. —成都：西南交通大学出版社，2016.8
ISBN 978-7-5643-5000-0

Ⅰ. ①社… Ⅱ. ①刘… Ⅲ. ①社区 - 监督改造 - 研究 - 中国 Ⅳ. ①D926.7

中国版本图书馆 CIP 数据核字（2016）第 206579 号

社区矫正制度研究

刘渝峡　著

责任编辑	罗小红
封面设计	墨创文化
出版发行	西南交通大学出版社 （四川省成都市二环路北一段 111 号 西南交通大学创新大厦 21 楼）
发行部电话	028-87600564　028-87600533
邮政编码	610031
网址	http://www.xnjdcbs.com
印刷	成都勤德印务有限公司
成品尺寸	170 mm × 230 mm
印张	13
字数	225 千
版次	2016 年 8 月第 1 版
印次	2016 年 8 月第 1 次
书号	ISBN 978-7-5643-5000-0
定价	46.00 元

序　言

社区矫正是西方国家首先推行的一种刑事执法模式，其理念正始于19世纪末近代学派的行刑社会化思想。近代学派的大师们认识到监狱刑罚的缺陷和不足，提出了非监禁刑罚措施和对罪犯人格的改造，社区矫正便由此发端。20世纪50年代兴起了罪犯再社会化思潮，20世纪七八十年代以来，各国都在不断进行刑罚制度的创新，尝试用最有益的方式处理犯罪和犯罪人，社区矫正就是这样一种刑罚方式的探索和实践。

我国自2003年开始试点社区矫正工作，其依据为最高人民法院、最高人民检察院、公安部和司法部联合发布的《关于开展社区矫正工作的通知》。2011年2月25日第十一届全国人民代表大会常务委员会第十九次会议通过《中华人民共和国刑法修正案（八）》，明确规定“依法实行社区矫正”，这对于我国社区矫正制度具有里程碑意义，社区矫正制度被正式确立为一种法律制度。根据新的刑法修正案及相关法律规定，结合社区矫正试点工作的成果，最高人民法院、最高人民检察院、公安部、司法部于2012年1月10日联合制定并颁发了《社区矫正实施办法》。该《办法》为目前社区矫正工作的主要依据。我国目前还没有专门的社区矫正法，社区矫正的立法还处于研究阶段。

我国的社区矫正立法需借鉴国外的相关制度，并结合我国国情吸收其有益成分。社区矫正的立法需要做大量的前期研究，基于此，希望本书的研究能为此作点滴贡献。研究中的不足之处，望大家指正。

作　者

2016年7月

目 录

第一章 绪 论

第一节 社区矫正的概念与特征

任何问题的研究，都离不开对概念本身的解读与阐释。概念是人创造出来的词汇，用以概括和归纳某种社会现象的本质、内涵及其外延。视角不同，概念的界定也会存在不同，而从不同的概念出发，得出的结论也会存在差异。因而，本书亦不能免俗，将从探讨社区矫正的概念入手，来解读我国社区矫正的内涵、外延及其相关问题。

一、社区矫正的概念

社区矫正的概念曾经一度比较混乱，除了最高人民法院、最高人民检察院、公安部、司法部《关于开展社区矫正试点工作的通知》(以下简称《试点通知》)给出的概念以外，不同的学者对社区矫正都有不同的解读，以至于有些人认为没有必要对社区矫正的概念研究投入过多的精力。准确把握社区矫正的概念，需要厘清如下问题：

（一）矫正还是惩罚

研究社区矫正的概念，遇到的第一个问题就是此处的“矫正”到底是指何种含义。曾经有学者对比美国与欧洲社区刑罚执行活动的概念，认为美国通常叫“社区矫正”，而欧洲通常叫“社区惩罚”，原因有两点：一是美国注重对犯罪人的矫正；二是英文“correction”本身即包含惩罚与矫正多重含义，并因此认为社区矫正的本质是兼具惩罚、矫正与服务。[①]这种观点有一定道理，但还值得进一步商榷。

1. 英国为何叫“社区惩罚”

实际上，英国的社区矫正被称为“社区惩罚”，是近年来刑罚观转变的结

① 刘强：《社区矫正制度研究》，法律出版社 2007 年版，第 7 页。

果。较早期，英国以社区为基础的刑罚更多被叫作“社区判决”，而晚近以来，受到刑罚民粹主义的影响，公众对刑事司法执法不满的政治宣传促使民粹派的惩办主义增强，1999 年英格兰和威尔士将缓刑服务的名称变成社区惩罚和更生服务，2001 年又改变为国家缓刑服务。[①]在这种刑罚观的影响下，《2000 年刑事司法及法庭服务法》正式将社区服务令变更为“社区处罚令”。[②]因此，英国之所以把社区判决名之为“社区惩罚”，其背景是惩罚主义观的势隆，是对过于松散的社区监督的一种调整。实际上，美国自身也经历了这种刑罚观的调整，逐渐从松散的社区监管发育出一系列强化的社区监督形式。因此，惩罚还是矫正，在美国与英国，本身并没有本质的区别。

2. 社区矫正还是社区惩罚

到底有没有必要将社区矫正的本质界定为惩罚与矫正的结合呢？换句话说，是否需要在中国社区矫正的内涵中强调惩罚观念？毋庸置疑，社区矫正主要是社区刑罚的执行，因而必然包含惩罚的因素，但是否有必要对此进行强调，甚至将惩罚与矫正并列呢？我们认为这有待商榷。教育刑理论与实践产生以后，“矫正”逐渐成为国际上通用的法律术语，而“改造”则是我国长期以来使用的法律术语，但近年来不少学者开始反复使用“矫正”一词。从“劳动改造”到“教育改造”，从“改造”到“矫正”，法律术语的演变从一个侧面反映了我国刑事立法技术更加成熟，也反映了我国刑罚执行活动的内容与形式正逐步走向法治化、科学化、现代化。[③]我国向来有重刑主义传统，民间的报应思想也很强烈，在这样一个过渡时期，如果在社区矫正的本质中强调惩罚，甚至将惩罚与矫正并列，对社区矫正的开展可能会产生不良影响。实际上，对罪犯的矫正措施根据其人身危险性的评估等级完全可能客观上限制罪犯的人身自由等多项权利，必然具有一定的惩罚性，但显然为了惩罚而惩罚的观念已经不符合现代刑罚观。如果矫正必需，则惩罚可以成为手段；如果矫正不需要，则惩罚不能作为独立的社区矫正的目的。

综上所述，我们认为社区矫正的本质不宜强调惩罚，直言矫正已经足够。并基于此，我们不支持那种将社区矫正等同于非监禁刑的执行的最广义的社

① [英]皮特·雷诺、莫里斯·范斯顿：《解读社区刑罚——缓刑、政策和社会变化》，刘强、王贵芳译，中国人民公安大学出版社 2009 年版，第 69 页。

② [英]詹姆斯·迪南：《解读被害人与恢复性司法》，刘仁文等译，中国人民公安大学出版社 2009 年版，第 196 页，注第 54。

③ 王平：《社区矫正：用语的改变与意义的翻新》，载王珏、王平、杨诚：《中加社区矫正概览》，法律出版社 2008 年版，第 1-3 页。

区矫正概念。很简单的道理，罚金刑对于罪犯来说，更多具有的是惩罚性，而缺乏在社区中矫正的含义，因而罚金刑的执行显然不能被认为是社区矫正。

（二）刑罚还是矫正

社区矫正的本质，按照《试点通知》的规定，主要是刑罚的执行。但是，不少论著在研究社区矫正的时候，都没有注意社区矫正与社区刑罚的区别。社区刑罚与社区矫正的主要区别，就在于社区刑罚主要是从刑罚制度上研究管制、剥夺政治权利等刑种以及缓刑、假释、监外执行等刑罚执行方法，而社区矫正则是研究被判处或决定适用上述社区刑罚的罪犯在社区内服刑的具体矫正方法与矫正过程。简单的类比，就是监禁刑与监狱行刑的区别。研究社区刑罚，主要是从刑事法律的层面对制度的设计、制度的完善进行讨论；研究社区矫正，则要包含法学、心理学、教育学、社会学等多学科的知识背景，着眼于如何促使社区服刑人员成功地再社会化。

研究社区矫正制度，当然离不开对社区刑罚的研究，但是在界定社区矫正概念的时候，不能忽视社区矫正与社区刑罚的细微差异。总体来说，社区矫正就是社区刑罚的执行。所谓社区刑罚，“就是指由人民法院或刑罚执行机关确定犯罪人在社区中服刑的非监禁或半监禁的刑罚方法或刑罚执行方法”。[①] 不少学者在谈到社区矫正的时候，习惯于从比较广泛的视角来讨论；实践部门在讨论社区矫正的时候，也总是有意无意地将社区刑罚与社区矫正相提并论。许多学者一谈到社区矫正管理体制，总是谈法院、检察院、公安局、司法局、监狱、民政局、劳动局等机构的“分工合作”，这其实就是一种混淆社区刑罚与社区矫正的思维。[②]社区矫正的本质就是“刑罚的执行”，其落脚点还是在“执行”上。很少有人在谈到刑事执行体制的时候，要去讨论法院如何、检察院如何；但一谈到社区矫正，却往往大谈特谈法院、检察院等机构的“分工”。表面看来，这不过是讨论的角度不同，但实际上却反映出学界、实务界对社区矫正存在某种程度上的不自信。

（三）刑罚执行：关于缓刑本质的悖论

有关社区矫正的本质，比较权威的定义是，“社区矫正是与监禁矫正相对的行刑方式，是指将符合社区矫正条件的罪犯置于社区内，由专门的国家机

① 何显兵：《社区刑罚研究》，群众出版社 2005 年版，第 4 页。
② 王珏、王平、杨诚：《中加社区矫正概览》，法律出版社 2008 年版。

关在相关社会团体和民间组织以及社会志愿者的协助下，在判决、裁定或决定确定的期限内，矫正其犯罪心理和行为恶习，并促使其顺利回归社会的非监禁刑罚执行活动。”[①]这一定义获得了比较广泛的认同，成为学界探讨社区矫正本质的基础。但是，将社区矫正的本质界定为“刑罚执行活动”，将存在一个悖论，即缓刑的本质是量刑制度还是行刑制度。

随便打开一本刑法教科书，基本上都可以在目录中查阅到缓刑的地位，几乎所有学者都将缓刑列入“量刑制度”中。也就是说，这些学者认为，缓刑的本质就是量刑制度，或者说主要是一种量刑制度。张明楷教授曾经写道：“从裁量是否执行原判刑罚的意义上说，缓刑是量刑制度；从刑罚执行的意义上说，缓刑也可谓刑罚执行制度。”[②]尽管如此，他仍然将缓刑列入“量刑制度”中，也就是说，他可能认为缓刑主要还是一种量刑制度。

与上述通行的学术观点相矛盾的是，很少有学者对社区矫正的本质提出质疑：既然社区矫正是“刑罚执行活动”，而缓刑的执行是社区矫正的一种，那么缓刑的本质与社区矫正的本质是否是矛盾的？有些研究死缓的学者提出：“从规范的角度来看，死缓和缓刑的本质都可以归结为‘有条件地暂缓原判决的执行’。”[③]但是中国社会科学院的屈学武教授对此进行了批评，她提出：死缓就是刑罚的执行，但缓刑不是刑罚的执行。缓刑的本质是有条件地暂缓原判决的执行，就是说没有刑罚执行。该观点代表了学界的普遍认识：缓刑的本质应当是量刑制度而非刑罚执行制度。既然如此：把缓刑放在社区矫正体系中，是否存在逻辑上的悖论？如果按照张明楷教授所说，缓刑的执行也可谓刑罚执行制度，但缓刑的本质就是“暂缓原判决的执行”，既然原判决未执行，何来“刑罚执行”？解决问题的关键，最终只有一条：缓刑的监督是否就是刑罚执行？但要解决这个问题，还需要对刑罚本身进行再阐述，尚需要进一步研究。值得注意的是，除我国大陆学界外，不少其他国家和地区的学者都将缓刑列入“刑罚执行制度”。例如，我国台湾学者林山田就将缓刑作为第 18 章“刑罚的执行”之第 4 节；[④]日本学者大塚仁也将“刑罚的执行犹豫”列入“刑罚的执行”中。[⑤]

---

① 2003 年 7 月 10 日发布的最高人民法院、最高人民检察院、公安部、司法部《关于开展社区矫正试点工作的通知》。

② 张明楷：《刑法学》，法律出版社 2007 年版，第 459 页。

③ 何显兵：《死缓制度研究》，中国政法大学 2009 年博士学位论文，第 25 页。

④ 林山田：《刑法通论》（增订八版・下册），作者 2003 年发行，第 521-528 页。

⑤ [日]大塚仁：《刑罚概说（总论）》，冯军译，中国人民大学出版社 2003 年版，第 486-493 页。

综上所述，我们认为，缓刑既是量刑制度，又是刑罚执行制度。缓刑犯虽然暂时没有执行有期徒刑或者拘役，但是其在缓刑考验期内接受社区矫正机关的考察，其本身也是刑罚执行活动。在这个意义上，必须扩展刑罚执行的内涵与外延，即由于被判处某种刑罚，但在符合法定条件的情形下，在暂缓执行原判刑罚期间，罪犯接受的监督仍然是刑罚执行。这个问题只要援引假释的本质即可理解。假释的本质就是刑罚执行，这一点学界几乎无人提出责难。但实质上，假释犯在社区中接受监督，到底是服什么刑？显然不是服有期徒刑，因为有期徒刑要在监狱中服刑。当然有学者可能会反驳：立法拟制这种情况为服刑，因为《刑法》明文规定"如果没有本法第八十六条规定的情形，假释考验期满，就认为原判刑罚已经执行完毕"。但是这种意见仍然存在问题：假如存在撤销假释的情形，则需要收监执行。那么，在撤销假释的情况下，假释犯在假释考验期间接受监管，到底是什么性质？拟制说不能解决这个问题。实际上，德国等国家就将假释称之为"余刑的缓刑"，缓刑、假释并不存在实质上的差异。因此，最终的结论就是：扩展刑罚执行的外延，将刑罚执行犹豫期间接受的社区监督，也界定为刑罚执行活动。

（四）单纯的刑罚执行还是社会内处遇

按照我国社区矫正的《试点通知》，社区矫正的本质主要就是刑罚执行。但是，社区矫正的本质能否进一步拓展？直白地说，就是延伸至包含一切社会内处遇的范围？以我国台湾为例，社区处遇方案的形态包括：① 监督方案，包括社区服务、罚金、震撼观护三种；② 居留方案，主要是将毒品犯、少年犯安置于宽松监督的管理机构，着重实施药物治疗、就业训练等工作；③ 释放方案，包括监外作业、返家探视、中途之家、与眷属同住等监狱的短期性社会化处遇方案；④ 观护处遇，包括受自由刑之前的观护处遇和受自由刑之后的观护处遇；⑤ 社区监督与控制方案，包括密集观护监督、在家监禁、电子监控等。[①]再如日本，社会内处遇制度，包括保护观察、紧急改造保护、假释、缓刑、恩赦、时效及社会服务命令等一切"不将犯罪人收容于设施之内，而让其在社会上一边过一般生活，一边用指导、援助等使其改造自新的措施"。[②]我国已有学者主张除《试点通知》规定的管制、剥夺政治权利、缓刑、假释、监外执行五种常规措施以外的开放式处遇制度、出狱人社会保护制度列入社区矫正的范畴。其理由是：① 社区刑罚的本质就是给予犯罪人社会内处

① 蔡德辉、杨士隆：《犯罪学》，五南图书出版公司2004年版，第351-356页。

② [日]大谷实：《刑事政策学》，黎宏译，法律出版社2000年版，第258页。

遇，只要符合这个特征，就可以纳入社区刑罚的研究范畴；② 出狱人保护与社区矫正都可以站在同一基点上——社区；加之在我国出狱人保护陷入困顿境界而又急需开展的情况下，应当将社区矫正与出狱人保护工作相融合。①

我们认为，社区矫正的外延应当适当扩展至一切社会内处遇的范畴。开放式处遇制度是监狱行刑社会化的体现，在沟通设施内外行刑的过程中，还需要社区矫正机关的配合与协助，为发挥整体合力优势，我们认为应当将开放式处遇制度纳入社区矫正的视野。至于出狱人保护制度，将其纳入社区矫正的视野也具有一定的合理性。不少国家都规定犯有重罪的罪犯出狱后仍然可能受到一定程度的社区监督，例如英国所有被判处监禁刑的未成年罪犯和所有被判处 12 个月以上监禁的成年犯都被要求在释放后接受一定的社区监督，期限从几个月到释放后的终身不等。②但是，出狱人保护在我国毕竟仅属于“安置帮教”的对象，尽管公安机关重点人口管理中将出狱人列为重点人口进行了一定的监控，事实上接受了一定的社区监督，但出狱人社会保护与社区矫正的含义毕竟有所区别，这个问题还需要进一步研究。

（五）单纯的刑罚执行还是包括社会工作在内

社区矫正的内涵到底是什么，也存在一定的争论。一般认为，社区矫正是一项严肃的刑事执法工作，与一般的社会工作是不同的。③学界大多数同志对此持赞同意见，强调社区矫正的法律性、强制性。但是，在社区矫正的具体实践中，往往将工作重点集中到福利性措施上，我们也曾听到不少社区矫正工作者的抱怨：“我们干的尽是些民政局干的事情！”2008 年出版的《中加社区矫正概览》一书收集了社区矫正试点省市的“监督管理和教育矫正”措施，从文字上看基本上都是“法律性、强制性”措施，但具体工作中却并非如此，福利性质的措施占了社区矫正工作相当大的比例。我们认为，有必要强调社区矫正的福利性、社会工作性，实践部门大可不必对此遮遮掩掩。在社区矫正制度比较发达的国家和地区，社区矫正工作的福利性越来越强，反而是严肃的、冷冰冰的强制性降低了。当然这并不是说，社区矫正不需要监督、管理、甚至惩罚，而是说社区矫正应当以一种比较温和的面孔出现。譬如在我国台湾地区，学者就曾总结道：“少年观护工作类似于社会工作；少年

① 何显兵：《社区刑罚研究》，群众出版社 2005 年版，第 5-6 页。

② [英]皮特·雷诺、莫里斯·范斯顿：《解读社区刑罚——缓刑、政策和社会变化》，刘强、王贵芳译，中国人民公安大学出版社 2009 年版，第 131 页。

③ 刘强：《社区矫正的定位及社区矫正工作者的基本素质要求》，载《法治论丛》2003 年第 2 期。

观护工作类似于辅导工作；少年观护工作类似于教育工作；少年观护工作类似于行政工作。”[①]即使是成年观护工作，其监督重点也主要集中于极少数性犯罪人、职业犯罪人、习癖性犯罪人，对绝大多数犯罪人都是给予较为温和的处遇方案。

在我们看来，社区矫正走向福利化是一个必然的趋势。接受社会内处遇的服刑人员绝大多数都面临一定的生活困难，有些是物质生活的困难，有些是情感生活的困难，还有些是社会适应性困难。社区矫正一方面要促使他们重返社会，另一方面还要尽可能地保障他们的人道性处遇，因而社区矫正就必然包含大量的社会服务工作、福利性工作。也正因为如此，有学者强调社区矫正中应当包含惩罚、矫正、服务三个要素，强调惩罚我们不赞同，强调服务却是我们强烈支持的。某些研究社区矫正的官方人士或者学者总是对社区矫正的福利性抱着遮遮掩掩的态度，生怕受到指责，在我们看来其实大可不必。社区服刑人员其实在物质上或者体力上并不一定就是“弱势群体”，但在社会地位、社会道德评价上则属于“弱势群体”，不注意对他们权利的保障、不注意对他们生活的支持与帮助，社区矫正也就很难实现其预定目标。

综上所述，我们认为，社区矫正的概念可以界定为：社区矫正机关依法对社区服刑人员实施的矫正和提供的社会服务的总称。

二、社区矫正的基本要素

基于我们上述界定的社区矫正概念，社区矫正本身应当包含如下基本要素：

（一）社区矫正机关

社区矫正的执行主体应为社区矫正机关。这个要素表明，要建立完善的社区矫正制度，必须首先建立完善的社区矫正管理体制，确定专门的社区矫正机关和专职的社区矫正工作者。

管制、剥夺政治权利、缓刑、假释，是我国 1979 年刑法就已经明文规定的制度；监外执行，也是我国《刑事诉讼法》和《监狱法》明文规定的制度。既然如此，为何我们要将中国的社区矫正的起点从上海市社区矫正试点工作算起？我国《刑法》在 1979 年就规定了社区刑罚，但规定了社区刑罚并不表明就有社区矫正。任何一项严肃的刑事执法活动，不可能没有特定的执法主

① 刘作揖：《少年观护工作》（增订五版），五南图书出版公司 2007 年版，第 18-20 页。

体。尽管 1979 年《刑法》以及相关的司法解释、部门规章规定公安机关是社区刑罚的执行主体，但是公安机关并非专门的社区矫正机关，公安机关内部也从未设立专门的社区矫正机构。因此，实际上社区刑罚从 1979 年起，就缺乏实际的执行主体，故社区矫正也就无从谈起。如果公安部专设社区矫正局甚至是社区矫正处，各级公安机关建立了社区矫正的专门内设机构，我们也可以认可社区矫正在中国已实行 30 年，但是公安机关从未有过这一内设机构或者部门。

目前，我国社区矫正试点工作尽管尚未建立明确的、专门的社区矫正机关，但至少通过各种变通的方式将司法行政机关确认为执行主体，并从司法部到区县司法局都设立了专门的社区矫正内设机构，因而可以认为已经建立专门的社区矫正机构。《刑法修正案（八）》和《刑事诉讼法》修订生效以后，我国已经明确司法行政机关为社区矫正机关，可以说，社区矫正正式摆脱“试点”这一身份，开始在全国正式开展。

（二）社区矫正的法律依据

社区矫正首先是社区刑罚的执行，是一项严肃的刑事执法活动，因而必须具备明确的法律依据。我国《刑法》《监狱法》对社区刑罚的内容规定得并不具体，但是至少为社区监督提供了基本的法律依据。法律需要解释，尤其在我国，国务院各部委具有制定部委规章的权力。社区刑罚在我国的刑法中从来就不缺位，缺位的是执行机关具体的操作规范、操作流程。社区矫正试点阶段，基本上是由司法行政机关在负责社区矫正的执行，公安机关将社区矫正的执法权委托给司法行政机关，至少从形式上解决了改革的合法性危机。《刑法修正案（八）》和《刑事诉讼法》修订生效以后，社区矫正正式在全国展开，但社区矫正缺乏专门统一的法律规范。在这种情况下，最高人民法院、最高人民检察院、公安部、司法部于 2012 年 1 月 10 日联合印发《社区矫正实施办法》，初步解决了社区矫正缺乏操作规范的问题。但是，社区矫正作为严肃的刑事执行活动，不可能长期在粗糙的司法解释下运行，社区矫正法的出台，已经是迫在眉睫的立法任务。

（三）社区服刑人员

正在服刑的人员如何称呼，是个比较有意思的话题。在西方国家早期，在监狱服刑的人通常被叫作“囚犯”（prisoner），这与当时监禁机构大多被叫作监狱（prison）有关；后来随着教育刑理念的发达，人们逐渐用矫正机构

（correctional facility）取代监狱，相应的，“囚犯”一词被“inmate”取代，直译为“在机构内居住者”，即“在矫正机构中服刑的人员”。[①]在中国漫长的封建社会中，在监狱服刑的人通常都被叫作“囚犯”；到清末法律改良，《大清监狱律草案》受西方法制的影响，将在监狱服刑的人员叫作“在监者”；1946年颁布的《监狱行刑法》则将在监狱服刑的人叫作“受刑人”，这个词一直沿用至我国台湾地区的所谓“监狱行刑法”。“受刑人”这个词，比较接近“服刑人员”的含义。1949年后，法律法规中对正在服刑的人有“犯人”“罪犯”“劳改犯”“犯罪分子”“服刑人员”等不同称谓。比如，1954年政务院公布的《中华人民共和国劳动改造条例》、1982年公安部通过的《监狱、劳改队管教工作细则》称其为“犯人”；1979年《中华人民共和国刑法》称其为“犯罪分子”；1981年全国人民代表大会常务委员会通过的《关于处理逃跑或者重新犯罪的劳改犯和劳教人员的决定》称其为“劳改犯”；2004年出台的《监狱服刑人员行为规范》称其为“服刑人员”。目前，我国社区矫正的官方文件一般称其为“服刑人员”，也有的直接叫作“社区矫正对象”，而《社区矫正实施办法》称之为“罪犯”。

本书认为，社区中服刑的人员宜叫作“社区服刑人员”。理由在于：①“服刑人员”是比较严谨的法律用语，它比较客观地界定了服刑者的法律地位，而其他称呼如“犯罪分子”等则容易产生歧义，有时候还指事实上犯罪的人、犯罪嫌疑人等，概念模糊、界限不清，容易使人产生误解。②“服刑人员”的称呼不含贬义，体现了对服刑人员人格的尊重，而“犯罪分子”“罪犯”“犯人”等称呼则带有歧视、人格贬低的含义。在这个权利被尊重的时代，对服刑人员权利的尊重和保护不应当成为被法治遗忘的角落。同时，有效地教育矫正服刑人员要以尊重对方为前提，没有平等、尊重，就谈不上理解、沟通，就不会有理想的教育矫正。

（四）矫正与服务

社区服刑人员是犯过罪的人，有些是初犯、偶犯、过失犯，但有些却是累犯、惯犯；大多是轻罪犯，但有些却是重罪犯；有些人身危险性比较小甚至没有，但有些还带有一定的人身危险性。不论如何，社区服刑人员的法律地位是“服刑人员”，这就意味着他们至少曾经有或稳定或不稳定的犯罪心理结构，这就意味着在尊重他们人格的同时还要谴责他们，要求他们对自己的

---

① 吴宗宪：《当代西方监狱学》，法律出版社2005年版，第24页。

罪行负责。因此，社区矫正的首要内容，就是矫正。矫正或许包含惩罚，但决不能是仅仅为了惩罚，因而我们不赞成将惩罚与矫正并列为社区矫正的本质。矫正，是指根据社区服刑人员的人格特征以及其他易诱发犯罪的因素，对社区服刑人员发布指示，要求其遵守一定的禁令（禁令不是为了单纯的惩罚，而是为了隔断其不良社会联系）、履行一定义务（履行义务不是为了单纯的惩罚，而是为了尊重其人格、要求其承担应当承担的责任）、接受一定的治疗（治疗不是贬低其人格，而是对酒精依赖者、吸毒成瘾者、心理偏差者、精神障碍者等服刑人员的治疗，增强其独立自主的生活能力，降低、消除其人身危险性）。

尽管社区服刑人员曾经犯下罪行，但是完全将责任推卸给服刑人员也是不科学的。犯罪学的研究结论告诉我们，诱发犯罪的因素多种多样，要求社区服刑人员对罪行承担彻底、全部的责任，是古典自由意志论的复活，而这已经被证明为是不妥当的假设。社区服刑人员虽然曾经犯下罪行，但只要是人，只要诚挚悔改，就应当给予其生的希望。但社区服刑人员本身在社区中，可能面临各种各样的生活困难。这些困难既可能是物质上的，也可能是心理上的，还可能是人际交往上的。如果不注意对社区服刑人员的生活困难给予帮助，不对其脆弱的心理给予支持，社区服刑人员可能沦为被抛弃的对象，可能重新强化其反社会心理或者退避心理，带来新的社会不安定因素。因此，不论是基于社会主义精神文明建设的要求，还是基于宽恕、仁慈、怜悯的人道主义立场，国家都应当为社区服刑人员提供一定的服务项目，以帮助其度过生活困难期，重塑其社会适应能力。

三、社区矫正的特征

（一）社区矫正工作内容的复杂性

社区矫正的基本含义就是在社区中矫正犯罪人，在不剥夺犯罪人与社会正常联系的情况下矫正犯罪人。犯罪人如何矫正？要搞清楚这个问题，就必须首先明白犯罪的原因何在。

目的刑主义和教育刑主义都认为，犯罪是以社会因素为主的多种因素综合作用的结果。犯罪原因大体上包括：① 犯罪的人类学因素。人类学因素又可以分为罪犯的生理状况，如颅骨异常、脑异常、主要器官异常、感觉能力异常、反应能力异常等；罪犯的心理状况，如智力和情感异常尤其是道德情感异常等；罪犯的个人状况，如种族、年龄、性别等生物学状况和公民的地位、职业、住所、社会阶层、训练、教育等生物社会学状况。② 犯罪的自然因素。它是指气候、土壤状况、四季、温度等状况。③ 犯罪的社会因素。它包括人口密集、公共舆论、公共态度、宗教、家庭情况、教育制度、工业状况、酗酒、经济和政治、公共管理、司法、警察、一般立法状况、民事和刑事法律制度等。[①]对上述不同原因的研究就构成了犯罪生物学、犯罪心理学、犯罪社会学的不同研究路径，在这些学派内部又存在极端对立的派别，同一派别内部也存在着细微的学说差异，这都说明犯罪是一种非常复杂的生理、心理、社会反应过程，对犯罪人的矫正也必须综合考虑这些因素。

监狱对矫正犯罪人还没有实证依据证明到底有没有效果，而且整个矫正论都在受到质疑。尽管如此，我们认为，矫正无论能否成功，它都是我们这个社会义不容辞的责任，对矫正论的怀疑和否定，意味着我们将彻底抛弃人道主义赋予我们拯救人民从邪恶心灵中摆脱出来的道德义务。犯罪的多因性与复杂性决定了社区矫正工作将是一项非常复杂的工作，它涉及心理学、医学、社会学、法学等多方面的知识，不仅需要高度的责任感，而且需要严肃的人文关怀。只有从各个角度认真分析犯罪人的致罪心理，才可能成功矫正犯罪人。社区矫正工作者只有在准确诊断犯罪人的“犯因”前提下，才可能“对症下药”，研究切实可行的矫正方案。

心理学的研究结论也告诉我们，人确定自己的人格、选择自己的行为，都是在遗传与环境的双重影响下形成的，人格的总遗传率大约为 40%。随着遗传和经验作用的不断展现，研究者已经区分出三种情况：① 同样的环境经验对有不同遗传构成的个体有不同的作用；② 具有不同遗传结构的个体可以唤起不同的环境反应；③ 具有不同遗传结构的个体会寻求、改变和创造自己的环境。总之，个体既是环境影响的相对被动的接受者，又可以通过自己唤起的反应在环境事件中起作用，还可以在选择和创造环境中发挥积极作用。每一种情况都有天性和环境的交互作用。[②]犯罪行为形成的复杂的内在心理机制和社会机制决定了要矫正犯罪人的反社会性人格是一项多因素综合的复杂工作，它涉及医学、心理学、社会学、行为学、法学等多个学科的知识，而且需要较强的社会工作能力。

---

① [意]恩里科·菲利：《犯罪社会学》，郭建安译，中国人民公安大学出版社 1990 年版，第 41-42 页。

② [美]L. A. 柏文：《人格科学》，周榕等译，华东师范大学出版社 2001 年版，第 153-179 页。

（二）社区矫正性质的多重性

社区矫正的性质是什么？一般认为，社区矫正是一项严肃的刑事执法工作，与一般的社会工作是不同的。[①]这是从刑罚意义的角度来看待社区矫正的，这种意义上的矫正还未能意识到罪犯的再社会化需要全社会的共同努力。我们认为，社区矫正就是对犯罪人以及虞犯进行矫正，矫正可以分为犯罪前的预防矫正、犯罪后的刑罚矫正、刑罚执行完毕后的后续矫正和帮助，从统合刑事政策的角度来看，应当将社区矫正的范围拓宽，以成功达到预防和控制犯罪的目的。从这个基本看法出发，社区矫正的性质具有多重性。

首先，社区矫正是刑罚执行活动。管制、剥夺政治权利是刑种，缓刑、假释、监外执行是刑罚执行方法，不论是刑种还是刑罚执行方法，其具体的执行都属于刑罚执行活动。既然是刑罚执行活动，就必须强调刑事执法的严肃性、专门性。对罪犯权利的剥夺、对罪犯自由的限制，都必须于法有据，而且必须由专门的刑罚执行机关的国家工作人员来实施。因此，尽管社区矫正强调要运用社区资源、发动社区群众，但涉及具体的执法活动，则必须由社区矫正机关的国家工作人员负责实施，社区矫正志愿者对社区服刑人员在社区矫正期间的活动主要负责进行监督、报告。同时，既然涉及对罪犯权利的剥夺、限制等措施的运用，就必须严格依照法定程序，不能随意任性而为。

其次，社区矫正还是社区社会工作。前面已经谈到，在某些国家或地区，已经基本上不采用“社区矫正”一词，而采“社区处遇”这个概念，例如日本和我国台湾地区。前文谈到，从“劳动改造”到“教育改造”，从“改造”到“矫正”，用词的变化反映了我国对刑事执法性质的一个认识转变过程，从中也体现了对罪犯人格的尊重。但是，“矫正”这个词，也存在一定缺陷。“矫正”的英文是 correction，这个词的法律含义就是指惩治、惩罚以及教养、改造。[②]而“处遇”的英文是 treatment，其初始含义是指治疗，后引申为待遇、对待，指某人或某物受到对待的方式。[③]美国 19 世纪末到 20 世纪中叶，刑事执法领域占统治地位的是医学心理学决定的“刑罚—福利”或者叫作“医学—福利”模式。矫正主义犯罪学的主要观点认为，犯人是弱势或社会化不良的人，国家有责任通过社会和刑罚政策采取治疗式的积极举动，促使偏差者

---

① 刘强：《社区矫正的定位及社区矫正工作者的基本素质要求》，载《法治论丛》2003 年第 2 期。

② 薛波：《元照英美法词典》，法律出版社 2003 年版，第 328 页。

③ 薛波：《元照英美法词典》，法律出版社 2003 年版，第 1356 页。

回归社会，这一思想强调自由、人道与宽容的价值。[①]“处遇”这个词，比“矫正”更中性、更人道，没有对犯罪人高高在上的训示态度。当然，词语的变化并不一定导致具体实践的颠覆性变化，但它至少代表着一种倾向、一种希望、一种目标。“社区处遇”的概念，代表着对社会内的服刑人员给予帮助、保护、支持的一种正面积极引导的价值观，其背后隐藏的就是福利模式。因而，社区矫正在中国要想真正取得开拓性的成果，必须要正面承认社区矫正的法律性质及其所具有的丰富的社会福利性质。社区矫正工作者所做的工作当然包括社区监督，但重点应该放在对社区服刑人员的帮助、保护、支持、辅导等社区福利性工作上，促使服刑人员能够重新融入社会，并倡导一种博爱、关怀、仁慈、宽恕的价值观，将社区矫正工作融入社区道德共同体的重建工作中，这样才能取得更大的成绩。

（三）社区矫正手段的多样性

社区矫正是教育矫正人的社会系统工程，具有高度的复杂性。引起犯罪人走上犯罪道路的原因是多方面的，不同的犯罪人、不同的犯罪类型，都有各自不同的特殊原因和综合作用过程。社区服刑人员的思想动态、犯罪原因等各不相同，因此社区矫正要成功教育矫正这些人，就必须具有灵活多样的改造手段。

对在社区中矫正的服刑人员，社区矫正机构不只是对他们的活动进行监督，还要区分情况地为他们提供帮助，充分运用社会工作的各种手段对他们进行个案分析，制定矫正方案；对在社区生活的刚刚出狱的受刑人，要根据具体情况为他们提供适当的帮助和保护，帮助他们成功度过出狱之后的适应期，尽快回归社会正常生活。社区矫正中的“矫正”，不能仅仅理解为刑事执法活动，更要着重理解为通过各种心理咨询、心理分析、物质帮助、情感关怀等手段将其成功地改造为适应社会主流文化的人。社区矫正中的“矫正”，既包括刑事执法活动的矫正，也应当包括社会工作中的矫正。

如前所述，社区矫正要能够取得成功，社区建设是前提和基础。社区矫正的实质就在于通过整合专门机关与社区的力量来矫正犯罪人。犯罪人走上犯罪道路的原因是多方面的，因而其矫正手段也应是多方面的。尽管目前社区矫正的试点强调其严肃的“刑事执法”特点，但是如果没有综合的帮助、保护等救助手段，社区矫正就只能成为对犯罪人的一种宽容，而难以起到矫

① [英]戈登·休斯:《解读犯罪预防——社会控制、风险与后现代》，刘晓梅、刘志松译，中国人民公安大学出版社2009年版，第52-55页。

正的作用。

（四）社区矫正的专门性与群众性

社区矫正首先是一项专门机关的工作。无论是对潜在犯罪人和那些违法青少年的矫正和教育，还是那些在社区中执行非监禁刑罚的犯罪人，或者是那些刚刚出狱的犯罪人，都需要将社区矫正作为政府的一项专门工作予以扎实推进，促进社区治安的稳定。在日本，有专门的法务省保护局、地方改造保护委员会和保护观察所来负责执行社会内处遇；在美国，有专门的缓刑局和假释委员会等机构负责执行缓刑和假释，有专门的缓刑官和假释官来负责社区矫正工作。中国上海在社区矫正试点工作中设立了社区矫正工作领导小组，下设办公室在市司法局。因此，社区矫正工作首先是政府机关的专门工作。我国正处于社会转型期，政府机关还掌握着社会绝对多数的资源，真正体现市民社会本质的社会自治团体、社会福利机构等中介组织还处于萌芽阶段，我国的社区建设真正取得成绩也只在少数经济文化发达的地区，多数地区的社区建设包括社会中介组织建设仍然处于艰难起步阶段。我国现阶段的缓刑、假释、管制等刑罚执行情况不好，关键原因就在于市民社会的基础还未成熟，掌握的资源过于匮乏。在这样的情况下，必须首先强调社区矫正工作的专门性，否则社区矫正工作必将处于软弱涣散的状态。

其次，社区矫正具有浓厚的群众性。社区矫正的实质，就在于将犯罪人、潜在犯罪人或者其他刑满释放人员放在社区中进行矫正，充分利用社区各种资源，动员社区内各种群众力量参与改造和矫正工作，将大大增强改造的力量。世界其他推行社区矫正的国家，都非常重视社区力量的参与。日本实施社会内处遇的人有保护观察官、保护司、改造保护法人及民间志愿者。保护观察官是地方改造保护委员会的国家公务员，从事“基于医学、心理学、教育学、社会学以及其他改造保护的专门知识，进行保护观察、人格调查及其他与犯罪人的改造保护及与犯罪预防有关的事务”，1994 年编制 89 人；保护司是“具有社会奉献精神，在帮助犯罪人改造自新的同时，努力启发有关犯罪的舆论，从而净化地域社会，为个人及公共利益做贡献”的民间志愿者，编制为 52 000 人之内；改造保护法人是从事改造保护的民间团体，从事持续性保护事业、一时性保护事业、联络促进事业等工作；民间协助组织，包括各种从民间立场参与改造保护的民间自愿组织。[①]从上述材料可以看出，尽管

① [日]大谷实：《刑事政策学》，黎宏译，法律出版社 2000 年版，第 262-264 页。

社区矫正是一项严肃的官方事业，但是同时社区在社区矫正工作中发挥着更为积极的作用，民间力量是社区矫正的主要资源。我国台湾地区所谓的“更生保护法”和“更生保护法实施细则”也专门规定了民间人士参与更生保护的方法、程序，而且从其实践来看，其更生保护主要的基础工作就是由社区力量来完成的。其他如英国、美国等国家的社区矫正也是积极运用社会力量参与改造保护事业，取得了良好效果。我国在社区矫正试点过程中，也应积极探索适合我国国情的利用社区资源参与社区矫正的具体方式和途径。充分发挥国家专门机关的业务优势，并积极组织社会力量参与社区矫正事业，增强矫正的力量，促进社区矫正的专门性与群众性相结合是社区矫正工作取得成功的关键。

当然，现阶段我国社区力量还比较薄弱，只有少数经济文化发达地区的社区建设取得了一定成绩，这也是社区矫正“试点”最初仅在少数几个经济文化较为发达的城市开展的基本原因之一。但是随着我国社会经济结构和政治体制的逐渐转型，市民社会的基础逐渐成熟，社区建设必然逐渐走向成熟和完善，能够为社区矫正工作贡献的资源也会越来越多。

第二节　社区矫正的功能

社区矫正实践初现之时往往因缺乏严格的程序而具有极大的随意性，矫正效果也缺乏稳定性和可预见性。严谨而科学的程序不仅是社区矫正制度发展与成熟的标志，更是实现社区矫正目的的保障机制。作为社区矫正制度的组成部分，社区矫正程序功能的设计受制于社区矫正的目的。从结果来看，社区刑的目的与监禁刑的目的有一致的地方，均以改造人为宗旨，目的是将罪犯教育改造成为遵纪守法的公民，维护社会稳定，实现刑罚的最终目的——预防犯罪、改造犯罪，并最终达到消灭犯罪的目的。当然，社区矫正也有其特殊目的：① 克服监禁改造的弊病，充分利用社区资源，以个别化的方式矫正罪犯思想与恶习，令其健康地再社会化，预防再犯；② 充分保护受害人利益；③ 修复被犯罪行为破坏了的社会关系，帮助恢复社会的正常秩序。在我国的特殊国情下，社区矫正还有一层直接目的，就是改变目前实践中对被判处管制、剥夺政治权利和缓刑、假释、监外执行等社区刑的罪犯的刑罚执行流于形式或监管不力的情况。服务于这一目的体系，社区矫正程序的功能主要集中在如下几个方面：① 权力制约；② 提高效率；③ 秩序生成功能；④ 民主参与功能。

一、权力制约

“虎豹”邹某，大连市人。20 世纪 80 年代在大连开发区经营歌舞厅期间逐渐网罗了社会上一大批地痞、流氓，形成一个带有黑社会性质的流氓团伙。他的生意涉足娱乐、餐饮等行业，资产逾千万元。1992 年，邹某纠集 7 个同伙与高某团伙发生黑吃黑打斗火并，高某被打死，常某被打成重伤。邹某于 1994 年 3 月被警方抓获，1995 年大连市中级人民法院以故意杀人罪、流氓罪和非法拘禁罪将其判处死刑，剥夺政治权利终身。同年 11 月 6 日，辽宁省高级人民法院改判邹某死刑缓期两年执行，剥夺政治权利终身。死缓判决下来后，邹某通过各种关系，转到辽宁省大连监狱服刑，而此前，该监狱还没有关押过判无期徒刑以上的犯人，监狱领导考虑到邹某是个“能”人，可以为监狱创收，就破例“收留”了他。

邹某在辽宁省大连监狱服刑期间过着“皇帝”般的生活，监狱把他安排在远离普通牢房的单间里，房间里有冰箱、彩电、电话等生活用品，还有两个犯人充当勤杂人员为其服务。1998—2000 年间，邹某连续送给监狱长谢某人民币共计 54 万元，副监狱长汪某、四监区监区长于某各 1 万元。在谢某、汪某、于某的策划下，大连监狱以夸大或伪造材料为邹某两次减刑，最后保外就医。

2000 年 4 月，才走出监狱大门“保外就医”1 个月的邹某率团伙持枪在大连开发区一家洗浴中心寻衅滋事，开枪打死一人，重伤一人。自此牵出了辽宁省大连监狱一串贪官。2003 年 8 月 19 日，沈阳市中级人民法院刑事第二审判庭公开审理了与邹某案有直接关系的谢某、汪某、于某案。检察机关对 3 人进行了多项罪名的指控。[①]

社区矫正在我国的试点和推广将使多个权力主体的权力发生变化，如果没有有效的程序制约，这将变为权力滥用和权力腐败“新的增长点”。首先是作为社区矫正的决定主体。随着社区矫正范围的扩大，法院、检察院、监狱管理机构都可以在一定范围内自由裁决适用社区矫正，并且从趋势上看，这种自由裁量权的范围也是在逐渐扩张的。如果法国著名古典社会学家迪尔凯

---

① 摘自《大连服刑“黑老大”再酿血案牵出监狱一串贪官》，人民网，http: //www. people. com. cn/GB/shehui/1061/2027166. html。

姆为我们勾勒出的刑罚发展的三大律则有其合理性，[①]那么可以预计，在并不久远的未来，我国目前以监禁刑为核心的刑罚体系将发生革命性变化。社区刑将变为一种单独的刑种并得到广泛适用。社区刑并不剥夺被执行人自由这一得天独厚的优势对被执行人来说无疑是有吸引力的，从而给社区矫正的决定机关和人员腐败制造了空间。邹某案中邹某通过行贿获得两次减刑并最终"保外就医"给我们敲响了警钟。其次是作为执行主体的司法所。行使社区矫正职能之后，街道司法所将成为权力最大的基层单位，因为它有了处治人身自由、一定程度上决定人的命运的权力（考察、评估，并根据考察结果决定其是否减刑或解矫，是否提请相关机关对违法、违规行为进行处罚。特别是随着对社区刑监管力度的加大，这种权力对社会资源和社会关系的支配力会空前加强）。尽管现阶段这些权力还未真正实质化，但随着社区刑地位的确立及社区矫正制度的完善，社区刑的惩罚功能会有所加强。强制性公益劳动、更为严苛的监管措施等，都会给矫正对象行贿提供动力。权力是滋生腐败的源泉，如果权力的行使被约束在严格的程序下、科学的范围内，权力的增长可以成为保证效率、促进社区矫正制度发展的有力武器，但权力没有或不受法制约束时，它就会越出轨道被随意滥用，转化为掌权者谋取私利的工具，成为吞噬社会肌体的病毒。

从原理上讲，程序具有限制恣意的内在功能，正是这种功能，使程序成为制约权力的有力武器。季卫东先生对这种功能是这样阐释的："程序表现为规范认定和事实认定的过程，但实际上，程序既不单纯取决于规范，也不单纯取决于事实，更不是一种固定的仪式，甚至也不宜过分强调其过程侧面。程序的对立物是恣意，因而分化和独立才是程序的灵魂。分化是指一定的结构或者功能在进化过程中演变成两个以上的组织或角色作用的过程。这些组织各自具有特殊的意义，因而要求独立地实现其价值。于是明确相互之间的活动范围和权限就成为题中应有之义。分化和独立会带来这样一种现象：为了达成一定目的而进行的活动，经过不断反复而自我目的化，这种现象被称

① 迪尔凯姆认为，从社会变迁对刑罚影响的角度来看，刑罚的发展包含了三大律则：一是替代律则，即随着人类历史之发展，复原式或赔偿式惩罚，逐渐替代传统的报复性或压制性惩罚；二是量化变易律则，即社会越是落后，政府集权现象越是厉害，则刑罚的科量越重越多，社会越是进步，政府越是分权，则刑罚的科量越轻越少；三是质化变异律则，即社会对于惩罚的观念日益人性化及个人化，日益重视受刑人的教育和再社会化。（冯卫国、储槐植：《刑事一体化视野中的社区矫正》，载《吉林大学社会科学学报》2005 年第 5 期）

为功能自治。程序中的功能自治性是限制恣意的基本的制度原理。”[①]我们或者可以这样理解程序之限制恣意功能，即在程序中分别扮演不同角色，或者承担不同职能的两个或两个以上的社会组织，在相互作用的过程中不断地产生了明确各自活动和权力范围的要求。而随着各个组织人员权力和职责的明确以及组织、制度的逐渐健全，通过职业化和专业化排除外部干预的要求越来越明确。因此，程序的发展使其具有了一方面制约内部主体的作用，各种主体的行为受到日益严格的控制（即被日益明确的法律规范和司法习惯控制），另一方面抵御外部不当干预的功能。

目前在我国，社区矫正仍主要是一种行刑方式，是一种由国家专门机关负责实施的，民间组织、社会团体和志愿者广泛参与的刑罚执行活动。换言之，它是一种权力主导的活动。在这个权力运行过程中，有许多内容将影响矫正对象及其他社区矫正活动参与者的权益。无论是社区矫正的决定过程还是实施过程，如不对专门机关的权力施以制约，都会成为权力寻租的突破口。科学的程序不仅能使社区矫正这一“传来”的制度正规化，序化社区矫正活动，更能利用程序的内在约束机制，使“不断自我目的化”的主体在参与程序交涉和对话的过程中发挥互相监督和制约的功能。社区矫正程序是一个由矫正工作者、矫正对象及其他利害关系人共同参与的，并按法定的方式、步骤、期限展开的一个“场域”活动。在这个场域内，各程序主体职能不同，所代表的利益不同。他们都有参与交涉和对话的权利，同时也都受程序规则的制约。正是由于程序的这种参与性，利益相关人在与已有关的矫正活动中有权提供证据和进行辩论，这些活动能对处理结果产生实质性的影响，从而能有效地避免权力腐败和滥用。

与此同时，程序本身对参与主体的约束也是显而易见的：明确的程序规范，严谨、科学的步骤，为参与社区矫正活动的主体行为划定了时空上和方法上的界域。按照法定的程序实施矫正活动，则意味着矫正活动主体的行为必须受制约，违反法定程序，不仅行为人需要承担相应的法律后果，行为本身还将受到程序性制裁。因此，程序的存在将客观上给社区矫正权力机关以及决定、执行人员以强大的法律威慑力，防止其滥用权力。

目前在一些监禁刑执行过程中已开始引入规范的程序，力图通过程序来避免监禁执行中的权力滥用和腐败。如在减刑、假释中设立听证制度、裁前公示制度等，通过利害关系人的听证和辩论、解释，减少减刑、假释中的权

① 季卫东：《法律程序的意义》，载《法学研究》1993 年第 1 期。

力腐败，效果令人瞩目。

2007 年 1 月 25 日下午，武汉市中级法院在湖北省汉阳监狱举行了该市规模最大的一次减刑、假释案件听证会，武汉市汉阳区检察院监所检察科副科长姚某等 3 名检察官对听证活动进行了全程监督。检察官们通过对监狱刑罚执行机关的质询，对服刑人员及有关证人的询问，确定汉阳监狱呈报的 5 名减刑、假释人员符合有关法律规定，合议庭依法当庭对 5 名服刑人员作出了减刑、假释的裁定。该监狱从 2004 年 7 月起推行“阳光减刑（假释）”制度以来，20 余名服刑人员的减刑和假释让同监狱服刑人员心服口服。

张某 1997 年被判处有期徒刑 12 年。入监后，他积极参加学习、劳动，改造表现突出，1999 年被裁定减刑 6 个月。2000—2004 年，他又立功 1 次、受表扬 7 次。汉阳监狱根据其表现，经过研究拟报请法院对其假释。在“听证会”上，他所在监区管教民警登台发言，证实他在服刑期间认罪服法，还大胆揭发违法违纪行为。接着，同监室服刑人员广某发言印证张某积极参加监狱公益事业：经常主动掏公厕；义务为全中队 140 人熬绿豆汤等。而在此前一周拟对张某等 5 人假释、减刑的《公示》张贴后，无不良举报。合议庭当庭裁定对张某假释。

同时，汉阳监狱还有 1 名服刑人员被裁定假释，3 名服刑人员分别被裁定减刑一年至一年零九个月。汉阳区检察院有关负责人称：法院、检察院、监狱联手推出的“阳光减刑（假释）”制度，在维护司法公正的同时，也维护了监狱的良好管理秩序，有效杜绝了可能发生的司法腐败。①

该报道中所提到的做法与笔者了解的 W 市中院的做法基本相同，即通过公示、听证会等程序，将减刑置于公众监督之下。听证会中，服刑人员、管教人员、同监室服刑人员均有权发表看法，检察机关实施同步监督，法院根据听证会的结果作出裁决。虽然这一制度现在仍存在问题，但是以公正的程序抑制腐败，必定是一条出路。

二、提高效率

S 警官确实太忙了，一人要参与从收矫到解矫的矫正全过程，包括资料的整理、社区的走访、与矫正对象的沟通交流等。办公桌上堆着总也清理不完

① 郭清君等:《减刑假释“听证”促司法公正》，正义网，http://www.jcrb. com/zywfiles/ca588235. htm.

的杂物，如矫正对象的档案、矫正方案和专业的文献以及上级和街道的通知等。电话则无时无刻不在响着，上级通知监督组来检查的，街委会要求协助处理诸如卫生检查、防火检查、防盗检查的，矫正对象要求面谈的，接受矫正对象例行报告，等等。最占时间，也是最让他恼火的是遇上矫正对象“无理取闹”，要低保的，要安排工作的。这让S警官显得疲惫不堪。

笔者在社区调查中最常听到的抱怨就是人手不够、事情太多这类关于“事多”与“人少”的矛盾。S警官面临的问题是我国多数试点社区矫正组织共同面临的问题。“事”与“人”的矛盾突出，一方面表明社会或国家对“事”的重视程度不够，投入过少；另一方面表明与“事”有关的制度、技术均不够成熟，人员未能有效地发挥作用，技术尚未专业化，效率低下。换言之，“事”与“人”的矛盾从另一个侧面反映了效率问题。

笔者认为，导致社区矫正工作效率低下的主要原因有：

其一，没有健全的制度，特别是程序制度。我国大多数社区矫正工作并没有形成新的职业技术，司法所开展社区矫正工作时，仍沿袭了传统的依赖人不依赖制度的技术策略。依靠制度首先要有完备的制度。完整健全的制度不仅包括完备的权利义务规范，还包括设计合理的工作方法、步骤、时空安排，按制度开展工作，将有效地提高工作效率。现代程序一般产生于人们漫长的实践过程，它往往是人们在实践中对“同类或同样的行为程序不断选择、改进”的结果。[①]人们针对不同的行为设计了不同的程序，对同类行为则根据其对当事人利益的影响程度设计了繁简程度不同的程序。在这样有序的程序中，“事件”的处理变得有条不紊，繁简得当，效率即可提高。相反，依人而治，就会导致同行中有效率的做法不能得到较好的传播，工作随意性大，缺乏规范，效率自然难以得到提高。

其二，人员分工不明确，职业化、专业化程度不高，导致效率低下。职业化和专业化是提高工作效率的重要保障，而目前我国社区矫正工作人员职业化和专业化程度均不高。缺乏训练有素的专职人员是目前影响我国社区矫正工作及工作效率的一个瓶颈。从表1-1和表1-2中的5个试点省（直辖市）的调查数据中我们可以发现，现在从事社区矫正工作的队伍中，真正有社区工作经验、有矫正经验的人少。[②]首先从志愿者人员组成来看，居委会成员和离退休人员人数超过50%，有的省份甚至接近70%。当然，我们不能认为居

① 湛中乐、王敏：《行政程序法的功能及其制度》，载《中外法学》1996年第6期。

② 表1-1和表1-2数据来源于中央司法警官学院2005年度重大研究课题“司法行政工作与构建和谐社会研究”课题组的统计数据。

委会成员和离退休人员就难以发挥作用，但以他们为主力军，只是加强了“管”的功能，而更重要的“教”或“矫正”的功能则无法有效开展起来。其次从专业人员内部构成来看，通过表 1-2 的分析我们会发现，狱警和原司法行政机关的工作人员大致占了 75%（重庆除外）。也就是说，大部分试点单位都是由司法行政机关抽调人员组成矫正机构。客观上说，从事过司法劳改和监狱工作的人，由于有罪犯管理经验，较之其他领域的人员在与罪犯相处的经验上较有优势。但同样不能忽视的是，这些人所带来的工作技术和思想方法是监禁刑的思路和方式。而社区矫正是复合性的，既是犯罪改造，又是社区工作，既有的犯罪管理模式或技术可能在某种程度上成为新工作方法和技术产生的障碍，如过于看重“管”和“防”，忽视或放弃“心理矫治”和“再社会化”的社会适应性改造。

表 1-1 社区矫正管理人员结构

项目 数据 省（市）	专业矫正人员（人）	社会工作者（人）	社会志愿者				
			高校学生（人）	社区居委会成员（人）	离退休干部（人）	其他（人）	总计（人）
上海市	240	450	2 061	1 281	2 365	334	6 041
江苏省	2 138	120	6 912	2 163	7 816	1 109	18 000
天津市	25	39	60	180	10	36	286

表 1-2 社区矫正专业矫正工作人员结构

项目 数据 省（市）	监狱人民警察（人）	司法干部（人）	其他（人）
上海市	60	121	59
江苏省	978	1 086	74
重庆市	2	4	11
天津市	8	15	2

其三，程序缺乏公开，公信力不高，增加了矫正对象的不满情绪甚至对抗意识。公正、公开的程序能赋予公权力行为确定性、合法性和稳定性，一般一经作出就产生法律效力，就会被服从，这样就维护了权力的威信，提高了权力行为的效率。英国行政法学专家韦德在其著作《行政法》中提到：“行政官员往往把法律工作者发明的程序看成是效率的障碍，这是自然而然的。

确实，自然正义规则限制了行政活动的自由，遵循这些规则须花费一定的时间与金钱。但如果减少了政府机器的摩擦，时间与金钱似乎用得其所。正因为它们主要是维持公正的原则，可消除苦怨，所以可以说自然正义原则促进了效率而不是阻碍效率。”[①]公开、公正的程序不仅能通过严谨的步骤、时限以及序化社区矫正者行为等直接的方式提高效率，也能从整体上减少行为反复，从而间接促进效率。

我国一些试点单位在社区矫正程序中推行“考核奖惩积分制”，将矫正过程的重要步骤，也是对矫正对象利益有一定影响的活动——考核，以分次考核、成绩积分的方式使监督过程与结果公开化，增加了奖惩活动的可视性。这一程序使矫正机构对矫正对象的处理、奖惩更令人信服，避免了暗箱操作的不利后果。但传统的罪犯管理往往缺乏公开、透明的程序，即使在对矫正对象利益有重大影响的事项上，矫正对象也没有参与和施加影响的机会和权利，结论完全由管理者作出，且救济途径不够畅通。当事人缺乏正常途径表达自己的意见，对矫正活动心存对抗，大大降低了矫正质量。

以上问题可以概括为一个核心内容，即缺乏严谨的、科学的、受法律保障的程序。因为，现代程序注重程序结构的科学性、合理性和效率性。依照立法所确定的程序开展社区矫正活动，可以使矫正管理活动快速简便，提高效率；同时，由于公开透明，矫正对象的参与权、辩论权得到充分保障，在这个基础上作出的结论容易为矫正对象及其亲属接受，这就减少了申请复议或利用其他途径请求救济的次数，整体上提高了效率。此外，同样的情况同样对待，是公正的基本含义之一。科学、统一的程序适用于社区矫正活动，尽管个案教育计划不同，教育重点和改造策略不同，但与矫正对象之利益相关的事宜，均遵循同样的程序规则，受到同等的程序保障。依照同样的步骤、方式、时限规定，可以有效地组织矫正活动，防止部分不服管教的矫正对象影响矫正活动进程，从而使矫正活动不仅在矫正对象与矫正工作人员的互动下开展，更可以在管理人员的控制下推进。这对提高社区矫正活动的效率极为重要：其一，序化的行为往往能提高行为效率，设计合理的矫正程序对矫正活动有明显的引导作用，从而提高效率；其二，公正的矫正程序能减少争议，减少申请复议或申请其他救济情况的发生，即减少程序的逆转次数，提高效率。

---

① 孙笑侠：《法律程序设计的若干法理》，载《政治与法律》1998 年第 4 期。

下面笔者以时限为例，说明社区矫正程序对提高社区矫正活动效率的作用。《司法行政机关社区矫正工作暂行办法》第十九条规定："监狱应当自假释罪犯离开监所或者附加剥夺政治权利罪犯刑满释放之日起 7 日内，将有关文书材料寄至其居住地公安派出所和司法所。对暂予监外执行的罪犯，监狱应当在批准暂予监外执行之日起 7 日内，将有关法律文书和其他相关材料送达罪犯居住地公安派出所和司法所。"第二十条规定："社区服刑人员应当在判决、裁定、决定发生法律效力之日起 7 日内或者离开监所之日起 7 日内到居住地司法所报到。"这两条中前一条要求监狱及时将批准暂予监外执行的法律文书送交社区执行机构，以便社区执行机构及时接矫、及时开始矫正教育；后一条是要求社区矫正对象在规定期限内到社区执行机构报到，以便执行机构开始执行。由于这些限制的存在，矫正程序被序化，从而行为效率被提高。

实践中，程序越来越受到重视，各试点省市出台的规章、办法中均有大量关于程序的内容。如《湖北省社区矫正试点工作流程》就是主要针对程序问题作出的规定，从工作衔接、矫正执行、管理监督、考核奖惩到矫正解除，均有较为细致的规定，既包括时限限制，也包含工作步骤、方法要求。前者如第一部分"矫正衔接"第四条的规定："对依法判处有期徒刑或拘役并宣告缓刑、判处管制、单处剥夺政治权利的罪犯或者决定暂予监外执行的罪犯，监狱或公安机关对裁定假释、决定暂予监外执行和附加剥夺政治权利的罪犯，应自判决生效、作出决定或罪犯出监（所）之日起 7 日内，将有关文书材料送达矫正对象户籍所在地的县（市、区）社区矫正机构。紧急保外就医的，应立即送达。"后者如第五条的规定："人民法院、监狱、公安机关应现场或以特快专递方式将上述文书材料送达矫正对象户籍所在地的县（市、区）社区矫正工作机构。县（市、区）社区矫正工作机构收到材料后，应及时将回执以挂号信或其他安全、快捷方式回复人民法院、监狱或者公安机关。"这些程序性规定对于帮助工作人员明确工作任务和工作方法，快速培养执行人才，提高工作效率具有极为重要的功能。

三、秩序生成功能

秩序生成功能是通过它对实体法的"工具性"作用显示和发挥出来的。法律具有维护社会秩序的功能，这种功能一方面是通过法律的普遍性的倡导作用发挥出来的，更多时候，它是在个案中通过程序的展开实现的。秩序生成功能体现在两个方面：一是实体法所确定的社会关系或者说实体法所维护的秩序通常要通过程序展开才能得到实施和保障；二是程序可以在一定程度上弥补实体制度的不足，防止实体法对社会秩序引导和形成产生不良作用。法一般分为实体法和程序法，实体法是规定实体权利义务的法律规范，程序法是规定行为的方式、方法、步骤和时限的法律规范。程序是连接抽象的法律与具体个案的纽带，良性的实体法只有通过正当程序展开，才能在具体的个案中得到合理贯彻。

社区矫正目标是在社区矫正程序展开过程中逐步实现的，而矫正目标所意欲实现的社会秩序也正是在这一过程中得以落实的。社区矫正制度维护和恢复社会秩序的目的是十分明显的：第一，通过矫正活动矫正重建罪犯与被害人间的关系，消除或缓解因犯罪活动引起的冲突、对立；第二，修复罪犯与社会的关系，恢复社区及其成员对他们的信任；第三，通过矫正活动，促进市民社会与政府间的沟通与协作。而这所有的意欲实现的目的均是在社区矫正程序中，通过接矫、入矫教育、公益劳动等具体矫正活动实现的。接矫，将罪犯纳入社区矫正系统，并正式启动矫正程序；入矫教育是通过各种形式从法律、道德、人的心理等多角度对罪犯实施再教育，帮助罪犯重新建立与社会的正当沟通渠道；公益劳动一方面是对罪犯实施惩罚，以弥补罪犯行为给社会带来的损害，另一方面帮助罪犯建立与社会的联系，使之顺利回归社会。

美国杰克逊大法官说："程序的公平性和稳定性是自由的不可或缺的要素。只要程序适用得公平，不偏不倚，严厉的实体法也可以忍受。"[①]实体法不是完美的，与错综复杂、千变万化的具体个案相比，实体法抽象而僵硬，缺乏适应性；与时时变迁的社会实践相较，实体法永远处于落后状态。只有公正的程序，才能弥补实体内容的不足，并使缺乏制度支撑的运行结果变得让人能够接受。目前我国社区矫正制度正处于建立阶段，制度资源的匮乏使社区矫正活动的正当性受到质疑，特别是涉及刑罚执行这种强制性很强的权力运行过程，只有严格的程序，这一过程才可能变得让人能够接受。因为在公正的社区矫正程序中，程序主体的基本程序权利得到有效保障，利益相关人的意见表达权和申请救济权有充分的实现途径，处理结果是经社区、矫正对象和执行主体的共同作用产生的。这就为结果赋予了正当性。我们可以看到，矫正主体们正是通过程序的正当化作用力图使"对社区矫正对象减刑"这一本无立法支撑的做法形成秩序。

① 崔建宇：《论行政程序的功能》，载《山西青年管理干部学院学报》2001年第2期，第31页。

例如，常州中院以公开听证形式审理了两起社区矫正对象减刑案件，经过公示和听证，将在矫正期间积极接受改造并有重大立功表现的缓刑犯罗某、王某的刑期分别减去一个月和三个月，并相应缩短了缓刑考验期。据悉，对社区矫正的缓刑犯减刑，这在全省尚属首例。

对社区矫正对象减刑，没有现成经验可借鉴，常州中院在与司法、检察、公安等相关职能部门沟通交流、深入调研的基础上，研究制定了《关于审理社区矫正对象减刑案件的若干意见》。"意见"对审理社区矫正减刑案件应适用的公示和听证程序的具体操作流程、不同类型缓刑犯适用减刑的认定标准及减刑幅度等都作了具体规定。

在案件的审理过程中，法院依法组成合议庭召开听证会，由对社区矫正对象平时改造表现负责计分考核的基层司法所代表以证人名义出席听证，同时邀请公安、检察机关的相关人员参加听证。审理中，合议庭认真审查了提请机关提交的材料，通过对两名缓刑犯矫正期间的计分考核情况、奖惩情况及立功表现的审核，并对照"意见"有关规定，对两名缓刑犯进行了减刑。[①]

该材料中常州中院的做法正是利用了程序的秩序生成功能。尽管材料并不完整，但从中我们看到了一个基本符合公正理念的"听证"程序，而正是这一公正的程序赋予了社区矫正减刑活动相应的正当性。

听证是国家机关在作出决定之前，给利害关系人提供发表意见、提出证据的机会，对特定事项进行质证、辩驳的程序，其宗旨是听取利害关系人的意见。[②]听证程序是现代民主政治的产物，是制约行政权力的一种重要方式，也是现代行政程序法的核心内容。其近几十年来受到世界各国格外重视的原因在于：它符合现代法治的基本精神，能最大限度地抑制权力膨胀，防止权力向有害方向运动。

第一，公开进行的听证符合公开原则的基本要求，满足公正程序的一个基本要素。公开原则要求程序公开进行，程序利害关系人均应被通知参加程序活动。公开举行的听证一般会事先发出公告，告知利害关系人听证举行的时间、地点、案由等情况；案件情况允许群众旁听、记者采访报道。在听证过程中，当事人有权在公开举行听证的地点进行陈述和申辩，提出自己的主张和证据，反驳对方主张和证据；作出决定或裁决的事实根据将公开并经当事人质证；根据听证记录作出的决定也必须公开。最重要的是，在听证开始

① 肖天存：《常州审结全省首例社区矫正对象减刑案件》，载《江苏法制报》2007年8月21日第5版。

② 马怀德：《论行政听证程序的基本原则》，载《政法论坛》1998年第2期。

阶段就应当向当事人公开有关材料，允许他在决定作出之前为自己辩解，避免被调查人“处于黑暗之中”。[①]公开听证程序是防止用专横的方法行使权力的有力保障。听证程序公开化不仅可以保证行政决定更加公正、全面、客观，而且有利于加强对行政机关的社会和舆论监督，提高公民的守法意识。

第二，听证程序的裁决者一般不是调查者，这符合职能分离原则的基本要求。职能分离原则要求在法律程序中，从事裁决或审判听证的机构或者人员，不能从事与裁决行为不相容的活动，以保证裁决公平。[②]在现代听证程序中，开展调查或追诉的人往往与主持听证、参加裁决的人分离，这也是很多国家听证程序的具体做法。

第三，听证程序以事先告知为基本原则，符合了参与原则的基本要求。参与原则要求，与程序的过程和结果有利害关系的人应当有效地参与到程序中来，充分地行使辩论、陈述的权利。按照事先告知原则的要求，举行听证、作出决定前，应当告知相对人听证所涉及的主要事项，以确保相对人能有效行使抗辩权。这是程序参与的基本内容之一，能有效确保决定的合法性与正当性。

第四，听证程序以案卷排他性原则为基本原则，符合了辩论原则、参与原则的基本要求。案卷排他性原则要求经过听证程序作出的决定只能以案卷为根据，不能以案卷以外、当事人未知悉和未论证的事实为根据，其目的是保障当事人能有效行使陈述意见和反驳不利于己的证据的权利，因而符合了辩论原则、参与原则的基本要求。

常州中院的做法是：由对社区矫正对象平时改造表现负责计分考核的基层司法所代表以证人名义出席听证，同时邀请公安、检察机关的相关人员参加听证，检察机关对程序进行监督。“听证”前有一个公示程序，事先将案情向社会及利害关系人公开，以此保障当事人及公众的知悉权。这些做法符合告知原则和公开原则的一般要求。在决定程序上，法院组成合议庭，审查提请机关提交的材料，这些材料包括矫正对象在矫正期间的计分考核情况、奖惩情况及立功表现等。合议庭在审查材料和听证的基础上进行裁决。这些程序也基本符合了职能分离原则和案卷排他性原则的基本要求。常州中院的这种做法在我国法院系统中并非绝无仅有，其做法填补了现行立法的空白。我们似乎可以看出改革者意欲通过程序的秩序生成功能使这一做法制度化，并最终为立法所认可。

---

① 转引自马怀德：《论行政听证程序的基本原则》，载《政法论坛》1998 年第 2 期。
② 王名扬：《美国行政法》，中国法制出版社 1993 年版，第 437 页。

四、民主参与功能

美国学者萨默斯认为，参与意味着公民能够自主地主宰自己的命运，在民主社会里，大多数公民宁愿自行管理自己的事务，哪怕自己做得不好也不愿让别人管理自己的事务。“参与性统治的反面是奴隶制、政治征服和军事管制法。”[①]现代民主的发展使公民自主意识逐步增强，他们更多地要求在法律活动中积极参与，反映自己的意愿，在自己的权益与他人或国家发生争议、需要获得法律的裁断时能为自己辩护，并希望裁断能在充分尊重自己参与的情况下作出。公正的程序恰恰满足了人们的这种民主诉求。

法律上的参与，是指受权力运行结果影响的利害关系人，除法律有特别规定外，依法参与权力的运作过程，并对决定的形成发挥有效作用。参与是公正程序的重要内容。参与者在程序中享有表达自己意志的权利，这是程序的实质所在，即程序不仅是一个作出决定的过程，更重要的还是通过这个法治化的过程，参与者在互相交涉中有权对将要作出的决定表达自己的意见。程序的这一特性使其具有了独立于程序结果的价值标准，即理性、对人尊严的尊重等。

广义上说，社区矫正活动中的民主参与包括社区公众的参与和矫正活动当事人的参与。公众参与对于社区矫正活动具有重要意义。1990 年 12 月 14 日通过的《联合国非拘禁措施最低限度标准规则（东京规则）》规定：“公众参与是一大资源，应作为改善接受非拘禁措施的罪犯与家庭及社区之间的联系的最重要因素之一加以鼓励。应用它来补充刑事司法的执行工作。”公众参与社区矫正活动正是这一制度的重要特色之一。它不仅可以有效节约国家对犯罪改造的投入，充分利用社会人力及智力资源，还可以限制国家权力，防止权力滥用。从政治意义上来说，公众的参与可以体现民主，符合现代国家管理的趋势。第二次世界大战以来，随着宪政思想的日益深入人心，以及民主潮流的日益发展，公民作为国家权力的主体，无论从形式上还是实质上都要求更多地参与国家的各项管理活动，以充分行使其管理国家的权力。社区矫正作为一种改造和惩罚犯罪的机制，与公众的政治生活和市民生活均关系密切，公众的参与动力更足。从社区矫正制度本身来看，社区矫正是集刑罚执行与社会工作于一体的活动，具有规范、矫正、保障和补偿等多种功能。

---

① 陈瑞华：《通过法律实现程序正义——萨默契斯“程序价值”理论评析》，载《北大法律评论》1998 年第 1 卷第 1 辑，第 187 页。

规范功能是指规范犯罪行为人行为的功能；矫正功能是指教育改造罪犯，以预防和减少犯罪的功能；保障功能是指保护犯罪行为人的权利和利益，避免因国家权力的滥用而使其受害的功能；[①]补偿功能是指通过社区刑罚执行补偿、恢复犯罪行为给社会造成的损失或损害的功能。其中，矫正功能、保障功能和补偿功能的发挥都与社区公众的参与密不可分。矫正功能的实现需要社区公众的广泛参与，这一点在前面已充分阐述。保障和补偿功能的实现同样需要社区公众的参与，其参与得越充分、越有效，社区矫正的保障和补偿功能就越容易发挥出来。这是因为，社区公众的广泛参与，可以起到监督、规制专门机关的作用，起到制约权力的作用，从而保障犯罪行为人的权益；同时，社区公众的广泛参与又是犯罪行为人再社会化和对社会、被害人进行补偿的基础。人的社会性决定了个人是不能脱离社会而存在的，犯罪行为人再社会化需要得到社会的帮助，在改造中对社会进行补偿也以社会的接纳和提供机会为前提。因此，公众参与是社区矫正制度的重要内容和基本原则。

更为核心的是社区矫正活动当事人的参与，狭义上的参与是指他们参加矫正活动，并对活动结果发挥有效影响。当事人的这种参与不同于普通社区公众的参与：首先，他们在社区矫正中始终保有主体地位，他们不是客体，也不应当被作为客体对待；其次，这种参与是自主性的，必须是意思表达自由、不受他人控制的；再次，这是一种实际行动，而不是单纯的心理感受历程，公民必须亲自参加到这一过程中来；最后，参与必须是有效的，这是参与的核心内容。参与者目的必须明确，即争取结果有利于自己的状况。

社区矫正程序是确保当事人有效参与社区矫正活动的唯一途径。这是因为，在正当的程序中，当事人享有三项基本权利：一是陈述、申辩权；二是选择权；三是请求救济权。陈述、申辩权，是指当事人获得陈述事实和进行反驳的权利，借此，当事人能够提出事实主张，并对相对方的主张进行反驳，在这个辩论和阐释的过程中，据以定案的事实得以形成，由此作出的决定结论才被赋予正当性。选择权，是指在决定的作出过程中，当事人依照自己的意志自主选择有关事项的权利。现代程序是在当事人的选择中逐步推进的，选择权既是程序理性实现的手段，也是限制恣意和保障人权的基础。N. 卢曼在论及选择与程序的关系时说，“所谓程序，就是为了法律性决定的选择而预备的相互行为系统。法为了从人们脑海中浮现的具体行为的映象中解脱出来，

---

① 李宏伟：《论我国社区矫正试点工作的现状、问题、对策及前瞻》，2005 年中国政法大学硕士毕业论文。

为了具有更抽象的概念性质，需要实现内在于概念性质之中的选择作用。正是这一缘故导致了程序这样一种特有的行为秩序的发展。”[①]季卫东先生对这段话作了如下解释：在抽象的规范与具体的案件之间存在着的鸿沟，是由有效的选择程序来填充弥合的。在现代社会中，法是可变的、可选择的，但这种选择又不是任意的、无限制的。程序排斥恣意却并不排斥选择，程序使法的变更合法化了，使人的选择有序化了。[②]正是在这种选择过程中，程序结果一步步被固定，当事人的参与变得“真正有效”，能对“对结果施以影响”。请求救济权，是指当事人对决定结果不满，请求通过法定的程序对决定进行重新考量的权利。请求救济权的存在能够保证权力活动的公开性、民主性和公正性，防止权力活动的独断专行，扩展公民参与活动的范围。社区矫正程序正是通过赋予当事人及其他参与者这样一些权利来保障当事人及公众对社区矫正活动的有效参与的。

第三节 社区矫正的理论基础

理论是实践的先导，任何一种制度的萌芽和发展都是建立在一定的理论基础之上的。社区矫正制度的产生和盛行，也同样具有自己的理论背景。但是，社区矫正的理论基础并不是单一的和静止的，而是多种不断发展的理论交互作用形成的合力的结果。社区矫正涉及社会学、犯罪学、刑罚学、刑事政策学、心理学、伦理学、经济学等多门学科。总体而言，支撑社区矫正的理论基础主要有以下几种：

一、社会学角度的社区矫正

我们每一个人从来世之初的赤裸裸的自然人转变成为社会人，能够在社会上以“人”的姿态生存、发展，需要一系列的社会化过程。所谓社会化，“是指个体在与社会的互动过程中，逐步养成独特的个性和人格，从生物人转变成社会人，并通过社会文化的内化和角色知识的学习，逐渐适应社会生活的过程。在此过程中，社会文化得以积累和延续，社会结构得以维持和发展，

① 季卫东：《法律程序的意义》，载《法学研究》1993年第1期。
② 季卫东：《法律程序的意义》，载《法学研究》1993年第1期。

人的个性得以健全和完善。社会化是一个贯穿人生始终的长期过程。"[①]简言之，人的社会化过程，就是作为一个"社会学习者"和一个"社会参与者"的人的全面发展的过程。[②]因此，人的社会化及其实现途径离不开现实社会（狼孩、熊孩、猪孩等事例即可说明这一点）。个人和社会是两个互相渗透、联系的社会化过程中的基本因素，缺少之一都无法完成真正的人的社会化。而人要实现社会化，又需要经过"社会教化"和"个体内化"两个基本途径。社会教化，是指社会通过社会化的机构及其执行者实施社会化的过程。社会化的机构是十分广泛的，包括家庭、学校、社会团体、社会组织、大众传媒以及法庭、监狱、劳动教养场所等。个体内化，是指社会化的主体——人经过一定方式的社会学习，接受社会教化，将社会目标、价值观、规范和行为方式等转化为其自身稳定的人格特质和行为反应模式的过程。[③]在人的社会化过程中，社会教化是社会化的外部动因，体现了外界环境对个体的影响；个体内化是社会化得以实现的内在因素，表明了个体在社会化过程中的主动性。

社会学上将人的社会化分为五种类型，即初始社会化、预期社会化、发展社会化、逆向社会化和再社会化。其中再社会化是指全面放弃原已习得的价值标准和行为规范，重新确立新的价值标准和行为规范。对罪犯的惩罚改造，让其洗心革面，重新做人，就是一个再社会化的过程。对罪犯的再社会化同样需要经过社会教化和个体内化两个途径，也就是说，既需要社会化机构及其执行者等外界良好的环境对其产生潜移默化的影响，也需要罪犯的积极配合与参与，由被动变为主动地接受社会教化，从而使社会的价值标准和行为规范内化为其自身的人格特质和行为反应模式。既然再社会化是一种社会化，就需要在社会的基础上进行，而不能脱离社会。监禁刑是将罪犯与社会隔离开来，是一种被动的强制性的再社会化，不利于罪犯再社会化过程中社会教化和个体内化的目标实现。将罪犯进行再社会化，就是学界所说的行刑社会化。行刑社会化主要包括三个方面：行刑场所的社会化、行刑主体的社会化和行刑内容的社会化。"首先，行刑场所的社会化克服了监禁矫正中监狱作为单一行刑环境的缺陷，既可以节约监禁矫正的行刑成本，也有助于罪犯维持个人和家庭生活的稳定，更快地复归社会。其次，行刑主体的社会化摆脱了监禁矫正中狱警与犯人的监督管理模式，引入包括社区、民间组织、社会志愿者等多种社会资源，形成了多层次的监督管理模式，并且角色之间

① 郑杭生：《社会学概论新修》（第三版），中国人民大学出版社 2013 年版，第 83 页。

② 刘豪兴、朱少华：《人的社会化》，上海人民出版社 1993 年版，第 8-9 页。

③ 周晓虹：《现代社会心理学》，上海人民出版社 1997 年版，第 124-125 页。

的关系较之监禁矫正更为平等和缓和，有利于罪犯主动接受矫正。最后，行刑内容的社会化主要表现为矫正手段和方法的多样性和针对性，较之监禁矫正的劳动改造方法，社区矫正根据对象的不同特征，提供有利于矫正罪犯行为恶习和心理障碍的丰富内容，可以提高改造罪犯的效果。”[①]正是由于社区矫正将罪犯放在社会中，促进了罪犯与社会保持良好的互动关系，从而有利于罪犯再社会化目标的实现。

二、犯罪学角度的社区矫正

将犯罪这样一种社会现象作为研究对象的犯罪学，就是对犯罪的产生、发展、变化规律的研究，以寻求犯罪的原因，探索预防减少以至消灭犯罪之对策的一门综合性的学科。起源于西方的犯罪学至今已产生多种理论学说，形成了一个庞大的体系。而作为非监禁刑的社区矫正的理论基础的代表性的理论主要有以下几种：

紧张理论认为，犯罪和少年犯罪是行为人由于不能通过合法手段取得社会地位和物质财富而产生的沮丧和气愤的产物。

亚文化理论认为，与社会主流相隔离的成员易于产生不同于主流文化的一套价值观念和行为模式，即形成亚文化，然后又以这种亚文化理论作为犯罪行为正当性的支撑，以反社会主流的期待为动力实施犯罪行为。

学习理论认为，人类并非天生地拥有暴力行为的能力，人的攻击行为是通过他们的生活经验而后天习得的。这些生活经验包括，学习者观察到的他人为了达到某些目标而实施的攻击行为，或者在电视、电影等外界视觉信息中看到的人们因暴力行为而获得奖赏。

控制理论认为，驱使个人进行犯罪行为的动机，是个人人性的一部分，每个人都是潜在的犯罪人。人们的行为，包括他们的犯罪活动，由其对传统的机构、个人、过程的依附和信奉所控制。假如这种信奉消失了，那么他们将肆意地违法实施犯罪行为。

标签理论认为，人的行为并不取决于行为本身的内在性质，而是取决于社会解释方式，即社会将这些行为称作什么，以及由这些称呼所包含的社会意义和社会、个体对这种称呼的反应。因此，犯罪是社会贴上标签的结果。此后行为人逐步对标签自我认同，强化标签的形象，进而再次实施犯罪行为。

---

① 丁寰翔等：《社区矫正理论与实践》，中国民主法制出版社2009年版，第76页。

冲突理论认为，犯罪就是社会冲突的表现。因为刑法是统治阶级的信念和价值观的表现，刑法制度是统治阶级的社会控制工具，所以，对社会中存在的财富和权力分配不公的这种反应，就以统治阶级认为是犯罪的形式表现出来。

根据以上犯罪学理论的研究，外界环境因素对引起犯罪具有非常大的影响。要有效地预防犯罪，特别是再犯的可能性，就应该为行为人提供环境支持。比如，给在社会上处于弱势地位的特殊群体物质上的帮助、精神上的慰藉，尽量给他们提供一些工作的机会，使他们有一定的收入而使生活有所稳定；社会对待那些违法甚至犯罪的人，只要他们对自己过去的行为已经付出了代价，就要有宽容接纳的态度，使他们同别人一样融入组织、家庭之中，从而获得归属感，恢复他们的自信心、自尊心和责任感；防止周围不良环境对犯罪的人产生负面影响，不要轻易给不轨行为贴上犯罪的标签，即使已经犯罪的人也应该弱化犯罪标签的副作用等。而要实现这些目标，将犯人放在壁垒森严的监狱等监禁场所中是难以达到的。作为非监禁刑的社区矫正将这些目标和一定的惩罚手段有效地结合在了一起。

三、刑罚学角度的社区矫正

在刑事古典学派（也称为旧派）中，刑罚理论存在功利主义和报应主义之分。功利主义的刑罚理论着眼于未然，认为刑罚是前瞻性的、积极的，如果通过适用刑罚可以取得某些利益，而且这些利益大于对犯罪人施加的痛苦，那么这种刑罚的适用就是正当的。适用刑罚的目的是为了满足国家追求一定功利效果的积极意义，这种功利效果就是犯罪预防。报应主义刑罚理论着眼于已然，认为刑罚是追溯性的、消极的，刑罚是对犯罪人过去实施的犯罪行为的报应，强调刑罚的轻重取决于已经发生的犯罪行为的大小。适用刑罚的目的是为了满足社会主体实现正义需要的积极意义，这种实现正义的需要就是“恶有恶报”。受旧派思想的影响，近代的西方监狱仅仅是惩罚赎罪的场所，造成监狱中犯人退化和相互交往严重，累犯难以抑制地增加，并没有起到预防犯罪的作用。因此，寻找新的对待罪犯的方法便成为一种现实的社会需要。由此新派理论得以产生。

在刑事实证学派（也称为新派）中，刑罚理论存在刑事人类学派和刑事社会学派之分。刑事人类学派认为刑罚的存在根据不应到已然的犯罪中去寻找，而应立足于未然的犯罪。适用刑罚的目的是剥夺犯罪人的再犯能力和条件，从而防卫社会。因此，刑事人类学派是从犯罪人出发而注重犯罪预防的特殊预防。刑事社会学派认为刑罚同样须注重于未然的犯罪。适用刑罚的目的是教育改造犯罪人，逐步消除其人身危险性，从而不至于危害社会。同时也是防止具有社会危险性的人危害社会，刑罚具有对犯罪侵害社会进行防卫的目的。

刑事实证学派极力反对刑事古典学派中的报应思想，在两大学派争论过程中，刑事实证学派中的教育刑理论认为人具有很大的可塑性，在一定条件下既可作恶也可为善，因此必须对他们进行教育使其弃恶从善，从而培养、造就罪犯回归社会从事正常社会生活。所以说以帮助罪犯复归社会为目标的教育刑思想是社区矫正的重要理论基础。

四、刑事政策学角度的社区矫正

刑事政策是指国家和社会以打击犯罪、预防犯罪、维护稳定的社会秩序为目的而制定的行为规范和行动准则。刑事政策的内涵具有四个方面的要素：刑事政策的主体是国家和社会（团体）；刑事政策的对象包括犯罪和其他危害社会的行为，统称为犯罪现象；刑事政策的目的是打击和预防犯罪，维护稳定的社会秩序；刑事政策的手段是刑罚和其他非刑罚的方法。[①]而刑事政策的根本目的是预防犯罪，这也是刑事政策作为一种公共政策的根本特征。[②]可是我国从镇压与宽大相结合的刑事政策到惩办与宽大相结合的刑事政策，再到“严打”的刑事政策，犯罪率不降反而有所上升，并没有达到预防犯罪的根本目的。于是我国学者们在借鉴西方国家 20 世纪 60 年代以来的刑法改革运动的成果的基础上，达成普遍共识，认为应当确立“重重轻轻”的刑事政策。即：对于轻罪，应当采取更加宽缓的刑事政策，而继续保持对严重犯罪的高压态势。只有严厉打击严重犯罪，才能保证社会稳定；只有宽缓地对待轻罪犯，才能防止刑罚适用的弊端，集中精力打击严重犯罪。[③]社区矫正就是在这种“轻轻”的刑事政策指导下得以产生。

刑事政策的调整变化也是一个国家社会变迁的反应。我国刑事政策的发展同样也折射出对犯罪的预防和对罪犯的惩罚主要由国家“大包大揽”到由

---

① 严励：《刑事政策的概念分析》，载《江苏警官学院学报》2003 年第 3 期。

② 陈兴良：《刑事法治视野中的刑事政策》，载陈兴良、梁根林：《润物无声——北京大学法学院百年院庆文存之刑事一体化与刑事政策》，法律出版社 2005 年版，第 215 页。

③ 屈新、何显兵：《社区矫正根据的反思与再定位》，载《中国司法》2005 年第 9 期。

国家和社会力量共同发挥作用的转变。所以，从依靠社会力量这个科学的刑事政策理论应有的暗含角度来看，刑事政策理论也是社区矫正产生和发展的理论来源。

五、心理学角度的社区矫正

心理是人脑的机能，是客观现实的主观映像。因此，心理是人所共有的，它包括认识、情感、意识、需要、动机、理想、信念、世界观、气质、性格等，人们的任何活动都是这些心理现象的参与。可以说，人们的现实生活就是心理和行为相互依存、相互体现的互动过程。即在人脑对客观现实的反映中，外部事物的影响总是通过反映者的内部特点而折射出来的；这种反映是通过实践活动而实现的，通过实践活动检验和校正着心理对客观现实反映的正确性；心理又执行着实践行为的调节机能。[①]同样作为人类行为的犯罪行为既受一定的犯罪心理支配，又是犯罪心理的外在表现。而犯罪心理是人的个性心理结构中多种畸变心理因素的总和，它既包含特定的个性倾向性，也包含着具有个体特点的个性心理特征。其中个性倾向性构成了犯罪心理的动力结构。个性倾向性中的世界观与信念的谬误，决定着个体的犯罪行为倾向及其严重程度。而个性心理特征构成犯罪心理的特征结构。即使是同一类型的犯罪行为，也因个体性格的不同，显示出行为方式上的个别差异，并且因能力的不同，具有不同的犯罪能量。此外，自我意识以及道德意识、法律意识等，构成犯罪心理的调节结构。它对犯罪行为起调节与控制、发动与中止、加强与削弱的作用。[②]所以，对犯罪人进行教育改造，不仅仅是改造其外在的犯罪行为，对其犯罪心理的矫正才是根本。

犯罪心理转化为犯罪行为不是紧密相连的，其间有一个过程。在这个过程中，主体受到内外各种因素和情境的影响。主体外因素即犯罪主体之外的各种刺激和情境，主要有：① 惩罚的正面效应。② 教育与综合治理。③ 情境变化。④ 外界其他影响因素，如犯罪机遇和现场条件变化、被害人态度、共同犯罪人的影响等。主体因素主要有：① 良知与罪责感的萌发。② 需要的转换、满足与代偿。③ 条件限制。包括生理条件限制、心理条件和强制性条件限制，达到对违法犯罪“非不为也，实不能也”的程度。④ 主体其他影响因

① 刘益民、程甫、刘耀中：《心理学》，科学出版社 2000 年版，第 17 页。
② 陈和华、叶利芳：《社区矫正的理论分析》，载《犯罪研究》2006 年第 4 期。

素，包括需要、情绪、认识、意志、犯罪经验等。[①]这些内外因素和情境在发生量变和质变的过程中，既可能弱化犯罪心理，从而使犯罪行为消灭在萌芽状态，又可能强化犯罪心理，从而使犯罪行为得以完成。

监禁刑是将罪犯与社会隔离，让其生活在一套程式化中，易于使他们产生孤独和被抛弃的感觉，不利于健康心理的形成和完整人格的培育。监狱等监禁场所往往还会使罪犯产生反社会的心理，成为强化他们犯罪心理的外在因素。而将罪犯放在社会中执行的社区矫正，使罪犯有归属感，也能基本上满足一个社会人的需要，易于矫正他们的犯罪心理，健全他们的人格特质。

六、伦理学角度的社区矫正

人道，简而言之，就是人人把别人当作人。我们讲人道，就是因为人本身具有最高的价值或尊严。正如康德“人本身就是目的”的著名阐述，“人，实则一切有理性者，所以存在，是由于自身是个目的，并不是只供这个或那个意志任意利用的工具；因此，无论人的行为是对自己的或是对其他有理性者的，在他的一切行为上，总要把人认为是目的。”[②]“一个有价值的东西能被其他东西所替代，这是等价；与此相反，超越于一切价值之上，没有等价物可替代，才是尊严。”[③]正因为人是目的，具有超越于一切事物之上而没有等价物可替代的最高价值或尊严，所以，将人和人的价值置于首位，爱护人的生命，关心人的幸福，尊重人的权利，成为一切人道主义的理念暗含。

对待犯罪人，我们首先视其为人，其次才是犯罪的人。于是，作为人的犯罪人固然由于其犯罪行为应受到惩罚，但也理应享有人的最高价值或尊严，即对其也应讲人道。因此，作为对犯罪人处罚最主要手段的刑罚的人道化成为人类历史发展的共同趋势。所谓刑罚的人道化，“是指对罪犯的惩罚应当符合人的本性，不应当损害罪犯作为人的价值、尊严和权利，不应当损害罪犯的人格健康和身体健康，同时关心罪犯的生活、命运与前途。”[④]如人类惩罚的历史从以死刑和肉刑为中心的刑罚体系过渡到以自由刑为中心的刑罚体系再过渡到以非监禁刑为中心的刑罚体系，就是在人道化思想指导下形成的刑罚发展的历史脉络。而作为非监禁刑的社区矫正就是在这种伦理价位取向下

① 罗大华：《犯罪心理学》（2003 年修订版），中国政法大学出版社 2003 年版，第 119-123 页。

② 罗国杰：《人道主义思想论库》，华夏出版社 1993 年版，第 245 页。

③ [德]康德：《道德形而上学原理》，苗力田译，上海人民出版社 1986 年版，第 87 页。

④ 袁登明：《行刑社会化研究》，中国人民公安大学出版社 2005 年版，第 90 页。

得以产生和发展的。

七、经济学角度的社区矫正

在绝大多数经济学家眼里，人是“追求最大化地满足自己者”，也即“理性最大化者”（rational maximizer）。美国法学家波斯纳在这种人性理解的基础上，导出他的三大定理：第一，从消费者的角度而言，其将设法以有限的资源求得最大的满足。第二，从出售者的角度而言，其希望获得最大利润，即卖给出最高价者。第三，在自由竞争的市场上，资源将流向其最佳的运用者手中，故能得到“有效率”即“最佳”（optimum）的结果。[①]简而言之，就是资源得到最佳分配，财富达到最大化。而成本—效益模式又是经济学中对此分析的重要模型。针对犯罪而适用刑罚也应追求这种经济原则，即以最小的刑罚成本达到最大的刑罚效益。刑罚成本是指国家动用刑罚所必然或可能支付的费用和代价，包括：一是对罪犯有关权益的剥夺或限制，即一定刑罚量的支出；二是不必要的代价，即刑罚可能运用不当所造成的成本支出；三是刑罚的司法成本，即司法机关因求刑、量刑和行刑等司法活动而支出的有关人、财、物、时间等消耗。刑罚效益是指国家通过动用刑罚自身成本即刑罚的制定、刑罚的强制力、刑罚的实际适用、执行所获得的对罪犯的应有惩罚的效果和使得包括罪犯等在内的社会主体不再去或不去犯罪的效果（惩罚与预防犯罪的效果）。[②]

在古代社会，刑罚主要以死刑、肉刑为主，虽然这样使得刑罚量的支出成本较小，但由于生产力水平的低下，在人可以创造更多的剩余价值以及劳动力匮乏的社会背景中，如此消耗人力资源的刑罚执行也是巨大的成本付出，而惩罚与预防犯罪的效果又并非统治者之初的意愿。17 世纪欧洲工业革命后，生产力得到了巨大发展，结果人们发现有无穷无尽的财富可供开发，也发现人类对于自然资源的利用力量，而深知人的可贵、人力之可贵。把犯人囚禁于狱中而取代旧时的生命刑、身体刑、流放刑等刑司，使之劳动，既可以收到惩罚与威吓之效，又可利用人力资源为社会创造财富。[③]从而这种刑罚经济观念促成近代以监禁刑为主体的刑罚体系得以产生。随着社会的进一步发展，人口的剧增，犯罪总量随之增长，监禁刑所需的刑罚成本也越来越大。比如，

① 林立：《波斯纳与法律经济分析》，上海三联书店 2005 年版，第 43-45 页。
② 陈正云：《刑法的经济分析》，中国法制出版社 1997 年版，第 272-280 页。
③ 袁登明：《行刑社会化研究》，中国人民公安大学出版社 2005 年版，第 145 页。

监狱的修建，执法人员的配备，罪犯的生活费等导致国家资金的大量投入等直接成本，罪犯家庭有关资源的耗费及其对家庭中其他人员的影响等间接成本。非监禁刑与之相比，刑罚成本要低得多。因此，刑罚的经济学思想是作为非监禁刑的社区矫正的重要理论基础。

第四节 社区矫正法律体系

一、中国社区矫正立法状况

（一）刑法以及司法解释中对社区矫正的规定

自 2003 年正式在我国开始的社区矫正试点工作，基本上是在现行立法的基础上进行的。我国 1979 年《刑法》与 1997 年《刑法》中都有关于社区刑罚的一些规定，比如被判处管制的犯罪分子、被判处剥夺政治权利的犯罪分子（单处剥夺政治权利以及自由刑执行完毕附加剥夺政治权利的期间）、适用缓刑的犯罪分子、被假释的犯罪分子、暂予监外执行的犯罪分子都是在非监禁的状态下执行刑罚的。2011 年 2 月通过的《中华人民共和国刑法修正案（八）》第一次在《刑法》中正式规定了社区矫正，随后又有司法解释作出了进一步的规定。

1.《刑法》中对社区矫正的规定

现行《刑法》对社区矫正内容的规定主要表现在下列方面：

（1）社区矫正的适用对象包括被判处管制的犯罪人、被适用缓刑的犯罪人以及被假释的犯罪人。

（2）对于社区矫正适用条件的规定,《刑法》第七十二条规定了缓刑的适用条件,《刑法》第八十一条规定了假释的适用条件。

（3）社区矫正的执行内容体现在管制犯、缓刑犯、假释犯的义务以及禁止令的规定上。《社区矫正实施办法》第十一条至第十六条有具体规定。

（4）对于社区矫正执行结果的规定。

管制犯社区矫正的执行结果规定在《刑法》第三十八条第四款和第四十条中。缓刑犯社区矫正的执行结果规定在《刑法》第七十六条和第七十七条中。假释犯社区矫正的执行结果规定在《刑法》第八十五条和第八十六条中。

2. 司法解释中对社区矫正的规定

最高人民法院、最高人民检察院、公安部、司法部 2011 年 4 月 28 日发布的《关于对判处管制、宣告缓刑的犯罪分子适用禁止令有关问题的规定(试行)》(以下简称两院两部《禁止令规定》)细化了社区矫正中禁止令的规定。

(1)两院两部《禁止令规定》第二条、第三条对“从事特定活动”作了具体规定。

(2)两院两部《禁止令规定》第四条对“进入特定区域、场所”作了具体规定。

(3)两院两部《禁止令规定》第五条对“接触特定的人”作了具体规定。

(4)对于禁止令期限的规定。

两院两部《禁止令规定》第六条规定:“禁止令的期限,既可以与管制执行、缓刑考验的期限相同,也可以短于管制执行、缓刑考验的期限,但判处管制的,禁止令的期限不得少于三个月,宣告缓刑的,禁止令的期限不得少于二个月。判处管制的犯罪分子在判决执行以前先行羁押以致管制执行的期限少于三个月的,禁止令的期限不受前款规定的最短期限的限制。禁止令的执行期限,从管制、缓刑执行之日起计算。”

第十三条规定:“被宣告禁止令的犯罪分子被依法减刑时,禁止令的期限可以相应缩短,由人民法院在减刑裁定中确定新的禁止令期限。”

(5)违反禁止令的处理。

两院两部《禁止令规定》第十一条规定:“判处管制的犯罪分子违反禁止令,或者被宣告缓刑的犯罪分子违反禁止令尚不属情节严重的,由负责执行禁止令的社区矫正机构所在地的公安机关依照《中华人民共和国治安管理处罚法》第六十条的规定处罚。”

第十二条规定:“被宣告缓刑的犯罪分子违反禁止令,情节严重的,应当撤销缓刑,执行原判刑罚。原作出缓刑裁判的人民法院应当自收到当地社区矫正机构提出的撤销缓刑建议书之日起一个月内依法作出裁定。人民法院撤销缓刑的裁定一经作出,立即生效。

“违反禁止令,具有下列情形之一的,应当认定为‘情节严重’:(一)三次以上违反禁止令的;(二)因违反禁止令被治安管理处罚后,再次违反禁止令的;(三)违反禁止令,发生较为严重危害后果的;(四)其他情节严重的情形。”

（二）《刑事诉讼法》和《监狱法》中有关社区矫正的规定

1.《刑事诉讼法》中有关社区矫正的规定

《刑事诉讼法》中有关社区矫正的规定主要体现在第四编“执行”部分。第二百五十四条规定了对被判处有期徒刑或者拘役的罪犯，可以暂予监外执行的情形。第二百五十七条、第二百五十八条及第二百六十二条也规定了社区矫正的相关内容。

2.《监狱法》中有关社区矫正的规定

《监狱法》中有关社区矫正的规定体现在对监外执行和假释的规定上。《监狱法》第二十七条、第二十八条及第三十三条作了社区矫正的相关规定。

（三）社区矫正试点工作文件的规定

中央部门关于社区矫正试点工作的文件，主要有最高人民法院、最高人民检察院、公安部、司法部联合发布的三个文件和司法部的一个规章：

（1）2003 年 7 月 10 日发布的《关于开展社区矫正试点工作的通知》（以下简称两院两部《通知》）；

（2）2005 年 1 月 20 日发布的《关于扩大社区矫正试点范围的通知》（以下简称两院两部《扩大试点范围通知》）；

（3）2009 年 9 月 2 日发布的《关于全面推进社区矫正工作的意见》（以下简称两院两部《意见》）。

（4）司法部于 2004 年 5 月 9 日发布的《司法行政机关社区矫正工作暂行办法》（以下简称司法部《暂行办法》）。

此外，一些地方也发布了大量有关社区矫正试点工作的文件。

1. 两院两部《通知》的主要内容

（1）社区矫正的定义。

两院两部《通知》认为，社区矫正是与监禁矫正相对的行刑方式，是指将符合社区矫正条件的罪犯置于社区内，由专门的国家机关在相关社会团体和民间组织以及社会志愿者的协助下，在判决、裁定或决定确定的期限内，矫正其犯罪心理和行为恶习，并促进其顺利回归社会的非监禁刑罚执行活动。

（2）社区矫正的适用范围。

两院两部《通知》规定社区服刑人员主要包括下列 5 种罪犯：① 被判处管制的罪犯。② 被宣告缓刑的罪犯。③ 被暂予监外执行的罪犯，具体又包括有严重疾病需要保外就医的、怀孕或者正在哺乳自己婴儿的妇女、生活不能自理且适用暂予监外执行不致危害社会的。④ 被裁定假释的罪犯。⑤ 被剥夺政治权利，并在社会上服刑的罪犯。

（3）社区矫正的任务。

两院两部《通知》认为，社区矫正的任务主要包括以下三个方面：① 按照我国《刑法》《刑事诉讼法》等有关法律、法规和规章的规定，加强对社区服刑人员的管理和监督，确保刑罚的顺利实施。② 通过多种形式，加强对社区服刑人员的思想教育、法制教育、社会公德教育，矫正其不良心理和行为，使他们悔过自新，弃恶从善，成为守法公民。③ 帮助服刑人员解决在就业、生活、法律、心理等方面遇到的困难和问题，以利于他们顺利适应社会生活。

（4）明确有关部门的分工与职责。

根据两院两部《通知》的规定，在社区矫正工作中：

① 人民法院的任务：要严格、准确地适用刑事法律和刑事司法解释，依法充分适用非监禁刑刑罚措施和减刑、假释等鼓励罪犯改造、自新的刑罚执行措施。在判处非监禁刑、减刑、假释工作中，可以征求有关社区矫正组织的意见，并在宣判、宣告后，将判决书、裁定书抄送有关社区矫正组织。

② 人民检察院的任务：要加强法律监督，完善刑罚执行监督程序，保证社区矫正工作依法、公开地进行。

③ 司法行政机关的任务：要牵头组织有关单位和社区基层组织开展社区矫正试点工作，会同公安机关搞好对社区服刑人员的监督考察，组织协调对社区服刑人员的教育改造和帮助工作。街道、乡镇司法所要具体承担社区矫正的日常管理工作。监狱管理机关要依法准确适用暂予监外执行措施，对符合假释条件的人员要及时报请人民法院裁定假释，并积极协助社区矫正组织的工作。

④ 公安机关的任务：要配合司法行政机关依法加强对社区服刑人员的监督、考察，依法履行有关法律程序。对违反监督、考察规定的社区服刑人员，根据具体情况依法采取必要的措施；对重新犯罪的社区服刑人员，及时依法处理。

（5）社区矫正试点工作的范围。

两院两部《通知》确定基层工作比较好的北京、天津、上海、江苏、浙江、山东 6 个省（市）作为进行社区矫正工作的试点省（市）。

2. 两院两部《扩大试点范围通知》的主要内容

这个通知的主要内容是扩大社区矫正试点工作的范围，即在上述 6 个试点省（市）的基础上，将河北、内蒙古、黑龙江、安徽、湖北、湖南、广东、广西、海南、四川、贵州、重庆 12 个省（区、市）列为第二批社区矫正试点地区。

3. 两院两部《意见》的主要内容

（1）进一步扩大社区矫正工作的范围。

为推动社区矫正工作深入开展，经中央政法委批准，最高人民法院、最高人民检察院、公安部、司法部决定，从 2009 年起在全国试行社区矫正工作。社区矫正的适用对象仍然为前述 5 种人。

（2）确立了社区矫正工作的基本内容。

两院两部《意见》指出了全面试行社区矫正工作的 7 个方面的主要任务和要求，其中前 3 个方面为社区矫正工作的基本内容，即对社区服刑人员的教育矫正、监督管理和帮困扶助。

4. 司法部《暂行办法》的主要内容

司法部《暂行办法》重申了上述社区矫正的任务、适用对象（5 种人）等规定，还规定了以下主要内容：

（1）社区矫正工作的机构、人员及职责。《暂行办法》第二章作了具体规定。

（2）社区服刑人员的接收程序和内容。《暂行办法》第三章作了具体规定。

（3）社区矫正措施。《暂行办法》第四章规定了针对不同类型的社区服刑人员采取的具体管理、教育等措施。

（4）社区矫正终止的程序和内容。《暂行办法》第五章作了具体规定。

5. 地方试点文件的规定

在社区矫正试点工作开始以后，试点的省（区、市）根据中央文件精神，制定了一些地方性试点文件来作为推行社区矫正的法律依据，主要包括三部分[①]：

第一部分是社区矫正试点省（区、市）领导机构发布的开展社区矫正的指导意见和社区矫正工作实施细则。这部分内容是试点省（区、市）根据中央文件精神，结合本地实际而制定的实施社区矫正工作的纲领和方案。例如

① 李恩慈：《论社区矫正的法律基础》，载范燕宁、席小华：《矫正社会工作研》，中国人民公安大学出版社 2009 年版，第 167-168 页。

北京市发布的《关于开展社区矫正试点工作的意见》和《北京市社区矫正工作实施细则（试行）》，浙江省发布的《浙江省社区矫正试点工作意见》和《浙江省社区矫正实施方案》，江苏省发布的《江苏省社区矫正试点工作意见》和《江苏省社区矫正工作流程（试行）》等。

第二部分是试点省（区、市）相关部门发布的开展社区矫正的具体措施。这部分内容主要规范有关部门应当履行的职责以及各个部门应当如何相互配合、相互支持，以保证社区矫正工作的顺利开展。例如北京市高级人民法院、北京市人民检察院、北京市公安局、北京市司法局、北京市监狱管理局制定的《社区矫正衔接工作规定》，北京市司法局制定的《参加社区矫正工作监狱劳改干警管理规定（试行）》和《社区矫正工作监狱劳改干警岗位职责（试行）》等。

第三部分是试点省（区、市）矫正工作机构发布的有关社区矫正的具体制度。这部分内容是试点省（区、市）在现有法律制度框架下积极探索、大胆实践的结果，是形成社区矫正制度最具活力的部分。例如北京市制定的《社区服刑人员分类管理分阶教育实施方案（试行）》《社区服刑人员公益劳动暂行规定》《关于进一步做好阳光社区矫正服务中心工作的试行意见》等。

二、中国社区矫正法律体系建设

（一）中国社区矫正法律体系存在的问题

从上述中国社区矫正的立法情况来看，还有一些需要完善的地方，主要体现在以下几个方面：

1.《刑法》关于社区矫正的规定太过粗疏

尽管《刑法修正案（八）》明确使用了“社区矫正”这一名称，使得社区矫正有了正式的法律依据，同时《刑法修正案（八）》在很大程度上完善了社区矫正的规定，但《刑法》关于社区矫正的执行内容规定太粗。

目前《刑法》对于社区矫正执行内容的规定除了原有的管制犯的义务、缓刑犯和假释犯应遵守的规定外，只有关于禁止令的简单规定。虽然前述司法解释对禁止令的有关内容作出了较为细致的规定，但还是遗漏了很多执行内容中的重要问题。虽然《刑法》无须对社区矫正的执行作出面面俱到的规定，但基本的内容应该有所体现。就目前而言，最严重的遗漏就是关于强制性公益劳动的规定。此外，对于社区服刑人员合法权益的保护也应该有所体现，以保证社区矫正贯彻使犯罪人重新回归社会的宗旨。

2. 缺少关于社区矫正经费保障体制的规定

社区矫正属于国家刑罚执行工作，应当建有完善的经费保障体制以保证社区矫正工作的顺利进行。然而这些全国性的试点文件对这一重要问题却几乎没有规定，只是在《在全国试行社区矫正工作的意见》中有关全面试行社区矫正工作的主要任务和要求的第四点提到："切实加强社区矫正经费保障。建立社区矫正经费的全额保障制度，将社区矫正工作人员经费、行政运行经费、办案业务经费、业务装备经费等纳入财政年度预算，并根据工作发展的需要，建立社区矫正经费动态增长机制。"一些地方文件虽然对此作出了一些规定，如江苏省财政厅和司法厅联合发布的《关于做好社区矫正经费保障工作的通知》等，但也不够全面且效力有限。经费保障体制规定的缺乏给社区矫正工作的开展带来了很多问题，有学者指出："从试点省（自治区、直辖市）的经费保障情况来看，尽管各地进行了多方努力和很多探索，迄今为止尚未建立正式的经费保障体制，也普遍缺乏正常的经费保障。在中国开展社区矫正试点工作的很多地方，经费短缺极大地限制了社区矫正工作的顺利进行。"[①]尽管在社区矫正试点工作的具体运作中，一些地方对于社区矫正的经费保障有了不同程度的发展和改善，但是，仍然缺乏这方面的统一体制和具体规定。

（二）中国社区矫正法律体系的完善

为进一步推进我国的社区矫正工作，必须从多方面完善社区矫正的法律体系。从近期来看，应当完善社区矫正的法律形式和法律内容；从长远来看，应当建立合理的社区矫正法律体系。

1. 完善法律形式

（1）进一步完善《刑法》中对社区矫正的规定。

虽然《刑法》通过《刑法修正案（八）》正式规定了社区矫正制度，但现有的规定太过粗疏，多数还只是原则性的，缺少可操作性。这样做虽然为制定"社区矫正法"留下了空间，但作为刑事实体法的《刑法》仍需要为社区矫正提供更加明确、有力的适用依据，因而有必要进一步完善。

（2）制定专门的"社区矫正法"和"刑事执行法"。

目前两院两部颁布的《社区矫正实施办法》对社区矫正制度作了较仔细的规定，但立法规格较低。应依据《刑法》《刑事诉讼法》中对社区矫正的规

① 吴宗宪：《论社区矫正立法与刑法修正案》，载《中国司法》2009年第3期，第21页。

定，制定与《监狱法》并行的专门的“社区矫正法”，为社区矫正提供完备的法律依据。

另外，在时机成熟时将《监狱法》与“社区矫正法”加以整合，制定统一完备的“刑事执行法”，以完善我国的刑事执行制度。正如有学者指出：“只有制定‘刑事执行法’，才能彻底解决刑事执行立法规格低、刑事司法体系不完善、在刑事司法过程中不能充分实现‘相互配合、相互制约’的基本原则等重大问题。”①

2. 完善法律内容

在从形式上对社区矫正法律进行完善之后还需要从内容方面加以完善。在社区矫正的法律内容方面，针对前述的一些问题之处，需要从以下几个方面进行统一完善：

（1）明确社区矫正的适用范围。

如上所述，《刑法修正案（八）》中规定对被判处管制的犯罪分子、被适用缓刑的犯罪分子以及被假释的犯罪分子适用社区矫正；而社区矫正试点文件中则将适用范围确定为5种人，即除了这3种人之外，还有被剥夺政治权利并在社会上服刑的人以及被暂予监外执行的人。为消除这种矛盾，需要对社区矫正的适用范围进行统一。

对于被暂予监外执行的犯罪分子能否适用社区矫正存在着较大的争议。例如，司绍寒指出：第一，管制犯、缓刑犯、假释犯如果在社区矫正期间表现良好，则社区矫正结束后，刑罚执行完毕，获得完全的自由；而监外执行犯在监外执行条件消失后应重新收监服刑，不存在矫正表现好后再次回归社会的情况，因此无法通过教育矫正和帮困扶助使其顺利回归社会。第二，监外执行犯因其自身身体状况，很难参加社区矫正中的教育、劳动等活动，也无法对其矫正效果进行评估，社区矫正机构仅能做到部分的监督管理。②

对于被剥夺政治权利并在社会上服刑的犯罪分子能否适用社区矫正争议更大，很多学者反对将其纳入社区矫正的适用范围。例如，司绍寒系统指出了对剥夺政治权利的犯罪人实施社区矫正存在的问题：第一，从权利的内容上讲，社区矫正是非监禁自由刑的执行方式，限制的是罪犯的人身自由，而剥夺政治权利中并不包含对人身自由的限制。我国《刑法》第五十四条第二款规定的“言论、出版、集会、结社、游行、示威自由”是政治性自由而非

① 吴宗宪：《论社区矫正立法与刑法修正案》，载《中国司法》2009年第3期，第20页。

② 司绍寒：《社区矫正立法基本问题研究》，载《中国司法》，第76页。

人身自由。第二，从权利性质上讲，为了对人身自由进行限制，可以采取必要的手段，比如定期报到、设定活动范围、禁止出入特定的场所等，因此限制人身自由的社区矫正存在真正意义上的“执行”；而剥夺政治权利，相当于国外的褫夺公权，权利丧失后，不再行使即可，国家机关无须再采取其他措施，如果罪犯违反此规定行使政治权利，一来无效，二来属于另一违法行为，有关机关对此应依照其他法律予以处罚，不存在真正意义上的“执行”。第三，社区矫正试行工作中，对被剥夺政治权利的罪犯实施社区矫正存在较大困难，由于缺少法律规定，此类罪犯公开抗拒社区矫正、不遵守监督管理规定、不参加学习和公益劳动的现象较为突出。[①]来自一线的矫正工作者也认为：“对于剥夺政治权利的罪犯，我们往往要花费多于其他矫正对象几倍的精力，可以说在社区矫正的具体执行过程中，工作难点就在于对被判处剥夺政治权利罪犯的管理上。”[②]

应当看到，不论是被暂予监外执行的犯罪分子，还是被剥夺政治权利并在社会上服刑的犯罪分子，他们毕竟都是在各自的社区中生活，这符合社区矫正的前提；同时，如果不对其适用社区矫正则缺少监督，刑罚执行效果反而不好，而适用社区矫正则可以利用社会力量使其在社区中得到教育矫正。因此，从改革完善我国刑罚执行制度，统一刑罚执行工作来讲，未来制定的“社区矫正法”还是将上述五种在社区服刑的人全部包括进去为宜。[③]

同时，关于社区矫正的内容，目前已经形成了监督管理、矫正教育和帮困扶助的共识，虽然按照现行法律的规定，不需要对这两类罪犯开展这全部三个方面的工作，但是，无论是从执行现行法律的有关规定来看，还是从这些罪犯自身需要来看，都应当把他们纳入社区矫正的范围之内。例如，对于被剥夺的政治权利的行使问题，需要有关部门进行必要的监督和管理。又如，被暂予监外执行的犯罪分子和被剥夺政治权利并在社会上服刑的犯罪分子，都会遇到就业、生活等方面的困难和问题，需要有关部门帮困扶助。历史的经验表明，如果缺乏制度化的帮困扶助措施和有关部门的切实帮扶，这些人中的很多人都有可能在自己无力解决面临的巨大困难时，再次实施违法犯罪行为。

---

① 司绍寒：《社区矫正立法基本问题研究》，载《中国司法》2011年第4期，第76页。

② 但未丽：《社区矫正：立论基础与制度构建》，中国人民公安大学出版社 2008 年版，第173-174页。

③ 王平：《口头解读刑法修正案（八）——社区矫正制度上升为法律规定》，载《法制日报》2011-04-27。

此外，还应当看到，在未来刑事立法的发展中，一些刑罚本身的内容需要修改，这也需要将这两类罪犯纳入社区矫正的范围。例如，就剥夺政治权利刑罚而言，无论是这个刑罚自身的名称，还是其中的具体规定，都需要进一步修改和完善，在进行了这样的修改和完善之后，会产生需要由合适机关执行它们的问题，社区矫正机关就是这样的合适机关。因此，将这两类罪犯纳入社区矫正的范围，也有利于未来对有关刑罚的修改和修改后的顺利执行。

（2）明确社区矫正的执行主体。

对于社区矫正的执行主体，《刑法》没有明确规定，《刑事诉讼法》仍规定为公安机关，而试点文件则规定为司法行政机关。为消除这种矛盾，需要对社区矫正的执行主体进行统一。

应该说，对于社区矫正的执行主体，规定为司法行政机关为宜。这是因为：

① 公安机关职责庞杂，警力有限，难以保证社区矫正的执行质量。

《警察法》第六条规定了公安机关依法履行的职责，共计 14 项。[①]同时，基层派出所警力不足，工作辛苦，难以履行很多的职能。中国警民比例目前是万分之十三左右，即 1 万个居民中约有 13 名警察，大大低于西方发达国家的万分之二十几至万分之四十几的水平。据统计，全国 1 人到 2 人的派出所有 3 723 个，3 人到 5 人的有 16 533 个，占派出所总数的一半。[②]这样的警力配备完成日常基本工作尚且精力有限，若还要负责社区矫正的执行，实在是力不从心，流于形式在所难免，无法保证质量。

② 司法行政机关有能力来执行社区矫正。

一方面，与公安机关相比，司法行政机关具有做群众工作的优势。在我国，司法行政机关既属于政法机关又是政府的职能部门，多年来担负着法律保障、法律宣传、法律服务、调解工作和刑满释放人员的帮教等多种需要深入群众才能完成的任务，拥有广泛的群众基础，而这正是开展社区矫正工作

---

① 具体包括：① 预防、制止和侦查违法犯罪活动；② 维护社会治安秩序，制止危害社会治安秩序的行为；③ 维护交通安全和交通秩序，处理交通事故；④ 组织、实施消防工作，实行消防监督；⑤ 管理枪支弹药、管制刀具和易燃易爆、剧毒、放射性等危险物品；⑥ 对法律、法规规定的特种行业进行管理；⑦ 警卫国家规定的特定人员，守卫重要的场所和设施；⑧ 管理集会、游行、示威活动；⑨ 管理户政、国籍、入境出境事务和外国人在中国境内居留、旅行的有关事务；⑩ 维护国（边）境地区的治安秩序；⑪ 对被判处管制、拘役、剥夺政治权利的罪犯和监外执行的罪犯执行刑罚，对被宣告缓刑、假释的罪犯实行监督、考察；⑫ 监督管理计算机信息系统的安全保护工作；⑬ 指导和监督国家机关、社会团体、企业事业组织和重点建设工程的治安保卫工作，指导治安保卫委员会等群众性组织的治安防范工作；⑭ 法律、法规规定的其他职责。

② 郑震：《犯罪压力下的警力资源不足之探讨》，载《中国人民公安大学学报（社会科学版）》2008 年第 1 期。

得天独厚的有利条件。

另一方面，与公安机关相比，司法行政机关积累了改造罪犯的丰富经验。自 1983 年后，我国的司法行政机关一直就是监禁刑执行的主管机关，在监禁刑的执行尤其是在罪犯的改造和教育方面积累了丰富的实践经验，并形成了一整套富有成效的管理方法。虽然非监禁刑与监禁刑在很多方面存在区别，但是在罪犯的改造、教育方法上却具有很多的共同性。将司法行政机关作为社区矫正的执行主体，可以充分利用这一机关在矫正领域的经验优势，促进我国社区矫正制度的发展。①

（3）在《刑法》和《刑事诉讼法》中增设强制性公益劳动的规定。

我国现行《刑法》并没有规定社区服刑人员有参加强制性公益劳动的义务，而司法部《暂行办法》规定了这种强制性公益劳动。为消除这种矛盾，作为刑事实体法的《刑法》和作为刑事程序法的《刑事诉讼法》应该规定有劳动能力的社区服刑人员有参加强制性公益劳动的义务。这是因为：

① 强制性公益劳动具有限制人身自由的性质，根据《立法法》的规定，需要由全国人民代表大会及其常务委员会制定基本法律来规定，在《刑法》和《刑事诉讼法》中增设该内容才能真正为其提供法律依据。

② 劳动对于犯罪人来说具有塑造品格、端正行为等改造功能，我国一直把劳动改造作为改造罪犯的最主要方法。社区服刑人员虽然不在监狱中服刑，但从事一定量的公益劳动有利于提高其改造效果。正如有学者指出："这样既可以体现对犯罪的惩罚，通过行刑矫正罪犯，又可使受害者以及社会得到实实在在的补偿。"②可谓一举两得。

同时应该指出的是，是否要求参加强制性公益劳动，应该根据社区服刑人员的劳动能力和改造需要来确定。对于因患有严重疾病、怀孕或正在哺乳自己婴儿、生活不能自理而被暂予监外执行的社区服刑人员来说，由于缺乏劳动能力，因而无须承担该义务。对于不需要通过这种劳动进行改造的罪犯，也可以不适用。

另外，还需要对强制性公益劳动的适用范围、基地建设等，作出原则性规定，以便给社区矫正机关安排公益劳动提供法律指导。这类公益劳动应该主要限于植树造林、公路建设、抗旱防洪、防沙治沙、公共教育文化娱乐设施建设等社会公益事业。可以授权各地建立一些公益劳动基地，并且对这类

---

① 陈和华：《论我国社区矫正的组织制度》，载《法学论坛》2006 年第 4 期。

② 陆敏：《论我国非监禁刑罚制度的完善》，载《华北电力大学学报（社会科学版）》2009 年第 6 期。

基地作出必要的规定。

（4）细化社区矫正的相关程序。

如前所述，目前不论是《刑法》，还是试点文件，对于社区矫正的程序规定都很粗疏，需要从以下几个方面加以细化：

① 在作出社区矫正的决定前，增设对犯罪人的社会调查程序或者审前调查程序。这是指在法院判刑前，由专门机构对犯罪人的犯罪背景、一贯表现等进行专门调查，并对其人身危险性和再犯可能性进行系统的评估，然后将调查和评估报告提交法院，供法院在量刑时参考。社区矫正前进行社会调查的目的是确认犯罪人是否适合适用社区矫正，其所居住的社区是否接纳、是否具备对其进行监督教育的条件，对其适用社区矫正能否达到刑罚执行的目的。社区矫正前的社会调查是决定社区矫正工作成败的关键。[①]

② 在社区矫正的开始阶段，建立有效的社区服刑人员交付、接收制度，完善法院、公安机关以及监狱与司法行政机关的衔接。在社区矫正的执行阶段，增加对执行具体内容的规定，通过多种形式的执行内容保证执行效果。在社区矫正的结束阶段，建立完善的撤销制度，使社区服刑人员及时回归社会。

③ 在社区矫正的整个过程建立科学的社区矫正评估制度。社区矫正评估是指社区矫正机关依据一定的标准对社区矫正工作以及社区服刑人员在矫正期间的表现进行评价和测量的活动。通过社区矫正评估，可以增强社区矫正的安全性，增强矫正工作的实效性，增强奖惩考核的激励性。[②]

（5）完善对社区矫正工作机构和人员的立法规定。

我国社区矫正试点工作已经建立了不同层次的社区矫正工作机构，包括司法部社区矫正管理局和地方各级社区矫正管理局等。在未来的立法中，对于社区矫正工作机关应当作出必要的规定。

同时，我国社区矫正试点工作已经形成了社区矫正工作者包括专职执法者（社区矫正官）、社会工作者、社区矫正志愿者等人员在内的工作队伍体系[③]，在未来的立法中，应当对社区矫正工作者队伍的名称、法律地位、具体种类、不同种类人员的任职资格等，作出必要的规定，以便促进社区矫正工作的健康发展。

（6）建立完善的社区矫正经费保障体制。

当前社区矫正的经费保障体制并不完善，在很大程度上制约了社区矫正

---

① 姜爱东：《关于社区矫正立法中的几个问题》，载《中国政法大学学报》2010 年第 6 期。

② 狄小华：《社区矫正评估研究》，载《政法学刊》2007 年第 6 期。

③ 吴宗宪：《社区矫正比较研究》（上），中国人民大学出版社 2011 年版，第 315-318 页。

的深入发展，因而需要加以完善。

完善社区矫正经费保障体制的目标是建立“以政府划拨资金为主、以社会捐助资金为辅”的社区矫正经费保障体制[①]：

① 以政府财政资金为主。社区矫正工作毕竟是国家刑罚执行活动，这样一种活动的主要资金或者绝大部分资金，必须来源于政府划拨的财政资金。而在政府财政资金保障体制方面，则要确立“省（自治区、直辖市）和县（区）两级政府分担经费”的体制。

② 以社会捐助资金为辅。在开展社区矫正工作的过程中，应当鼓励有条件的社区矫正服务中心多方筹集社会资金，利用社会资金为社区矫正工作服务。要鼓励多渠道筹集社会资金的做法，通过积极扩大宣传、努力拓展渠道、争取优惠政策、隆重接受捐助、恰当利用捐助来有效地吸纳社会捐助资金以开展社区矫正。

不过，考虑到社区矫正工作的刑罚执行性质，政府应当全额保障社区矫正所需经费，不能在政府划拨经费时预留资金缺口，不能把争取社会捐助资金作为社区矫正机关的工作任务。

此外，鉴于管制刑的中国特色及其在社区矫正中应当发挥的重要作用，在未来的刑法修改中，还应当考虑如何完善管制刑的刑法规定，包括增加惩罚内容、完善法律义务、完善违规处罚、扩大适用范围、完善执行体制等。[②]

3. 完善法律体系

法律体系是指由一国现行全部法律按照一定结构和层次组织起来的有机统一的整体。[③]社区矫正法律体系就是由社区矫正方面的所有立法按照一定结构和层次组织起来的有机统一的整体。

根据《立法法》的规定，社区矫正法律体系应当包括下列层次：① 法律。这是由国家立法机关制定的立法，其中包括由全国人民代表大会通过的基本法律和由全国人民代表大会常务委员会通过的专门法律。② 行政法规。这是由国务院制定的规范性文件。③ 部门规章。这是由国务院所属部门制定的规范性文件。④ 地方性法规和地方政府规章。其中，地方性法规是由地方立法机关制定的规范性文件，而地方政府规章是由地方政府制定的规范性文件。

① 吴宗宪：《利用社会资源开展社区矫正的模式探讨》，载《中国司法》2007年第1期。

② 吴宗宪：《论管制刑的完善与社区矫正》，载赵秉志、郎胜：《和谐社会与中国现代刑法建设：新刑法典颁行十周年纪念文集》，北京大学出版社2007年版，第594-604页。

③ 孙笑侠、夏立安：《法理学导论》，高等教育出版社2004年版，第83页。

根据这个法律体系的框架，在未来社区矫正立法的进程中，首先，要优先制定作为专门法律的“社区矫正法”，在此基础上制定作为基本法律的“刑事执行法”。其次，要制定社区矫正方面的行政法规。例如，在“社区矫正法”颁布之后，制定配套的“社区矫正法实施细则”一类的行政法规。再次，要进一步修改已经发布的部门规章，并且根据需要制定和发布新的部门规章。最后，要根据立法权限，制定地方性法规和地方政府规章。

为了建立合理的中国社区矫正法律体系，应当努力解决目前社区矫正立法中性质不明的中央部门文件起主导作用，层次太低并且发文单位杂乱的地方部门文件大行其道的局面，促使社区矫正立法朝着法治化的方向迈进。

第五节　社区矫正的利弊

与监禁矫正相比，社区矫正是一类具有明显的优势的制度和做法。同时，也必须看到，社区矫正自身存在一些问题。分析社区矫正的利弊，有助于人们更加准确地认识社区矫正。

一、社区矫正的优势

社区矫正的优势是指社区矫正所具有的对国家和个人都有利的特点。社区矫正的优势主要是通过与监禁矫正的比较而显现出来的。大体而言，社区矫正具有下列优势[①]：

（一）有利于服刑人员保持与社区的联系

与在封闭的监狱中执行监禁刑的罪犯相比，社区服刑人员就在所居住生活的社区中执行刑罚，这是社区矫正与监禁矫正最大的区别。在实行社区矫正的情况下，社区服刑人员往往居住在家庭或者其他社区住宿设施中，例如中途之家等，过着与以前没有多大区别、与其他守法者差别并不很大的较为正常的生活，大部分人可以继续从事自己的工作、学习和其他活动。这种状况使得社区服刑人员在服刑期间，可以保持与家庭和亲友的关系，不至于因为与社会隔离而被严重削弱与社会的联系，不至于因为这种状况的持续存在

① 吴宗宪：《刑事执行法学》，中国人民大学出版社 2007 年版，第 328-332 页。

而造成他们对社会的不适应。让社区服刑人员保持与社区和家庭等的正常联系，对于维护正常的社会生活状态和预防重新犯罪等，都具有十分重要的意义。

（二）有利于实现刑事司法工作的根本目的

实行社区矫正有利于实现刑事司法工作的根本目的。刑事司法工作的根本目的是什么？对于这个问题，长期以来存在着一定的认识偏差。很多人认为，刑事司法的根本目的就是打击犯罪，保护社会免受犯罪行为的侵害。这种观点是片面性的，它仅仅涉及了刑事司法工作的一部分任务，而没有全面论述刑事司法工作的根本目的。

应该认识到，刑事司法工作的根本目的，就是惩治刑事犯罪、化解社会矛盾、维护社会稳定，这也是刑事司法机关的职能。[①]只有全面兼顾这些方面，才能真正实现社会正义。推行社区矫正，则是实现这个根本目的的理想途径之一。要化解社会矛盾，就要努力缓解、消除人们之间的矛盾和纠纷，帮助人们恢复心灵的宁静和情绪的平和。但是，如果一味地强调“打击”“镇压”，虽然也能在短时间内维护社会的秩序，保持社会的稳定，但是，不可能带来彻底的心灵宁静和情绪平和，因为“打击”“镇压”等造成的心理强制，有可能激化一部分人的抗拒心理和仇恨情绪，特别是会引起受到严厉打击和残酷镇压的犯罪分子的抗拒心理和仇恨情绪，也会引起社会公众对犯罪分子的同情心和怜悯情绪，从而使这类刑事司法活动失去社会公众的支持，产生不必要的社会离心倾向。相反，比较缓和的社区矫正则具有不激化矛盾、帮助恢复情绪平衡的作用，有可能带来真正的心平气和，也能够得到社会公众的理解和支持。特别是在未来大量使用调解、赔偿等方法解决轻微犯罪的情况下，社区矫正更能够产生这方面的效果。因此，推进社区矫正，可以更好地体现社会正义，从而更好地实现刑事司法工作的根本目的。

（三）有利于降低行刑成本

一般而言，社区矫正的经济成本要低于监狱矫正，实行社区矫正有利于降低行刑成本。在监禁矫正的情况下，国家不仅要花费大笔资金建造监狱和其他配套设施，需要配备大量看守人员、管教人员和武装警戒等人员，而且

① 2004年9月19日中国共产党第十六届中央委员会第四次全体会议通过的《中共中央关于加强党的执政能力建设的决定》指出，要“有效发挥司法机关惩治犯罪、化解矛盾和维护稳定的职能作用”，这应当是对包括刑事司法机关在内的整个司法机关职能的科学表述。

要为监狱设施的运行、服刑罪犯的生活等支付大笔费用。对于任何一个国家而言，监禁矫正都是一类成本昂贵的行刑方式。与此相比，社区矫正不需要建立大量设施，不需要配备很多工作人员，也不必负担社区服刑人员的生活费用等，因此，社区矫正在很多方面都能够节省费用，在降低行刑成本方面的效果是很明显的。例如，从美国科罗拉多、北卡罗来纳、俄亥俄和弗吉尼亚 4 个州的情况来看，由于具体形式的差别，社区矫正的费用为监禁矫正经费的 2.25%到 70.21%不等，社区服务、缓刑、严格监督的缓刑（intensive probation supervision）、电子监控、日间报告（day reporting）、家庭监禁（house street）和中途之家（halfway house）这 7 种社区矫正形式的平均费用，仅为监狱平均费用的 19.33%。[①]在澳大利亚，根据 20 世纪 90 年代后期的数据，社区矫正服刑人员的年度费用仅为监禁服刑人员年度费用的 3.41%。[②]在中国，尽管对于社区矫正的经费投入没有确切计算，并且在社区矫正开始阶段的经费投入肯定要大一些，但是，从长远来看，社区矫正肯定能够节省国家经费。根据司法部基层司提供的数据，一名社区服刑人员的年矫正经费仅为监狱服刑罪犯监管经费的 1/10。[③]根据笔者粗略估计，目前中国每监禁一名罪犯的年度平均费用为人民币 2.5 万元左右。如果社区矫正经费不超过监狱经费的 10%，那么，大量适用社区矫正就可以大大节省国家在刑罚执行方面投入的资源，大幅度降低行刑成本。

（四）有利于增进社会和谐

实行社区矫正有利于增进社会和谐。在一个处于和平时期的社会中，犯罪是社会冲突和社会矛盾最集中的体现，而刑事司法工作是解决社会冲突和社会矛盾的最重要的正式领域之一。刑事司法工作的重要结果之一，就是将符合条件的犯罪人判处监禁刑，而监禁刑的执行机关——监狱，是刑事司法系统的重要组成部分。大量的事实表明，监禁刑的适用和监狱的存在，一方面能够起到维护社会稳定的作用，另一方面也必然会增加社会对立的程度，特别是会增加受到惩罚的犯罪人与社会的对立，甚至会引起犯罪人的其他利害关系人（例如犯罪人的家属）与社会的对立，从而进一步激化社会冲突与

① Todd R. Clear，Harry R. Dammer：*The offender in the cummunity*，2nd ed.，Belmont，CA：Wadsworth/Thomson Learning，2003，p.200.

② Satyanshu Mukherjee：*Adam Graycar：Crirru-and justice in Australia 1997*，2nd ed.，Annandale，NSW：Hawkins Press，1997，p.97.

③ 王学比：《改造在高墙之外，矫正不只是监管》，载《人民日报》2009-11-02，2 版。

社会矛盾。与监禁刑不同，在社区矫正中，由于其惩罚性比较缓和，社区矫正机关也重视解决社区服刑人员的问题和困难，而不是仅仅关注对社区服刑人员的惩罚和控制，因此，社区服刑人员与政府和社会的对立情绪远远小于监禁矫正的情形。所以，与监禁刑及其执行相比，发展社区矫正更有利于化解社会矛盾、减少社会对立，更有利于增进社会和谐，实现创建和谐社会的目标。

（五）有利于体现刑罚的人道化

实行社区矫正有利于体现刑罚的人道化。刑罚人道化是人类社会发展的基本趋势，也是人类文明进步的重要体现。随着社会的发展和进步，不仅法律中规定的严酷刑罚的数量急剧减少，而且在对刑罚的适用和执行方面，也朝着人道化的方向大力发展。与监禁刑相比，社区矫正更能够体现行刑人道化的要求。这是因为：

首先，推行社区矫正可以避免滥用监禁刑的现象。监禁刑作为除死刑以外最为严厉的一类刑罚方式，对于一些有相当人身危险性的罪犯来说，是有适用必要的。但是，如果过分依赖监禁刑的积极作用，在与犯罪作斗争的过程中滥用监禁刑，则是一种极不人道的做法。所以，对于人身危险性较低、不致再危害社会的罪犯，如老残病犯、过失犯、部分女犯、未成年犯、偶犯等，判处非监禁刑，实行社区矫正，无论是对这部分犯罪人来说，还是对于广大的守法公民来说，都是符合人道主义精神的。

其次，社区矫正也符合对罪犯区别对待的行刑原则。对进行了犯罪活动的罪犯进行处罚，是实现社会正义的必然要求，但是，不加区别地处罚罪犯，也是不人道的。实行社区矫正，有利于更好地区别对待罪犯。这是因为，在实行社区矫正的过程中，可以最大限度地区别对待罪犯，让那些人身危险性较低、不致再危害社会的罪犯在社区服刑，使他们继续保持与社会和家庭的联系，甚至不影响他们就业。这种较为宽缓的处遇方式有益于感化并激励其向善的行为，从而更加深刻地体现了区别对待的精神。

（六）有利于避免监狱的负面影响

社区矫正通过分流罪犯而使很多罪犯不受监狱的负面影响。监狱虽然是与犯罪作斗争的重要设施，在维护社会稳定和保卫社会秩序方面发挥着不可替代的作用，但是，监狱也会对在其中服刑的罪犯产生很大的负面影响。

监狱学的研究表明，监狱对于在监狱中服刑的罪犯的负面影响或者有害影响主要包括下列方面：① 犯罪传染。在监狱中，尽管监狱工作者限制罪犯之间进行犯罪情况的交流，但是他们日常生活在一起，难免会传习犯罪伎俩，对负面言行耳濡目染。因此，著名犯罪学家龙勃罗梭（Cesare Lombroso，1835—1909）指出，“监狱是犯罪的学校，特别是结伙犯罪（associated crime）的学校，而这类犯罪是所有犯罪中最危险的犯罪。”[①] ② 名誉损害。在监狱服刑的经历，会使罪犯的名誉受到严重损害，这对他们出狱之后的社会适应，有很大的妨碍作用。③ 标签效应。在监狱服刑的经历，会在罪犯身上打上深刻的“罪犯”的烙印，使他们在内心深处把自己看成是一名罪犯，社会上的很多人也会把他们看成是罪犯。这种标签效应对于罪犯出狱后的社会适应和人生发展，有很大的消极影响。④ 身心损害。长期在监狱服刑，会使罪犯在身心的很多方面都发生有害的变化，这些变化必然会制约他们出狱之后的正常生活和事业进步。

在实行社区矫正的情况下，社区服刑人员不进入监狱服刑，因此完全可以避免监狱生活所带来的上述负面影响。

（七）有利于减轻监狱拥挤状况

社区矫正能够分流很多罪犯，从而有利于减轻监狱拥挤状况，消除监狱拥挤带来的很多问题。中国监狱中罪犯的数量在 2005 年年底就已经达到 156 万人[②]，目前，罪犯的数量已经超过 160 万人。而且，可以预期，在很长的时间内，中国监狱中罪犯的数量还会不断增加。罪犯数量的增加，已经在部分经济发达地区造成监狱拥挤现象。随着监狱中罪犯数量的继续增加，监狱拥挤现象很有可能会逐渐蔓延到其他地区。监狱拥挤不仅耗费大量社会资源，带来沉重的经济负担，而且会产生其他一系列消极后果，包括罪犯生活质量下降、罪犯改造质量下降、监狱内暴力行为增加、监狱工作人员的身心健康受损等。这些消极后果对于罪犯、国家、社会等各个方面都是极为有害的。因此，发展社区矫正，让一部分符合条件的罪犯在社区中服刑，可以起到分流监狱内的罪犯数量，缓解监狱拥挤状况，消除因此而产生的多种有害后果

---

① [意]切萨雷·龙勃罗梭：《犯罪及其原因和矫治》，吴宗宪等译，中国人民公安大学出版社 2009 年版，第 342 页。

② 卢琦：《“监狱服刑人员未成年子女基本情况调查”综述》，载《中国监狱学刊》2007 年第 1 期，第 61 页。

的作用。

（八）有利于合理配置社会资源

社区矫正具有合理配置社会资源的重要优势。刑事司法活动是一类成本很高、花费昂贵的活动。从一些国家社会资源的花费来看，刑事司法领域的花费往往在整个社会开支中占有较大的份额。一些国家和地区刑事司法费用的上升，往往导致其他社会开支的减少，例如国民教育费用、医疗卫生费用等的减少，从而使刑事司法费用成为国家和地区沉重的经济负担。因此，通过改革刑事司法活动以合理配置社会资源，就成为一个十分重要的途径，而推进社区矫正工作，可以收到明显的合理配置社会资源的效果。

首先，开展社区矫正工作，可以降低行刑成本，减少国家在刑事司法领域中的经费开支，使国家有可能将宝贵的经济资源应用于更加重要、更有价值的方面。

其次，推进社区矫正可以合理配置行刑资源。在国家用于刑事司法领域的经费不变的情况下，推进社区矫正可以起到合理配置行刑资源的目的。从目前我国的情况来看，我国刑事司法经费的很多部分用于监狱领域，而犯罪学的研究表明，监狱及其运作对于社会发展的积极价值是有限的，监狱会产生很多消极作用。现在，通过推行社区矫正，控制监禁人口，就可以大量节省用于监禁方面的行刑资源，从而起到合理配置行刑资源的作用。

再次，实行社区矫正可以更好地发挥罪犯的建设性作用。第一，在实行社区矫正的情况下，可以减少监禁罪犯，从而使罪犯在相应的社会劳动岗位上发挥更大的建设性作用。根据我国的刑事法律制度和刑事司法实践，罪犯中的大部分人都是熟练的劳动力，如果让他们进入监狱服刑，虽然他们在监狱中也可以从事劳动，然而却不一定能够找到可以最大限度地发挥他们长处的劳动岗位和劳动项目，从而会造成劳动力的很大浪费。但是，如果对他们判处管制等非监禁刑，让他们继续在原来的工作岗位上工作，就可以避免对熟练劳动力的浪费，让他们更好地发挥自己的才智，从而为社会做出较大的贡献。第二，通过假释等方式尽早让罪犯从监狱中出来，也可以使罪犯在社会上找到能够更好地发挥他们才能的工作岗位，从而使他们的建设性作用得到很好的发挥。第三，很多罪犯都是家庭中的重要劳动力或者经济支柱，在实行社区矫正的情况下，罪犯继续承担对家庭的经济和养育等责任，这可以减少罪犯的家庭对社会福利的依赖，可以避免罪犯家庭状况的恶化和未成年子女的堕落。

最后，发展社区矫正还可以更有成效地利用社会资源，使有限的社会资源发挥更大的社会效益。例如，增加社区矫正中的资金投入，可以建设社区基础设施，改善社区服务体系，改进社区邻里关系，发展社区预防犯罪体系，帮助罪犯家庭改善生活和促进罪犯就业等。这些都会从根本上促进社会稳定，可以有效地遏止犯罪不断增加的趋势。

此外，社区矫正还具有一些其他的优势，例如，有利于维护社区服刑人员的权利，有利于对被害人进行补偿等。

二、社区矫正的不足

同任何法律制度一样，社区矫正也是一种既有明显优势又有一定不足的制度。从目前的研究和实践来看，社区矫正的不足主要表现在下列方面：

（一）刑罚威慑功能不足

社区矫正降低了有关刑罚和刑罚措施的惩罚性，从而降低了刑罚的威慑功能。刑罚是最为严厉的法律制裁措施，应当具有较为严厉的惩罚性，但是，在实行社区矫正的情况下，有关刑罚和刑罚制度的惩罚性大大降低。根据我国现行的法律制度，罪犯在社区中服刑时，环境相对比较宽松，行动比较自由，不仅社区的执法人员普遍缺乏对社区服刑人员惩罚的意识，而且许多公众也有类似的看法，例如，认为缓刑相当于不执行刑罚，假释相当于提前从监狱释放等。与西方发达国家相比，中国立法和执法实践中对社区服刑人员的惩罚力度明显偏低。尽管 2011 年通过的《刑法修正案（八）》规定了禁止令的制度，对社区服刑人员的行动有所限制，但是，社区矫正仍然存在惩罚性不足的问题。这样，社区刑罚执行的一般预防和特殊预防的功能的发挥将受到一定的影响。

（二）社区安全难以保障

社区矫正存在难以有效保障社区安全的问题。在实行社区矫正的情况下，社区服刑人员具有很大的行动自由，在客观上具备从事危害社会活动的条件，他们有可能从事危害社会的行为。同时，让很多罪犯在社区中执行刑罚，也会增加社区居民的不安全感，他们会感到这些人员的存在对他们的安全构成了不同程度的威胁。《刑法修正案（八）》规定的禁止令制度，在一定程度上有助于克服这种不足，因为如果能够科学适用和有效执行禁止令制度的话，有利于增强社区居民的安全。但是，这需要一个过程，在这一制度充分发挥积极作用之前，社区居民的安全仍然面临着遭受社区服刑人员侵害的可能。因此，社区矫正制度的实行，使得社区安全难以得到有效保障。

（三）差别适用无法避免

社区矫正制度存在难以平等适用于所有犯罪人的问题。由于社区矫正自身的特点和我国社会、经济情况的制约，在社区矫正的适用过程中，有可能造成对犯罪人的歧视现象，即实施了类似或者相同犯罪行为的犯罪人，可能由于其存在的某些特点，难以被平等地适用社区矫正，包括难以被平等地判处非监禁刑、难以被平等地裁定假释等。例如，考虑到在实行社区矫正的情况下社区服刑人员要有住所、要对社区服刑人员进行监督等活动，在犯罪情节类似或者相同的情况下，对于在本地有户籍或者固定住所的犯罪人，容易适用社区矫正，而对于在本地没有户籍或者固定住所的犯罪人，不容易适用社区矫正，从而导致犯罪大体类似而处置截然不同的不平等现象。

实际上，国外的研究也表明，社区矫正中的差别适用现象是难以避免的。国外的研究发现，社区矫正措施主要适用于那些“正常的、体面的”犯罪人或者犯罪不太严重并且能够过稳定生活的犯罪人。[①]尽管很多国际准则和国内立法规定，在刑罚适用中应该一律平等，但是，在实际适用社区矫正措施时，这样的规定往往难以得到贯彻落实。在犯罪行为类似的情况下，往往对那些能够过稳定的生活、能够履行所规定的义务的犯罪人适用社区矫正措施，而对其他犯罪人较少适用社区矫正措施。从国外社区矫正犯罪人的个人特征来看，对于犯罪的吸毒成瘾者、外国人和无家可归者适用社区矫正措施的百分比，是相当低的；在很多国家中，对于毒品犯罪人、暴力犯罪人、醉酒驾驶犯罪人和性犯罪人适用社区矫正措施的百分比，也是很低的。这样，对其他犯罪人来说，就产生了不公平对待的问题。这种现象，是与法律面前人人平等的理念相背离的。[②]

---

① Anton Van Kalmthout:“Fmm community service to community sanctions”, in Hans-Jorg Albrecht &. Anton IVLVan Kalmthout (eds.), *Community Sanctions and Measures in Europe and North America*, Freiburg i. Br: Max-Planck-Inst: tut fur auslandisches und intemationales Strafrecht, 2002, p. 599.

② 吴宗宪:《刑事执行法学》，中国人民大学出版社 2007 年版，第 334 页。

（四）可能助长腐败现象

社区矫正制度的实行有可能助长腐败现象。这是因为，首先，在社区矫正的适用方面，有可能助长司法腐败现象。中国刑事法律中存在的弹性规定和法官享有的自由裁量权，会导致对那些处在“边缘状态”的犯罪人适用不同的刑事制裁形式。例如，对于某些犯罪人，既可以判处监禁刑，也可以在判处监禁刑的同时宣告缓刑，从实际情况来看，在被判处监禁刑与被宣告缓刑之间，存在着巨大的差异。在这种情况下，究竟判处监禁刑还是宣告缓刑，就有了可以自由裁量的空间，这种自由裁量空间的存在，为司法腐败的发生提供了客观条件。在大量推行社区矫正的情况下，由此发生的司法腐败现象在所难免。其次，在社区矫正的执行方面，也有可能发生腐败现象。在社区矫正的执行过程中，规章制度的不完善和规章制度中存在的弹性内容，也使得具有类似情况的社区服刑人员可能会受到不同的对待，从而会在社区矫正执行环节产生腐败现象。

（五）控制网络有所扩张

社区矫正措施的扩大适用，在客观上会扩大社会控制网络，导致“网络扩张”（net widening）现象的发生。[①]网络扩张现象突出地表现在下列方面[②]：

（1）控制网络更广。这是指在适用社区矫正的情况下，受到国家控制的人数会增加。在没有大量适用社区矫正措施的情况下，对于犯罪人的处理往往是在三类措施之间进行简单的选择：要么判处监禁，要么判处罚金或者传统的缓刑，要么完全释放。但是，在社区矫正措施大量适用的情况下，这类措施吸引政治家和立法者们的关注，他们可以利用更多的措施控制更多的人员，结果造成社会控制对象数量的增加。

（2）控制网络更强。在大量适用社区矫正的情况下，社会控制的网络似乎变得更强，国家似乎有了更多的控制人们行为的措施。实际上，社区矫正变成了监禁刑和其他传统的非监禁刑之间的“填充物”或者“补充性措施”，国家可以利用这些补充性措施，更加牢固地控制犯罪人的行为。国外的一些研究者认为，社区矫正措施的大量适用，增强了国家对犯罪人的干预能力和控制力。

---

① Todd R.Clear & Harry R. Dammer: *The offender in the comrmmity*, Wadsworth / Thomas Leaming, Belmont, CA. 2000, pp.238-239.

② 吴宗宪：《刑事执行法学》，中国人民大学出版社 2007 年版，第 333-334 页。

（3）控制网络转变。在大量适用社区矫正的情况下，并没有减弱控制网络，而仅仅是改变了控制网络，把原来由司法机关行使的大量控制权移交给其他机构来行使，主要是移交给社区矫正执行机构来行使。同时，也创造出更多的由社区矫正执行机构行使的控制权。

此外，国外的研究认为，社区矫正还存在着社区居民排斥、社区矫正工作条件差、社区矫正计划缺乏、累犯率高等缺陷。[①]

① 吴宗宪：《社区矫正比较研究》（上卷），中国人民大学出版社 2011 年版，第 30-31 页。

第二章 社区矫正的历史发展

人类社会自从创设刑罚应对犯罪以来，刑罚和刑罚体系就经历了漫长的衍变与发展历程。刑罚最初起源于人类的复仇冲动和自卫本能，但逐渐衍变为一套系统的实践，并发展出一整套的刑罚思想和哲学。理论的价值并非单纯是为了创新，有时候不过就是对人类社会既有行为寻找合法性的论证过程。但当理论发展到了相对成熟时期，就逐渐开始试图引导人类自身的行为模式。探讨社区矫正的历史沿革，不仅仅是为了回顾过去，也不是做简要的法制史总结，而是为了在历史的语境中寻求当下社区矫正的建构和发展。

第一节 西方国家社区矫正的历史发展

作为一种现代刑罚执行的方式，社区矫正诞生于西方。直到今日，我国刑罚的整体思想仍然受到来自欧美发达国家的强烈影响。要在我国引入社区矫正制度，并将其发展、完善，就有必要回顾西方国家社区矫正的历史发展进程，并作为我们发展和完善社区矫正制度的一种基本视角。

一、社区矫正的萌芽期

社区矫正的历史伴随着西方现代监狱制度的发展史。自从西方国家近代开始监狱改良以来，其经历了慈善主义、监禁改善主义、处遇矫正主义、大矫正回归主义四个阶段。监狱改良，基于慈善主义，立足于改变罪犯的悲惨遭遇；改革监禁方式，立足于完成自由刑执行任务；以处遇为手段，力图在行刑中、在设施中矫正罪犯；行刑重点放在如何使受刑人顺利重返社会，不再犯罪。[①]尽管现代监狱制度不断改良，但监狱行刑仍然不可能彻底摆脱监狱自身固有的缺陷。在学者的叙述中，监狱不人道、将罪犯变得更坏、是一所

① 王泰：《现代监狱制度》，法律出版社 2003 年版，第 55-60 页。

恶魔的训练营等，这些叙述难免带有“妖魔化”的成分，但毫无疑问，监狱由于剥夺服刑人员的自由而导致本身的确存在难以克服的矛盾——再社会化只能在社会中完成，但监狱却寄希望在与世隔绝的环境中促使服刑人员再社会化。面对监狱行刑的弊端，改革者们选择了两条道路：第一条就是彻底回避监禁刑，发展社区刑罚；第二条就是立足于监禁刑，不断改良，发展开放式处遇制度。殊途同归，其改革的最终目的都是要实现矫正服刑人员、保护社会公众两大价值的平衡。尽管现代社区刑罚的种类繁多，但其核心无疑仍然是缓刑与假释，此处即主要叙说缓刑与假释的萌芽与起源。

（一）缓刑制度的起源

缓刑实际上是一个比较宽泛的概念，最广义的缓刑除了缓起诉、缓判决、缓执行以外，甚至还包括审前羁押的释放制度。关于缓刑的起源，其实存在较多的争论。有人认为缓刑的起源可以在美国《联邦与驱赶者》的案件中发现，波士顿老的市政法院的法官赛特蔡尔将一个承认自己的另一个罪行的妇女释放，这被认为是缓刑的起源。还有的人认为缓刑的起源可以在 19 世纪 20 年代英国沃里克郡法官的实践中找到，一些法官声称他们在判决年轻人的实践中有一个并行的传统，即对其给予一个名义上的日监禁，然后释放他们，让雇主来关照。这种形式没有涉及跟踪和监管，但似乎形成了中世纪的保释概念。有些人将缓刑的起源推到更早，将缓刑的萌芽归功于神职人员的免予起诉的特权。[①]

不过，缓刑的起源比较公认的是来自于两个方面的实践。一个方面的实践是被称为“缓刑之父”的美国波士顿的鞋匠约翰・奥古斯塔的保释活动。他的活动开始于 1841 年，当一个早上，他在法院看见一个看起来非常贫困的人，这个人对他说如果他能够被免除进监狱他将不会再次喝令人陶醉的酒。奥古斯塔说服了法官，用自己的关照来保释这个人，这就开始了他保释的实践，他通过若干种的实践方式来帮助这一类人，然后在保释期结束时向法院报告。直到他 1858 年去世，他共保释了 1 946 个人。[②]另一个方面的实践是英国刑事法院的马太和爱德华法官，他们用保释作为工具给年轻人一个改造的机会。1841 年，马太是伯明翰的刑事法官，凭借着他在沃里克郡法院的经历，

① [英]皮特・雷诺、莫里斯・范斯顿：《解读社区刑罚——缓刑、政策和社会变化》，刘强、王贵芳译，中国人民公安大学出版社 2009 年版，第 16-18 页。

② [英]皮特・雷诺、莫里斯・范斯顿：《解读社区刑罚——缓刑、政策和社会变化》，刘强、王贵芳译，中国人民公安大学出版社 2008 年版，第 19-20 页。

开始了释放未成年犯罪人的实践，并要求监护人对被担保的人予以关照。该过程涉及对犯罪人保持一个注册的登记，并由调查询问的工作人员进行跟踪，同时监护人或父母公开承认他们的责任并在有关文件中签字。马太释放犯罪人时，必须有一个“认为该人并没有完全堕落的背景”，以及“在这样的监护人之下有一个比在县监狱中更好的改正的希望”的条件。如果年轻人重新犯罪，将会受到一个更加严厉的惩罚。①涉及缓刑制度正式起源的争论，主要是寻找证据证明不仅有释放的实践，还必须有监督、矫正的项目，这才是完备的缓刑实践。

从上述叙说可以看出，缓刑最初的主要形式就是保释，即审前释放制度，这与今天缓刑的核心缓判决、缓执行制度相距甚远。不过，只要是附加条件的行刑前释放，都可以被看作广义上的缓刑。1870 年，美国波士顿通过了世界上第一部缓刑法，正式开展缓宣告制度。到 19 世纪末 20 世纪初，缓刑在欧美普遍开始推行。

（二）假释的起源

关于假释的起源尽管存在不同的意见，但对假释制度的发展历程的叙述都大致相似，不过是对“萌芽”“雏形”“确立”不同阶段的解读不同而已。

1790 年，菲利普被任命为澳大利亚新南威尔士州州长，赴任之初，英国政府授予其假释权，以解决流放地重刑犯的反抗、暴动问题。菲利普将犯人分为四级：第一级，将新犯人置于惩罚场，使其服重劳役；第二级，将第一级中保持善行的犯人编入开垦队，在监管下从事劳动；第三级，进一步使第二级中保持善行的犯人从事自由的殖民者事业；第四级，对第三级中保持善行的犯人发给释放票，在居住于特定区域、定期报告生活情形的条件下，免予残余刑期的执行。②菲利普是罪犯累进处遇制的重要发端者，但释放票还不完全是假释制度。原因在于虽然有提前释放，但缺少对假释犯的监督、矫正项目，因而还不能认为是假释的发端。

1839 年，马克诺奇就任澳洲诺福克岛监狱的监狱长，为稳定监狱秩序，制定了一个三级累进处遇制的方案：刑期的前 1/2 确定为刑罚阶段，后 1/2 又分成三个等级阶梯。他的方案的核心是假释，其建立了一种有程序、有考核

---

① [英]皮特·雷诺、莫里斯·范斯顿：《解读社区刑罚——缓刑、政策和社会变化》，刘强、王贵芳译，中国人民公安大学出版社 2008 年版，第 18 页。

② 柳忠卫：《假释制度比较研究》，山东大学出版社 2005 年版，第 47 页。

标准的假释程序与制度。[①]虽然也有学者将马克诺奇称为“假释之父”，但同样的道理，假释不仅具有累进处遇制度的内容，而且必须在假释期间建立一整套完善的矫正项目与监督机制，否则就仅仅是释放制度，而非社区矫正制度。1854 年，柯拉夫顿担任爱尔兰监狱长，针对马克诺奇方案的缺陷进行了改进，但柯拉夫顿的方案也仅仅是赋予累进处遇制度独立的生命力，而非建立一整套完善的假释监督制度。假释制度的正式立法是美国 1869 年参考爱尔兰制定的《假释法》，到 19 世纪末 20 世纪初，西方国家相继建立了假释制度。

（三）社区矫正萌芽期的特点

综上所述，社区矫正在萌芽期具有如下特点：

1. 缺乏专门的执行机关

最早的缓刑实践往往都是由社会慈善人士、宗教人士、宗教社团等发起，即使得到法官的认可，但对缓刑犯的监督却都是由非国家机关的工作人员或者缓刑犯的监护人负责。因而此时的缓刑制度虽然已有矫正的要求，但还缺乏系统的矫正项目。假释制度此时更多的是作为累进处遇制度的内容而非独立的社区刑罚存在，作为释放制度的假释已经逐渐成熟，但作为社区刑罚的假释还缺乏系统的监督机构，谈不上严格意义上的社区矫正。

2. 缺乏严格意义上的“社会内处遇”的特征

社区矫正必须有“矫正”，单纯的缓刑、假释制度并不能构成社区矫正存在的理由。也正因为如此，我国 1979 年《刑法》就规定了管制、缓刑、假释，却没有人认为我国 1979 年就建立了社区矫正制度。同样的道理，缓刑、假释此时已经形成了系统法制，但还没有建立、专门的矫正项目、矫正机制，因而此时的社区矫正还仅仅处于萌芽阶段。

3. 以人道主义为基本的指导思想

当时的缓刑、假释的制度实践以及制度设计，更多是单纯地以慈善家的人道主义思想为指导，整个制度充满着宗教式的怜悯与仁慈。缓刑的制度实践强调给予罪犯更多的机会，假释的制度实践则主要是基于对监狱残酷性的改革与稳定监管秩序的需要。矫正思想尽管在 1870 年美国监狱学会成立时就已经产生，但矫正思想此时并未统治缓刑与假释的制度实践。

---

① 王泰：《现代监狱制度》，法律出版社 2003 年版，第 132-133 页。

二、社区矫正的高速发展期

从20世纪初到20世纪70年代，是社区矫正的高速发展时期。在这一时期，社区矫正逐渐发育成熟，在刑罚体系中的地位日渐上升，并逐渐占据刑罚体系的核心位置。社区矫正在高速发展期，主要呈现出如下特点：

（一）矫正主义犯罪学成为占主导地位的指导思想

资本主义发展到19世纪末，主要资本主义国家都进入帝国主义时代。丰富的物质文明被创造出来，实证主义占据社会科学研究的主导地位。自19世纪末到第二次世界大战期间，发展于英国和其他西方国家的科学实证主义犯罪学理论主要采用了医学心理学的方法进行研究。它关注的是犯罪人或违法者个体，并与戴维·加兰所称之为“刑罚—福利”模式的行为矫正主义观念紧密联系。这一理论假设了一种核心角色的存在，它表现为经过国家授权的对社会生活领域的干预不断扩大的力量，它一方面是强有力的，另一方面却表现出仁慈的家长式角色。在这一理论背景下，“医学—福利”型专业化犯罪预防机构不断增长，并逐渐发展出包括正常化机制、行为矫正机制与犯罪人隔离机制在内的犯罪人分类预防系统。[①]

相应地，在社区矫正中，矫治模式代替了早期的唤醒个人良知式的宗教感化模式。正如加兰所述，当犯罪学的支持公共的观点和基督教新派的善恶观的基本原则遭到反对，科学和宗教的重估，就像一场代表犯罪学项目要求的改革运动，控制了20世纪上半叶的社区监管的理论与实践。[②]矫正成为一种专业技术，国家在雄厚的财富支撑下，并在日益专业化的矫正技术的协助下，发展出复杂多样的矫正模式。矫正模式关注犯罪发生的原因，并基于对原因的分析提出个别化的罪犯处遇机制。在这一指导思想的全力支持下，社区矫正获得了高速的发展，各种社区监管的新方式不断涌现。

（二）建立了系统的社区矫正机制

与早期零星的社区矫正不同，在高速发展期的社区矫正发展出一整套完善的社区矫正工作机制，这套机制包括了发达的社区矫正组织机构、专业化

---

① [英]戈登·休斯：《解读犯罪预防——社会控制、风险与后现代》，刘晓梅译，中国人民公安大学出版社2009年版，第52-54页。

② [英]皮特·雷诺、莫里斯·范斯顿：《解读社区刑罚——缓刑、政策和社会变化》，刘强、王贵芳译，中国人民公安大学出版社2008年版，第49页。

的社区矫正工作者、复杂的社区矫正方案。与早期主要由宗教社团、民间人士负责社区矫正不同，西方国家先后都建立了各自专门的社区矫正机关。在英国，缓刑、假释由国家缓刑局负责；在美国，有些州的社区矫正由专门的社区矫正局负责，另外一些州则由州矫正局下辖的缓刑办公室、假释办公室负责；在加拿大，由联邦矫正局下设的社区矫正中心、假释办公室以及各省的社区矫正中心、假释办公室、缓刑办公室负责；在日本，由法务部保护司下设的保护观察所负责保护观察的执行；等等。而且，这些社区矫正机关配备了较大规模的社区矫正工作者，并建立了系统完善的社区矫正工作者的选拔、招募、训练、考核机制。在政府强有力的财政支持下，社区矫正发展出各种各样的矫正方案。[①]

（三）社区矫正的地位不断上升

随着社区矫正的不断发展和完善，社区矫正逐渐成为刑罚体系的核心。到 1939 年，通过对美国 25 个州的调查显示，在所有被证实为有罪的人当中，有 1/3 的人被处以缓刑[②]；到 1936 年，有 15 个州的假释超过了监狱释放人数的 80%。[③]由于社会解组现象加剧，人民难以适应迅速发生的社会变化，加之犯罪圈的扩大，尤其是毒品交易犯罪与性犯罪数量的显著上升，西方各主要国家都经历了漫长的犯罪率增长的时期。在这个时期中，越来越多的人被判有罪。监狱人口不断上升，但即使监狱容量已经不足以支持对犯罪的惩治措施，犯罪的数量仍然在不断上升。一方面，人们开始系统认识到监狱行刑的巨大弊端，社会大众对监狱行刑的效果越来越怀疑，以至于他们倾向于认为监狱是“学习犯罪的学校”，为此开始不断制定各种回避监禁刑的方案。[④]另一方面，监狱人口的不断上升导致政府的财政收入难以支付监狱预算，迫于巨大的财政压力，刑事司法系统发展审前分流项目，大力适用缓刑，同时扩大假释适用率、降低罪犯在监狱服刑的实际期限。

基于理想的犯罪治理策略和现实的财政压力，社区矫正逐渐成为刑事执法活动的核心，在社区中接受监督的人数在西方各国普遍超过了在监狱中服刑的人数。

---

① 更详细的内容，请参见本书第七章“社区矫正管理体制”中第一节“国外社区矫正管理体制”。

② 刘强：《美国社区矫正演变史研究》，法律出版社 2009 年版，第 131 页。

③ 刘强：《美国社区矫正演变史研究》，法律出版社 2009 年版，第 130 页。

④ [英]朱利安·罗伯茨、麦吉·豪夫：《解读社会公众对刑事司法的态度》，李明琪等译，中国人民公安大学出版社 2009 年版，第 117-121 页。

三、社区矫正发展的调整期

社区矫正经历了超过半个世纪的高速发展，其组织机构、运行机制、处遇方案等不断完善。但是，社区矫正自身存在的固有缺陷被忽视、社区矫正的效果被夸大，导致社区矫正终于不堪重负，遭到社会大众和专家学者的广泛批评，自 20 世纪 70 年代以来，社区矫正进入调整期。

（一）西方国家社区矫正模式存在的固有缺陷

社区矫正本身并非完美无缺，而是存在其固有的缺陷，有其适用的边界。如果一味强调服刑人员的权利保障、一味强调社区矫正的花费更低，将使得社区矫正不堪重负，从而变得既无意义，又无效果。

1. 社区矫正不堪重负

按照西方一些学者的研究，1 个社区矫正工作者管理的罪犯原则上不宜超过 35 人，但缓刑犯中所有的轻罪犯中的 76%和重罪犯的 67%以上的案件负荷超过了 100 个。①还有些学者列举的数字更为惊人，从全美范围来看，每名缓刑官平均负责监督的成年缓刑犯是 260 名，有些工作量甚至达到数百名。在洛杉矶县，有 2/3 的缓刑官监督 1 000 名以上的缓刑犯，而缓刑犯只需要每个月用电子邮件与缓刑官联系。②由于犯罪数量激增，监狱容纳不下如此之多的罪犯，法官被迫提高缓刑适用率、假释委员会也被迫大幅度提高假释适用率。在这样的工作负担下，尽管社区监督方案五花八门，但却无力开展任何实质性的社区监管项目。最为直接的结果，就是缓刑变成“无刑”、假释变成“真释”。

2. 对社区服刑人员缺乏有效监管

不少学者总是强调社区矫正的花费更低，并为此列举了大量数据。这种观点本身并没有什么问题，但还必须看到问题的另一个方面，即如果将罪犯置于社区而放任自流，则社区矫正当然不花钱。社区矫正的花费更低，必须要建立在对社区服刑人员开展有效的社区监督方案的基础上才显得有价值，否则那是政府推卸责任的代名词。缓刑官、假释官负担的案件总数过多，无力开展有效的工作，只能将工作重点集中于媒体渲染的“重大犯罪”上，例

① 刘强：《美国社区矫正演变史研究》，法律出版社 2009 年版，第 131–132 页。

② [美]罗纳德 · J. 博格等：《犯罪学导论——犯罪、司法与社会》，刘仁文、颜九红、张晓艳译，清华大学出版社 2009 年版，第 586 页。

如强奸、恋童癖患者，这种犯罪虽然耸人听闻，但实际的发案率却相当低。这种状况直接导致的就是社会公众对社区刑罚的强烈不满。社会公众认为，大多数社区刑罚仅仅是略加申斥，而不是一个有意义的量刑倾向；[①]公众强烈反对那些在公众看来只是要求不再进一步犯罪的缓刑监督。[②]

（二）矫正模式的破产

到了 20 世纪 70 年代，盛行于英美的矫正模式破产，公众和学者对矫正的效果持强烈怀疑态度，矫正无效一时成为普遍接受的观点。在对美国 231 项犯罪矫治计划进行考察以后，马丁森在 1974 年发表了著名的“矫治无效”的论断，这直接导致矫正模式面临最为激烈的批判。随之而来的，是刑罚平民主义的兴盛，建立在“唯惩罚论”基础上的“刑罚主义”和“新古典主义”取代矫正主义成为主导刑罚执行活动的核心指导思想，一个旨在重建法制体系和社会秩序的新保守主义政治观占据了理论的前沿。[③]同时，在 70 年代，美国总统尼克松开始“向犯罪宣战”，这一计划甚至取代了“向贫穷宣战”的政策；在英国，保守党和新工党政府都选择了强硬的刑事政策。公众认为，既然监狱无法取得矫正的效果，那么监狱就不需要矫正计划而仅仅是将罪犯与社会隔离以剥夺其再犯能力；既然社区矫正难以取得降低累犯率的效果，那么社区矫正的首要目标将不再是矫正与重返社会，而是确保社会公众的安全。在这样的宏观大背景下，社区矫正进入到调整期。

一些学者坚称，传统的报应式刑事司法逐渐将被精算司法所取代。精算司法指的是对犯罪机会和风险分布的管理而非对个别犯罪人和行为的管理，一些学者将此描述为以减灾战略如零容忍、目标加固、监视、选择性行为能力剥夺和排斥等为特点的“犯罪控制的保险概念”。[④]精算式司法认为，新刑罚学较少关注个体犯罪人的责任、过错、道德感、诊断、干预或处理，而是关注被认为是危险群体的识别、分类和管理，其任务是管理性的，而不是改造性的，它寻求的是对越轨行为的管控水平，而不是对个体违法者或社会异

---

① [英]朱利安·罗伯茨、麦吉·豪夫：《解读社会公众对刑事司法的态度》，李明琪等译，中国人民公安大学出版社 2009 年版，第 95 页。

② [英]朱利安·罗伯茨、麦吉·豪夫：《解读社会公众对刑事司法的态度》，李明琪等译，中国人民公安大学出版社 2009 年版，第 100 页。

③ [英]戈登·休斯：《解读犯罪预防——社会控制、风险与后现代》，刘晓梅译，中国人民公安大学出版社 2009 年版，第 59 页。

④ [英]海泽尔·肯绍尔：《解读刑事司法中的风险》，李明琪等译，中国人民公安大学出版社 2009 年版，第 1 页。

常的干预或回应。[①]在这样的思想背景下，社区矫正面临的挑战被认为是精算式司法占据主流地位的一种现实表达。

（三）社区矫正面临的调整

在20世纪的多数时候，社区矫正机关都坚持“刑罚福利综合体”的改造理想，是使罪犯“正常化”的重要机构。但是，在20世纪70年代的英、美等国，社区矫正机关经历了严重的信任危机，要求“非治疗范式”和“量刑公正”的呼声日益强烈。一言以蔽之，社区矫正机关“忠告、帮助与友好对待”的社会福利原则，被犯罪人管理中的经济理性和“改造日益纳入风险框架而非福利框架”的风险驱动议程所取代。社区矫正面临的调整主要有如下表现：

1. 降低社区刑罚的适用率

在美国，一方面法官限制适用缓刑，另一方面假释委员会严格限制假释。立法机关也加紧立法，为社区刑罚的适用设置各种障碍。加利福尼亚州出台了著名的“三振出局”法案，一些州甚至取消了假释。在1977年，州和联邦监狱中72%的罪犯是假释释放，这个数字在1983年降低到48%，1988年降低到40%，1993年降低到39%；另一方面，采用监督形式释放的比例占到了82%。[②]

2. 强化社区监督

在英国，1977年发展出社区服务令，并得到前所未有的重视，2000年《刑事司法法》将社区服务令修改为社区惩罚令，更强调其惩罚性的一面。英国创设了日报告中心制度，这一制度要求社区服刑人员经常性、甚至每日都必须向社区矫正中心报到，以确保对其行踪的完全掌控。在美国，发展出所谓“中间制裁”，包括强化监督的缓刑、震惊式监禁、电子监控、家庭监禁、社区矫正中心居住等一系列强化监督的社区矫正形式出台。在美国，甚至出台了极具争议性的“梅根法案”。1994年，一名7岁的美国小女孩梅根·坎卡被住在她家附近的一名性犯罪分子绑架，并遭其奸杀。梅根失踪89天后，新泽西州长签署了美国第一个“梅根法”，强制居住在新泽西州内刑满释放的性罪

① [英]海泽尔·肯绍尔：《解读刑事司法中的风险》，李明琪等译，中国人民公安大学出版社2009年版，第31页。

② 刘强：《美国社区矫正演变史研究》，法律出版社2009年版，第158页。

犯向州警察登记。对于那些对公众危害不大的罪犯，执法机关将通知学校和各社区组织；而对于那些危害较大的罪犯，执法机关不但要通知学校和社区组织，还要通知街道居民。另外，州政府将建立统一的资料库，将这些罪犯的姓名和住址等资料公之于众，民众可随时通过电话和互联网查询。1996 年 5 月 17 日，当时的总统克林顿签署了“梅根法案”。法案规定：将正式建档的性犯罪案件资料放到网上以供读取；且此等罪犯被释放后必给予以备案存档。迄今为止，美国 50 个州已拥有自己的“梅根法案”，似乎已经形成天罗地网。[①]刑满释放的性罪犯只有离开美国才能逃避登记和自己的资料被公之于众的命运。不过，各州的“梅根法”规定不尽相同，有宽有严。在路易斯安那州，公众可以随便查询性罪犯搬家的资料，甚至有私人公司通过电子邮件随时向用户提供性罪犯的最新住址，以警告用户最近有刑满释放的性罪犯搬到当地居住。在华盛顿州，如果一名刑满释放的性罪犯乔迁新居，警察则会挨家挨户打电话通知邻居罪犯的姓名和住址。最严格的当属俄勒冈州，搬到俄勒冈州居住的刑满释放的性罪犯必须在家里窗户上张贴醒目的记号，以警告邻居自己的身份。[②]“梅根法案”是美国刑事政策转向公众保护与隔离政策的重要标志，尽管这个法案直接导致性犯罪人被社会彻底抛弃，但仍然受到刑罚平民主义者的强烈支持。

3. 由“矫正模式”转向“转处模式”

在社区矫正发展的高速期，社区矫正奉行矫正模式，即将其注意力集中于通过各种方案、发展各种项目矫正社区服刑人员，使其重返社会；而转处模式则是指社区矫正的目的不再着眼于矫正，而是作为监禁刑的替代措施。社会大众既厌恶监禁刑的弊端，又怀疑社区矫正的效果。结果是社区矫正如缓刑等制度仍然被使用，但其目的已不再以人道主义作为其指导思想。英国之所以将社区处遇名之为社区惩罚，其核心含义在于试图发展出社区判决自身的惩罚性，并以罪刑均衡的原则来判断监禁刑与社区刑罚之间的分配，将最为严重和危险性最大的罪犯留在监狱，而将一般的罪犯用社区刑罚来处理。[③]这也正是精算式司法风险管理模式的代表性体现。

---

① 例如，加利福尼亚州专门有一个“梅根法案”网站，公布性犯罪入的相关资料，http://www meganslaw.ca.gov/index.aspx? lang= ENGUSH，访问日期：2009 年 10 月 15 日。

② http: //haike baidu. com/view/2471845. htm，访问日期：2009 年 10 月 15 日。

③ [英]皮特·雷诺、莫里斯·范斯顿：《解读社区刑罚——缓刑、政策和社会变化》，刘强、王贵芳译，中国人民公安大学出版社 2008 年版，第 71-72 页。

（四）正确认识社区矫正的调整期

英美等国自 20 世纪 70 年代以来面临的社区矫正调整期，学术界采用了许多夸张的词汇予以表述，诸如“精算式司法”“刑罚平民主义”“新刑罚学”“风险管理模式”词汇不断出现于英美的犯罪预防、控制策略的研究文献中。但是，对此我们必须有清醒的认识，切不可因此对社区矫正产生过大的怀疑，不能因为英美社区矫正调整期的到来，就否认我国开展社区矫正的价值。

（1）即使在调整期，社区矫正在刑罚体系中的核心地位仍然没有发生变化。表面看来，似乎“三振出局法案”“减少缓刑适用率”等词汇必然降低社区矫正的适用率，但实际情况并非如此。

美国从 1980 年到 2007 年，缓刑犯人数增长了 4 倍，假释犯人数的上升率虽然低于监狱中服刑的囚犯人数的上升率，但实际上仍然在上升。可以看出，严格限制假释的政策对社区矫正产生的影响最大，因而假释犯的上升比率低于监狱服刑人员人数的上升率。但缓刑并没有因此受到影响，其地位反而更加重要。2007 年，美国共有 730 万人受到矫正机构的监督，但缓刑犯和假释犯共有 510 万人，其中缓刑犯 429 万多人、假释犯 82.6 万余人。

（2）社区矫正调整期主要是增加社区监督的力度，实质上变化仍然不大。尽管出现了所谓的中间制裁，但根据 1997 年的统计，对 87.8%的人仍然给予的是一般的监督，12.2%的人给予了中间制裁。[①]但是，1997 年的缓刑犯就有 3 261 888 人。[②]从这个比例可以看出，当年美国有 250 万左右的缓刑犯处于几乎没有监管的地位。我们以前经常批评中国的缓刑几乎等于“无刑”，实际上，美国的实际情况与此相差不大，绝大多数的缓刑犯仍然仅仅是接受形式上的监管。强化社区监督，主要针对的是一小部分人身危险性较大但监狱又无法容纳的罪犯。强化的社区监督，原本就是应当关押在监狱中的罪犯，但监狱容量不足或者刑罚到期无法继续关押。这是严打政策与实际财力无力负担之间的矛盾。

（3）社区矫正调整期，并非是对社区矫正的否定，而仅仅是对社区矫正功能的一种回归。如前文所述，社区矫正本身的功能是有限的，而且其有限的功能还必须在适当运用的前提下才能最大限度地发挥。社区矫正本身就包含“矫正”二字，社区矫正机关必须对社区服刑人员提供矫正服务。而英美等国发源之初的社区矫正，是在宗教社团、慈善人士的推动下建立的，政府

① 刘强：《美国社区矫正的理论与实务》，中国人民公安大学出版社 2004 年版，第 127 页。

② http: //www:ojp. usdoj. gov/bjs/pub/press/papp97. pr，访问日期：2009 年 10 月 18 日。

本身并没有介入。后来政府力量介入社区矫正之后，发展出众多的矫正项目，但随之而来的犯罪浪潮一波又一波，在社区矫正力量不足的情况下接纳了大量社区服刑人员，在这样的背景下，社区矫正机关只能精心挑选极少数社区服刑人员提供矫正服务，而大量的社区服刑人员都处于社区矫正机关的监督之外。这导致社会大众不满意，因为他们觉得社区监督过于宽松，国家对罪犯过于宽容；专家学者不满意，因为有限的社区矫正项目难以降低累犯率，社区矫正似乎没有发挥应有的效果；国家也不满意，政客为获得竞选的成功，也必须争取选民的支持。因此，社区矫正调整期，并非是对社区矫正的否定，而不过是对社区“矫正”的一种回归。而且，我们认为，这种回归还不够，因为美国的社区矫正实践仍然将数量庞大的社区服刑人员置于社会内而任其自流。

四、对西方国家社区矫正历史发展进程的总结

纵观西方国家一百余年来社区矫正发展的历史进程，我们可以发现社区矫正经历了产生、发展、调整、再发展的历程。从中，我们可以得出如下基本认识：

（一）宗教力量伴随社区矫正发展进程的始终

我们从英国、美国及其他西方国家社区矫正的发展演变史来看，宗教力量始终伴随社区矫正的整个发展进程。宗教特有的心灵辅导功能使部分社区服刑人员在宗教和社区的支持下，通过忏悔获得心灵的解脱并最终融入社会。尽管整个社会大众对犯罪存在被媒体夸大的恐惧，但是总有部分虔诚的宗教徒秉承人道、宽容、怜悯的价值观坚持在社区中启发社区共同体的道德思维，并散播与社区服刑人员共存的观念，从而一方面解脱社区服刑人员的罪恶感、启发其悔罪意识，另一方面又组织更多的宗教徒参与社区矫正，从而令社区矫正在西方国家的社会大众中存在广泛的民意基础。

在我国，宗教力量很少直接介入民间事务，介入罪犯的矫正更是罕见。同时，非政府组织的力量还不强大，民间慈善事务尚未建立完善的法律支持体系。因此，我国社区矫正在发展之初即能获得强大的社区支持是不现实的，必须更多地依赖政府资源的投入。

（二）严而不厉的刑事政策使得西方尤其是美国矫正系统不堪重负

西方国家奉行的是“严而不厉”的刑事政策，即法网严密，但惩罚力度

主要集中于少数严重暴力犯罪和性犯罪，对大多数犯罪都仅仅保持较轻的刑罚威慑。这样的刑事政策当然有其独特的优点，也得到较多学者的支持。但是，严而不厉的刑事政策，存在一个重大的弊端，就是社会大众似乎总被犯罪所包围。美国 2007 年有 730 万人服刑，而在发案—报案—受理—侦查—起诉—审判—量刑的各个阶段，都有过滤机制和过滤因素，如果将这些因素都考虑进去，美国成年人几乎大部分都曾实施犯罪，不过是最终没有被定罪量刑而已。在这样的大背景下，对违法行为全都予以谴责，等于没有谴责。辩证唯物主义的基本观点之一，就是要善于抓住重点，毛泽东同志也说过，“不要四面树敌”。其结论其实都相当一致，即犯罪圈不能过于扩大，试图建立完整的道德社会，只可能摧毁这个社会。犯罪圈过大，犯罪人数不断增长，国家的财力有限，自然而然地，社区矫正系统就必须承担大量的犯罪人的矫正任务，然而这个任务又几乎不可能实现，其弊端自然丛生。

（三）社区矫正要发挥作用必须具备特定的前提

社区矫正本身即应包括两层含义：①“社区”，一方面要求将罪犯置于社区服刑，以获得更宽泛的社会联系；另一方面要求获得社区资源的介入与支持。②“矫正”，要求社区矫正机关对社区服刑人员提供特定的矫正服务，而不是任其自流。社区矫正要取得预期的效果，就必须完全符合上述两层含义所要求的必备要素，否则不可能获得成功。英美社区矫正遭遇到调整期，其原因就是“社区”因素已有，而缺乏“矫正”项目。表面看来，矫正项目繁多，但由于社区服刑人员的基数过大，很难将矫正项目完全实施，大多数社区服刑人员都处于几乎无监督的状态。这样，社区矫正不仅无法获得“矫正”效果，就连“社区”支持也必将受损。

国外的经验与教训，在我们开展社区矫正之初必须汲取。不少学者都呼吁提高缓刑、假释的适用率，但我国社区矫正试点工作刚刚开展，力量还很薄弱。在社区矫正系统尚未建立完善之前，呼吁大规模提高社区刑罚的适用率，将给社区矫正系统带来巨大的压力，而可能将这一新生事物压迫到极其艰难的境地。因而我们认为，社区矫正工作的开展，需要踏踏实实、逐步推进，而不能在条件尚不具备的情况下一蹴而就。

（四）风险管理模式的精算式司法必将更大程度地左右欧美国家的社区矫正实践

西方国家尤其是美国尽管近年来的官方犯罪统计数字正在下降，但社会上绝对的犯罪数量仍然十分庞大。2007 年高达 730 万的犯人、500 万左右的社区服刑人员对整个美国矫正系统的压力十分巨大。在这样的背景中，倡导风险管理模式的精算式司法必将在美国等西方国家的矫正系统包括社区矫正系统中发挥更大的主导作用。对服刑人员风险的甄别、对危险犯的管理将成为社区矫正的核心任务。对于社区矫正而言，惩罚、矫正、服务功能都不是最重要的，最重要的是对那些最具有危险性的罪犯的管理，如果可能的话，在社区中的隔离也将是经常采用的手段，“梅根法案”正是一个标杆。但精算式司法能走多远，尚存疑虑。脱离责任范畴，高谈阔论风险管理，将罪犯作为“风险”来“管理”，虽然能够取得一定社会效果，但在伦理的范畴是否正当仍然需要进一步论证。我国矫正实践，对此应当审慎地保持距离。

第二节　我国社区矫正的历史发展

在中国进行社区矫正方面的实际探索之前，一些研究者已经作了很多译介、研究等方面的工作。汉语中的“社区矫正”一词，来源于英语文献。从现有文献来看，这个术语至少在 20 世纪 80 年代时就已经从英语翻译为汉语。例如，在龙学群翻译的美国犯罪学家克莱门斯·巴特勒斯的《罪犯矫正概述》（1987 年）一书中，其第二部分就专门论述了“以社区为基础的矫正”，内容比较详细，其中也有“社区矫正”的字样。[①]后来，在吴宗宪等翻译的美国犯罪学家大卫·E. 杜菲的《美国矫正政策与实践》（1992 年）一书中，也有这方面的内容，该书第九章论述了“社区矫正的一些基本问题”[②]。在邵名正等主编的《中国劳改法学百科辞书》（1993 年）中，收入了孙晓雳撰写的条目“社区矫正制度”[③]。在康树华等主编的《中国犯罪学大辞书》（1995 年）中，收入了王平撰写的条目“社区矫正制度”[④]。在吴宗宪主持，由吴宗宪和陈志海完成的司法部预防犯罪研究所 1996 年度课题“监狱拥挤的状况与对策”的研究报告中，涉及大量非监禁刑执行、社区刑罚、社区服务等方面的内容，其

---

① [美]克莱门斯·巴特勒斯：《罪犯矫正概述》，龙学群译，群众出版社 1987 年版，第 55-152 页。

② [美]大卫·E. 杜菲：《美国矫正政策与实践》，吴宗宪等译，中国人民公安大学出版社 1992 年版，第 285-316 页。

③ 邵名正、王明迪、牛青山：《中国劳改法学百科辞书》，中国人民公安大学出版社 1993 年版，第 656-657 页。

④ 康树华、王岱、冯树梁：《中国犯罪学大辞书》，甘肃人民出版社 1995 年版，第 843 页。

中的一部分于 2002 年在《中国法学》上发表[①]，提出了很多进行社区矫正方面改革的设想。在此课题基础上，由吴宗宪等著的《非监禁刑研究》（2003 年）一书中，多处使用“社区矫正”的概念[②]，也对社区矫正制度的很多内容作了更加详尽的介绍。这些研究及其成果，构成了后来直接进行社区矫正研究的重要基础。

大体而言，中国社区矫正工作的历史，可以简要划分为 5 个阶段。

一、分散存在阶段

在 2000 年以前，中国社区矫正的具体形式和一些做法，已经分散地存在了很长时间。其中，管制刑起源于解放战争后期的革命根据地。1948 年 11 月 15 日《中共中央关于军事管制问题的指示》中就明确规定：“解散国民党、三青团、民社党、青年党及南京政府系统下的一切反动党派和团体，并收缴其各种反动证件，登记其各级负责人员，对登记后的少数反动分子实行管制。”[③]这一规定在被管制的对象、管制的内容等方面与管制刑的形式是一样的。管制刑在 1979 年的《刑法》中作了明确规定。

缓刑和假释制度在清末就已经开始实行。1910 年颁布施行的《大清新刑律》中，就对缓刑和假释制度作了较为详尽的规定。1979 年的《刑法》《刑事诉讼法》和 1994 年的《监狱法》对缓刑和假释作了明确规定。

暂予监外执行和保外就医也是一种较早就开始适用的刑罚制度。早在 1951 年 11 月 27 日，最高人民法院对上海市人民法院作出的《关于保外执行中的徒刑犯应禁止行使政治权利及关于汉奸财产或公产效力问题的解答》中，就已经有“保外执行”的做法。暂予监外执行和保外就医在 1979 年《刑事诉讼法》和 1994 年的《监狱法》中有较为详细的规定。

剥夺政治权利刑可以追溯到古代。在中国秦代甚至更早的时候，就有与剥夺政治权利相似的“禁锢”制度，即免除有罪官员的官职并终身禁止其本人或者其亲属任官的刑罚。1910 年颁布的《大清新刑律》规定了褫夺公权，作为从刑之一。此后，在不同时期的立法中加以沿用。中华人民共和国成立后，早期的一些规范性文件中继续使用“褫夺公权”的名称，并且也开始使

① 吴宗宪：《试论非监禁刑及其执行体制的改革》，载《中国法学》，2002 年第 6 期，第 108-121 页。

② 吴宗宪、陈志海、叶旦声、马晓东：《非监禁刑研究》，中国人民公安大学出版社 2003 年版，第 22、24、45-46、59 页。

③ 曾代伟：《中国法制史》，法律出版社 2001 年版，第 375 页。

用“剥夺政治权利”的名称。例如，1950 年 5 月 20 日中央人民政府司法部曾对察哈尔省人民法院作出《关于假释、缓刑、褫夺公权等问题的解释》。1978 年的《中华人民共和国宪法》第十八条第二款规定，“剥夺没有改造好的地主、富农、反动资本家的政治权利。”1979 年的《刑法》正式将剥夺政治权利规定为一种附加刑。

二、地方探索阶段

在 2000 年左右，一些地方开始了对现行刑法制度的改革尝试和实践探索，力图有所创新。其中，上海、北京等地的探索富有成效。

特别是 2002 年 8 月，根据司法部的要求，上海市有系统地在更大范围内开始社区矫正的试点工作，这对于后来中国社区矫正的发展影响巨大。上海市委、市政府很重视这项工作，成立了以市政法委员会牵头协调，由公、检、法、司等相关部门参加的市社区矫治工作领导小组，并在同月由中共上海市政法委员会发布了《关于开展社区矫治工作试点的意见》（沪委政法〔2002〕101 号），决定在该市普陀区曹杨街道、徐汇区斜土街道和闸北区宝山街道开展社区矫治[①]试点工作，在很多方面进行了新的尝试。

应当说，上海市政法委员会的这份文件以及上海市在社区矫正方面进行的探索，在中国社区矫正工作的发展历史上，具有开创性的重大意义：

第一，明确提出了“社区矫治”的概念，将过去分散的一些非监禁刑执行工作统一到“社区矫治”的名称下，推进了社区矫正整体工作的发展。

第二，对社区矫正的执行主体进行了改革。这份文件在不突破现行法律规定的前提下，在总结以往实际工作情况和认真进行理论探讨的基础上，变更了社区矫正的执行主体，使社区矫正工作具有两个主体：一是“法律主体”，即公安机关，它是法律规定的执行社区矫正工作的主体；二是“工作主体”，即实际承担主要社区矫正工作的司法行政机关。这种“两个主体”的说法和做法，对于中国社区矫正的发展，产生了深远的影响。

第三，推动了刑罚执行工作的改革。这份文件将社区矫正方面的学术探讨变为政府行动，使社区矫正方面的刑罚执行改革探索进入了“快车道”。

---

① 最初，上海市的有关文件材料和实践部门都使用“社区矫治”的术语。由于他们最先有系统地开展这项工作，并且工作很有成效，因此，这个术语流传很广，产生了很大影响。直到 2003 年 7 月 10 日两院两部《通知》发布以后，才逐渐统一为“社区矫正”。

第四，对推进社区矫正试点工作的组织形式进行了探索。上海市的社区矫正探索一开始就是由政法委员会主导，由公、检、法、司等部门参与，整体推进这项工作，而不是由某一个司法机关单独进行。这种组织形式具有更大的合理性和可行性，之后全国性的社区矫正试点工作，都是按照这种模式进行的。

第五，为其他地区开展社区矫正工作树立了榜样。可以说，上海市自行探索和进行的试点工作，确立了如何在中国，特别是如何在中国现有法律的框架下开展社区矫正工作的初步模式。2003 年 7 月以后，其他省（区、市）开始进行社区矫正试点工作时，都纷纷派人到上海市进行考察和学习，然后参考上海市的做法在本地区开始进行社区矫正试点工作。上海市的探索充当了实践中先行者的角色。

三、全国试点阶段

这个阶段从 2003 年 7 月 10 日两院两部《通知》发布以后开始。不过，两院两部《通知》的产生有一个过程，在这个过程中，司法部领导的决策、有关专家的研究、中央领导同志的支持等，都发挥了重要作用。

早在 2001 年 12 月，当时的司法部部长张福森在司法部党组扩大会上提出了“社区刑罚”问题。12 月 8 日，他作出如下批示：“可以考虑以预防犯罪所为主，吸收监狱局专家学者组成一课题组，对‘社区刑罚’进行专门研究，结合中国国情提出试点方案。”同时，在 2002 年年初，司法部决定把社区矫正作为 2002 年度重点课题进行专题研究。据此，组成以预防犯罪研究所为主，由司法部基层司和司法部监狱局参加的联合课题组，开展有关工作。[①]

根据司法部领导的指示，司法部预防犯罪研究所组成了以所长为负责人、以监狱学研究室为主体的课题组，正式开始了这方面的研究工作。经过大量的研究和调查，课题组最后于 2002 年 8 月形成《关于改革和完善我国社区矫正制度的研究报告》（以下简称《报告》），上报司法部。《报告》分为 4 部分：我国社区矫正制度现状、国外社区矫正制度概况、我国社区矫正制度存在的缺陷及其影响、关于改革和完善我国社区矫正制度的建议。

《报告》经司法部领导审阅、完善之后上报中央政法委员会，中央政法委

① 该课题的主要研究工作和后来的调研工作实际上是由预防犯罪研究所的人员进行的。

员会书记罗干对《报告》给予了充分肯定并批示："社区矫正制度是一个方向，但从报告中看，它涉及方方面面的问题，可以在现有法律许可的范围内，先进行一些试点，在试点中逐步商量有关部门解决有关问题，包括立法修改问题。"这个批示对于社区矫正工作的进一步研究、探索和实践，都产生了重大的指导和影响作用。

《报告》可以说是中国最早全面阐述社区矫正问题的综合性研究文献，它的重要价值不仅表现在推动领导机关和高层领导的决策方面，而且表现在其发挥了重要的社区矫正启蒙作用。后来，在社区矫正试点工作正式开始之后，《报告》成为各试点地区了解社区矫正工作的最初文献，也成为后来很多研究者大量引用的社区矫正文献。[①]

为了落实罗干的批示，司法部领导要求预防犯罪研究所课题组在深入调查研究的基础上，拿出如何落实领导批示的具体方案。在得知上海等地进行了这方面的尝试后，课题组于 2002 年 11 月中旬到上海、浙江、江苏进行调研[②]，了解它们开展相关工作的具体情况。

在此基础上，课题组讨论并起草了《社区矫正试点工作方案》，上报司法部。司法部领导对此进行完善之后，与有关部门的领导进行了大量的协商工作。在此过程中，将题目改为"关于开展社区矫正试点工作的意见（征求意见稿）"。

2003 年 2 月，课题组根据相关意见、建议继续修改，使其内容逐渐成熟。至此，由研究人员组成的课题组的主要使命基本完成，后续工作转交给司法部有关职能部门，由他们主要根据行政工作的磋商和发文程序进行。

2003 年 7 月 10 日，最高人民法院、最高人民检察院、公安部和司法部联合发布《关于开展社区矫正试点工作的通知》（司发〔2003〕12 号）。这个文件的发布，成为全国性的社区矫正试点工作的主要依据，是在中国开始社区矫正工作的最具权威性的文件。

2003 年 9 月 1 日，全国社区矫正试点工作协调会在北京首都大酒店举行。司法部张福森部长主持会议，胡泽君副部长介绍了社区矫正试点工作的有关

① 《报告》的缩减稿发表在《中国司法》2003 年第 5 期和第 6 期：司法部社区矫正制度研究课题组：《改革和完善我国社区矫正制度之研究》（上），载《中国司法》2003 年第 5 期，第 4-6 页；《改革和完善我国社区矫正制度之研究》（下），载《中国司法》2003 年第 6 期，第 6-8 页。

② 调查组成员包括郭建安（时任司法部预防犯罪研究所所长）、郑霞泽（时任该所副所长）、吴宗宪（时任该所监狱学研究室主任）、戴艳玲和鲁兰（该所监狱学研究室成员）。

情况，最高人民法院江必新副院长、最高人民检察院赵虹副检察长、公安部部长助理孟宏伟代表各自部门进行了讲话；开展试点工作的北京、上海、天津、江苏、浙江和山东6省市司法厅（局）的局长发言，介绍了当地的情况；试点省（市）高级人民法院、人民检察院、公安厅（局）的领导以及司法部有关部门的工作人员参加了会议。这个会议标志着依据两院两部《通知》进行的中国社区矫正试点工作的正式开始。

在总结各地经验和深入研究的基础上，2004年5月9日，司法部印发了《司法行政机关社区矫正工作暂行办法》，这是中央部门发布的社区矫正方面的一个综合性文件，有力地指导了试点地区社区矫正工作的进行。

2005年1月20日，最高人民法院、最高人民检察院、公安部和司法部又联合发布了《关于扩大社区矫正试点范围的通知》（司发〔2005〕3号），将河北、内蒙古、黑龙江、安徽、湖北、湖南、广东、广西、海南、四川、贵州、重庆共12个省（区、市）作为第二批社区矫正试点地区，使中国的社区矫正试点工作在更广大的范围内开展。

四、全国试行阶段

这个阶段从2009年9月开始。2009年9月2日，最高人民法院、最高人民检察院、公安部、司法部发布《关于在全国试行社区矫正工作的意见》（即两院两部《意见》），社区矫正工作开始在全国全面试行。

2009年10月21日，最高人民法院、最高人民检察院、公安部、司法部联合召开全国社区矫正工作会议，总结社区矫正试点经验，部署在全国试行社区矫正工作。由此开始，中国社区矫正进入全国试行阶段。

两院两部《意见》对于中国社区矫正的一个重大贡献，就是将社区矫正的内容归纳为三个方面：① 对社区服刑人员的教育矫正；② 对社区服刑人员的监督管理；③ 对社区服刑人员的帮困扶助。

五、法律确认阶段

这个阶段从2011年2月开始。2011年2月25日，中华人民共和国第十一届全国人民代表大会常务委员会第十九次会议通过的《中华人民共和国刑法修正案（八）》，正式在法律中确定了社区矫正制度。这项立法的通过，标志着中国社区矫正进入法律确认阶段，社区矫正正式成为《刑法》规定的中国刑罚制度的组成部分。

我国著名刑法学家高铭暄教授认为，将社区矫正写入《刑法》有五方面的重要意义：① 从刑事立法精神上有力地回应了国际社会行刑社会化的要求；② 确立了相辅相成的两大矫正体系（社区矫正与监禁矫正）；③ 进一步促进了刑罚配置结构的合理化；④ 督促社区矫正配套立法的尽快出台；⑤ 促进了行刑权的统一。[①]

① 高铭暄：《社区矫正写入刑法的重大意义》，载《法制日报》2011-01-05，9版。

第三章　社区矫正机构

第一节　社区矫正管理机关

在中国，由中央政法机关倡导的社区矫正试点工作从2003年两院两部《通知》发布开始。

一、试点工作之前的社区矫正管理机关

在开展社区矫正试点工作之前，尽管我国刑事立法和司法体系中没有使用“社区矫正”这一术语，但是，属于社区矫正的一些具体制度还是存在的，这些制度由不同的机关或者组织等负责执行。中国颁布的第一部《刑法》《刑事诉讼法》《监狱法》，都规定了具体的社区矫正制度。比如，规定了唯一的限制自由的主刑——管制刑，规定了既可独立适用又可附加适用的附加刑——剥夺政治权利，规定了缓刑、假释和暂予监外执行等刑罚适用与执行制度。我国1996年颁布的《刑事诉讼法》和1997年颁布的《刑法》对上述具体刑罚制度还作了进一步的规范与完善，明确规定罪犯居住地的公安机关对被判处管制、被剥夺政治权利的罪犯和暂予监外执行的罪犯执行刑罚，对被宣告缓刑、被假释的罪犯实行监督考察；罪犯居住地的基层政权组织、原所在单位及居住地的人民群众协助进行监督管理。例如，1996年《刑事诉讼法》第二百一十七条规定：“对于被判处有期徒刑缓刑的服刑人，由公安机关交所在单位或者基层组织予以考察。对于被假释的服刑人，在假释考验期限内，由公安机关予以监督。”第二百一十八条规定：“对于被判处管制、剥夺政治权利的服刑人，由公安机关执行。”第二百一十四条规定：“对于暂予监外执行的服刑人，由居住地公安机关执行，执行机关应当对其严格管理监督，基层组织或者服刑人的原所在单位协助进行监督。”客观地说，由公安机关作为管制、缓刑、假释、剥夺政治权利和暂予监外执行罪犯监督、考察的管理机关和工作机关，与较少社会流动性的生产、生活方式相适应，是符合我国计划经济时代特征的社会管理模式。

但是，随着我国经济体制的转轨、社会转型的深化，社会格局发生深刻变动，社会治安形势发生急剧变化，使得我国的非监禁刑罚的执行工作面临一系列问题。如上所述，依照试点工作以前的法律规定，缓刑、管制、剥夺政治权利、假释以及暂予监外执行等具体社区矫正制度均由公安机关执行。但是，公安机关的主要任务是打击现行犯罪，同时还负责维护日常的社会治安和担任安全保卫工作，任务已十分繁重。因此，在公安机关内部没有，也不可能建立起专门的执行机构、执行队伍以及执行人员来执行社区矫正。此外，法院、监狱系统与公安部门之间的衔接和沟通不及时也常常造成派出所执行工作的被动和困难，时常会发生罪犯回到社区，派出所却没有事前得到通知，或者得到通知却没有人员前来报到，甚至出现被释放人员来申请做生意，或者在外地打工犯了事派出所才知道此人被判缓刑或者已经被假释回家的情况。另外，法院和监狱在适用管制、缓刑、假释和暂予监外执行等措施时，通常都要考虑对罪犯的监督是否能够落实。缺乏专门的执行机构与执行队伍，大大制约了这些非监禁刑罚的适用，形成非监禁刑罚适用上的恶性循环，导致司法实践中非监禁刑罚适用比例极低。我国 1999 年的缓刑适用率仅为 14.86%，2000 年为 15.55%，2001 年为 14.71%；在押犯中假释的比例更低，2000 年共假释 23 550 人，假释率仅为 1.63%。[①]2003 年全国法院判处管制的有 11 508 人，占 1.58%[②]；2004 年判处管制的有 12 553 人，占 1.67%[③]；2005 年判处管制的有 14 604 人，占 1.76%。[④]当时，审判机关一般不太愿意采取管制、缓刑、假释等社区矫正措施，对于既可判处非监禁刑又可判处监禁刑的犯罪，一般都判处监禁刑，甚至对明显不必要判处监禁刑的犯罪也判处监禁刑，以致造成了监禁刑与非监禁刑之间的结构失衡。理论界和有关实务部门长期呼吁改革与完善我国非监禁刑罚执行制度，探索建立符合中国实际的社区矫正制度。

二、试点工作以来的社区矫正管理机关

经中央批准，自 2003 年 7 月我国在北京、上海、天津、江苏、浙江和山东 6 省（市）先期开展社区矫正试点工作以来，又分别于 2005 年进一步扩大

---

① 司法部社区矫正制度研究课题组：《改革和完善我国社区矫正制度之研究》（上），载《中国司法》2003 年第 5 期，第 4 页。

② 参见《中华人民共和国最高人民法院公报》，2004 年 3 月，第 15 页。

③ 参见《中华人民共和国最高人民法院公报》，2004 年 3 月，第 14 页。

④ 参见《中华人民共和国最高人民法院公报》，2004 年 3 月，第 16 页。

试点范围，于2009年部署在全国全面试行社区矫正工作，这些都标志着我国致力于探索建立符合中国国情的社区矫正制度。在社区矫正工作中根据非监禁刑罚执行工作的特点和要求，构建具有中国特色的社区矫正管理体系，是确保社区矫正工作依法规范、健康有序发展的重要条件。但是，我国社区矫正工作作为司法体制和工作机制改革的重要组成部分，由于其采取的是“先试点后立法”的路径，因而在刑事基本法律未作修改的前提下构建社区矫正管理体系缺乏强有力的法律支撑。按照中央的要求，社区矫正工作在实践中形成了党委、政府统一领导，司法行政部门牵头、组织，相关部门协调、配合，司法所具体实施，社会力量广泛参与的领导体制和工作机制。

（一）社区矫正工作领导小组

社区矫正是一项开创性工作，是对我国非监禁刑罚执行制度的改革探索，必须要争取各级党政领导的重视、支持，坚持党委、政府的统一领导，同时加强部门间的协调、配合。2003年两院两部《通知》中明确要求，“试点工作要在各级党委政府的统一领导下进行”。2003年8月，经中央领导批准，在中央层面建立了最高人民法院、最高人民检察院、公安部、司法部参加的联席会议制度，负责解决试点工作中遇到的重大问题。2004年，中央司法体制改革领导小组进一步明确，社区矫正改革由司法部牵头，包括中央社会治安综合治理委员会办公室、全国人民代表大会法制工作委员会、最高人民法院、最高人民检察院、公安部、民政部、人事部、国务院法制办、中央机构编制委员会办公室、财政部、劳动和社会保障部等12个部门参与，共同推动社区矫正工作的改革发展。同年，司法部《暂行办法》明确规定，“省（自治区、直辖市）、市（地、州）和县（市、区）司法行政机关应当设立社区矫正工作领导小组办公室，作为同级社区矫正工作领导小组的办事机构，负责指导、监督有关法律、法规和规章的实施，协调相关部门解决社区矫正工作中的重大问题，检查、考核本地区社区矫正实施情况”。据此，各试点省（区、市）都成立了由党政领导挂帅，法院、检察院、公安、司法、民政、财政、编制、劳动和社会保障等有关部门负责人参加的社区矫正试点工作领导小组，并在司法厅（局）设立了办公室。开展社区矫正工作的各地（市）、区（县）、乡镇（街道）也分别建立了相应的组织机构。

社区矫正作为司法体制改革的重要内容，是一项综合性很强的工作，在社区矫正试点试行阶段，尤其是刑事基本法律尚未修改，社区矫正的执行机关等实质性问题尚未明确，社区矫正工作的保障、协调机制尚处于探索阶段的情况下，坚持党委、政府的统一领导，加强部门间的协调、配合，成立由党政领导挂帅的社区矫正工作领导小组这样的协调机构，具有极其重要的现实性与合理性，既是坚持和确保刑罚执行制度改革的正确政治方向的必然要求，也是依托和发挥党委、政府统揽全局、协调各方的职能作用，研究解决社区矫正工作中遇到的困难和问题，保障社区矫正工作健康、有序发展的现实要求，同时又有利于多个部门共同发挥积极性，最大限度地形成工作合力，共同做好社区矫正工作。

（二）社区矫正专门指导管理机关

社区矫正试点工作开展以来，原来由公安机关负责的对于管制、缓刑、假释、暂予监外执行、剥夺政治权利五种犯罪人的监管教育，基本转为主要依靠司法行政机关组织实施。司法行政机关为保证做好社区矫正工作，勇于探索，不断创新，积极与相关部门协调，突破各种困难，成立了专门的社区矫正工作机构，确保有专人从事社区矫正工作，着力解决社区矫正机构的队伍建设问题。

2004 年 2 月，司法部在基层工作指导司成立专门的社区矫正处，指导和管理全国社区矫正工作。2008 年国务院办公厅《关于印发司法部主要职责内设机构和人员编制规定的通知》（国办发〔2008〕64 号）明确司法部增加“指导管理社区矫正工作的职责”。2010 年 5 月 18 日，司法部成立社区矫正工作办公室，其主要职责是：① 监督、检查社区矫正法律、法规和政策的执行工作；② 负责全国社区矫正工作的规划；③ 指导、监督全国社区服刑人员刑罚执行、管理教育；④ 与有关部门沟通、协调，研究解决社区矫正工作中的重大问题；⑤ 组织、指导社区矫正工作宣传、队伍培训和理论研究工作。2010 年 11 月 8 日，中央机构编制委员会办公室批复同意司法部基层工作指导司加挂社区矫正管理局牌子，增加司局级领导职数 1 名。从中央层级上来说，司法部成立社区矫正管理局，作为专门指导管理社区矫正工作的机构，是社区矫正工作深入、健康、持续发展的需要。随着宽严相济刑事政策的进一步贯彻落实以及社区矫正工作覆盖面的进一步扩大，法院依法判处适用社区矫正的罪犯数量还会继续增加，社区矫正管理局自身的机构队伍建设还需进一步加强。

就地方社区矫正管理机关建设而言，截至 2011 年 9 月底，全国已有 27 个省（区、市）司法厅（局）经所在省（区、市）编制委员会办公室批准设立了社区矫正工作机构，其中，北京、上海、江苏、浙江、河北、黑龙江、湖北、湖南、重庆、吉林、辽宁、广东、江西、贵州、云南、青海、山西、安徽、新疆、天津、福建共20个省（区、市）单独设立社区矫正工作机构；山东、内蒙古、海南、四川、广西5个省（区）司法厅（局）在基层处加挂社区矫正处牌子，另外，新疆生产建设兵团司法局经兵团编制委员会办公室批准设立社区矫正管理局，并明确兵、师、垦区三级统一设立社区矫正机构。全国共有238个地（市）司法局、1 739个县（市、区）司法局单独设立社区矫正工作机构。北京、上海在全市各区、县司法局均成立了社区矫正科。江苏省在地市司法局全部设立了社区矫正处，在95个县（市、区）司法局设立了社区矫正科。全国共有34 112个司法所开展社区矫正工作，从事社区矫正的社会工作者59 315人、社会志愿者387 268人。

总体而言，现阶段的社区矫正管理机关建设取得了重大成就，但是发展状况不均衡、不统一，从中央到地方尚未完全形成独立、统一的社区矫正工作机构体系，机构名称、设置方式也不一致。未成立专门社区矫正工作机构的省份，其社区矫正工作一般由省司法厅基层处承担，多数省（区、市）在司法厅（局）内成立专门的社区矫正处。不过，有的社区矫正工作机构专门从事社区矫正工作，如上海、重庆、江苏、广东和安徽；有的社区矫正工作机构从事社区矫正与安置帮教工作，如北京、黑龙江、湖北；有的社区矫正工作机构和监狱劳教工作整合在一个处，即成立监狱劳教与社区矫正工作指导处，如浙江。从机构规模、规格及力量配置等方面来说，与社区矫正机构实际承担的职能、职责及任务不相匹配。在国家精简机构编制的大原则下，专门社区矫正工作机构的设立显示了各级党委、政府对社区矫正工作的重视与支持。但是随着社区矫正工作的深入发展，特别是社区矫正制度在刑事基本法律中的确立，社区矫正工作由公安机关全面移交给司法行政机关负责，司法行政机关社区矫正工作机构的队伍建设任务显得异常迫切而艰巨。

三、关于社区矫正管理机关的分析

社区矫正组织机构的设置，不仅是推动社区矫正工作向职业化、专业化方向发展的关键[①]，还涉及社区矫正的整体运作效率和矫正目的的实现。在《刑法修正案（八）》通过之前，我国法律明确规定社区矫正的管理机关是公安机

① 廖晖娟、于丽玲：《论我国社区矫正的组织机构与队伍建设》，载《韶关学院学报（社会科学版）》2008年第5期，第96页。

关，由公安机关对社区服刑人员进行监督、考察，罪犯居住地的基层组织或单位予以配合。然而，两院两部《通知》《意见》以及《中央司法体制和工作机制改革改革领导小组关于司法体制和工作机制改革初步意见》对我国社区矫正（非监禁刑）的管理机关和执行机关作出了重大调整，从以公安机关为主转为以司法行政机关为主，明确社区矫正工作由司法行政机关牵头组织实施。

从实际工作来看，司法行政机关实际上已经成为社区矫正的管理机关和执行主体，社区矫正事实上也是由基层司法行政机关（县、区司法局及乡、镇、街道司法所）在相关社会团体和社会志愿者的协助下进行。公安机关的角色已由法定的管理机关与执法主体变为配合司法行政机关做好社区矫正工作，“配合司法行政机关依法加强对社区服刑人员的监督考察，依法履行有关法律程序。对违反监督、考察规定的社区服刑人员，根据具体情况依法采取必要的措施；对重新犯罪的社区服刑人员，及时依法处理”[①]。于是，在社区矫正工作实践中就形成了“司法行政机关牵头、公安机关配合”“工作主体与执法主体相分离”的管理模式。[②]

这种管理格局虽然加强了对社区服刑人员的监管力量，但是也存在一定问题。在实践中，由于由两个部门共同管理，因而出现多头指挥、多头交办任务、多头检查、多头要数据材料的现象，在一定程度上存在着职责不清、界限不明、衔接不力、效率不高、都负责又都不负责等问题。[③]这种执法主体和工作主体分离的管理格局，时常导致司法实践部门的无所适从和社区矫正工作的混乱，使社区矫正的执行力度和效果大打折扣。另外，由于社区矫正的衔接工作涉及多个部门，工作手续和环节比较多，缺乏法律上的明确职权和程序，因而容易导致社区矫正衔接工作不畅通、脱节的现象。社区矫正对象的交接和档案材料的交付零乱、随意、不规范，也弱化了刑罚执行的严肃性与统一性。为此，学界对这种双重主体多有诟病。

那么，如何确定社区矫正的管理机关与执行主体？人民法院、公安机关或是司法行政机关，谁负责管理和执行社区矫正更加科学呢？学界对此有着不同的意见，需要具体分析。

---

① 《最高人民法院、最高人民检察院、公安部、司法部关于开展社区矫正试点工作的通知》，载司法部基层工作指导司《社区矫正试点工作资料汇编（一）》，第 7 页，2004 年编印。

② 朱久伟：《上海市社区矫正试点工作的探索与思考》，载全国人大法工委刑法室主办、上海市司法局《对轻刑犯的非监禁矫正措施中英研讨会交流材料汇编》，第 73 页，2004 年编印。

③ 刘强：《论我国社区矫正的立法及机构和队伍建设》，载《河南司法警官职业学院学报》2004 年第 4 期，第 29 页。

（一）由人民法院管理和执行社区矫正的利弊

有一种观点认为应当由人民法院作为社区矫正的管理和执行机关。该观点认为，人民法院作为刑事案件的审判机关，有责任努力落实好非监禁刑罚的监管措施。在监管措施的落实问题上，要探索多种有效方式，由人民法院负责承担社区矫正的管理与执行工作是可行的。而且，从 2003 年我国社区矫正试点前的工作看，有的地区，如北京市密云县，就是由人民法院负责社区矫正的管理与执行工作，并取得了良好的社会效益。[①]对于这种意见，我国多数学者认为不可取。首先，根据我国《宪法》规定，人民法院作为国家审判机关，专司审判工作。社区矫正执行属于刑事执行的范畴，由人民法院负责管理社区矫正执行工作与人民法院的职能性质相冲突。人民法院自己审判、自己执行，不符合人民法院中立审判的法理精神，有违审判机关的性质和国家机构职能的原则。其次，从我国人民法院工作的客观实际来看，法院负责审判的案件数量逐年增加，积案率居高不下，审判任务繁重，将社区矫正交由人民法院执行，必将影响人民法院的本职工作。[②]

（二）由公安机关管理和执行社区矫正工作的利弊

有少数学者坚持由公安机关来管理社区矫正执行工作。他们的主要理由是：公安机关具有长期的监管非监禁刑的经验，公安机关负责社区矫正执行工作可以避免与法律、法规的冲突；社区警务是当今世界各国警务改革的基本方向，体现了重在防范、重在治本的预防、控制犯罪战略和警民合作维护治安的思想，其“打防结合、预防为主”的犯罪控制理念和“专群结合”的工作方针同社区矫正的追求不谋而合；公安机关管理社区矫正执行工作更具有法律的权威性。[③]但是，大多数学者反对这种观点，认为公安机关行使侦查逮捕权，同时又管理社区矫正，不符合刑事司法权力的合理分工和相互制衡的原则；公安机关的主要职责是管理和维护日常的社会治安以及侦查刑事犯罪活动，公安机关作为国家公共安全的管理和保卫机关，任务繁重，已经是“力不从心”、不堪重负，无法为刑事执行提供更多的力量保障，再把社区矫正交其执行，实在困难很大；公安机关的警力，尤其是基层派出所的警力严

① 荣容、肖君拥：《社区矫正的理论与制度》，中国民主法制出版社 2007 年版，第 167 页。

② 荣容、肖君拥：《社区矫正的理论与制度》，中国民主法制出版社 2007 年版，第 167 页。

③ 楚林智：《试论公安机关刑事执行权》，载《云南公安高等专科学校学报》2001 年第 4 期；刘东根：《公安机关与社区矫正——兼论社区矫正执行机构的构建》，载《中国人民公安大学学报（社会科学版）》2006 年第 3 期，第 68-77 页。

重不足，并且随着社会体制转轨和经济转型，社会治安形势持续严峻，社会刑事犯罪日益增多，这种矛盾还会继续加剧，公安机关不可能有足够的警力投入管制、缓刑等社区矫正执行工作中；公安机关的性质不利于社区矫正工作的开展，从促进罪犯与社区联系的角度来看，公安机关的侦查职能决定了公安机关与犯罪人之间存在尖锐的情绪对立和矛盾冲突，罪犯会因为侦查人员的侦查、拘留、逮捕行为，以及个别情况下的刑讯逼供行为或诱供行为而产生强烈的排斥感，这也说明公安机关不适宜作为社区矫正的执行主体。[①]

（三）对司法行政机关作为社区矫正的执行主体的分析

理论界多数学者赞同社区矫正应当统一由司法行政机关执行。主要理由是：首先，社区矫正是刑罚执行的一部分，由司法行政机关统一执行社区矫正工作符合我国《宪法》规定的“分工配合、相互制约”原则；在刑事司法职能分配方面，侦查权、起诉权、审判权和执行权应当分别由公安、检察、审判和司法行政机关行使，由司法行政机关执行社区矫正，符合理论共识。其次，由司法行政机关执行社区矫正也符合中国现实情况。从我国司法行政机关职能、职责的现状来看，我国司法行政机关本身即具备刑罚执行职能，具有管理、矫正罪犯的资源和经验，无须从零做起、另起炉灶。县市司法行政机关主管着律师、公证、普法宣传、法律援助、安置帮教等工作，赋予其社区矫正的工作职能，可以优化资源配置，调动多种资源以支持社区矫正工作的开展。再次，由司法行政机关执行社区矫正便于刑罚执行工作的衔接。对于缓刑犯、假释犯、暂予监外执行犯等而言，社区矫正面临着与监禁矫正的衔接问题，在监禁矫正由司法行政机关负责的情况下，如果由司法行政机关负责社区矫正，则便于实现社区矫正与监禁矫正的顺利衔接，两大矫正系统的统一管理有利于对服刑人员不间断的可持续的教育改造，能取得较好的矫正效益，体现系统的整体功效。最后，由司法行政机关负责社区矫正符合国际社会普遍趋势。目前，从国际社会的情况来看，很多国家的行刑权都已逐渐走向统一，由司法部负责。例如，1998 年俄罗斯将法院、监狱、侦查机关分享的刑事执行权统一至司法行政机关，建立起自上而下的专门的刑事执行机构。又如，在英国的英格兰和威尔士，过去监狱由内政部下属的皇家监狱管理局（Her Majesty’s Prison Service）负责，缓刑的执行由专门的国家缓刑管理局（National Pro-bation Service）负责，2004 年 6 月 1 日，这两个矫正系

---

① 高铭暄：《社区矫正写入刑法的重大意义》，载《法制日报》2011-01-05，9 版。

统合并为新的全国犯罪人管理局（National Offender Management Service，NOMS）。2007 年 5 月 9 日，英国内政部正式一分为二，改为内政部和司法部两个独立部门。新的内政部（Home Office）专门负责反恐、安全、移民、庇护等英国目前面临的主要安全问题，而新成立的司法部（Ministry of Justice）则负责管理法院、监狱、缓刑和宪政事务，全国犯罪人管理局划归新的司法部。

由此可见，赋予司法行政机关社区矫正的执行权力，将监狱行刑工作与社区矫正工作整合于一个统一的权力系统之中，便于司法行政部门统一执法、统一管理，有利于加强二者之间的联结和互动，提高行刑效益，实现行刑资源的合理配置，达到最佳的行刑效果，实现刑罚的目的。[①]

我们认为，社区矫正是一项刑罚执行工作，如何设置社区矫正管理机关，牵涉到我国刑罚执行权的配置问题。一方面，为了保障社区矫正工作的持续、健康、深入发展，必须设置统一的管理机构来专门负责此项工作。因为，作为一项全新的刑事执行工作，社区矫正既不同于传统的监禁矫正，也不同于刑满释放人员的安置帮教，司法行政机关的监狱管理机构或者安置帮教机构，都不适合承担，也不可能兼容地完成社区矫正工作。社区矫正既具有刑罚执行性质，又具有社会工作性质，具有较强的法律性和专业性，需要有一个统一的机构来指导、协调相关工作，设置专门、统一的管理机构，是推动社区矫正工作向职业化、专业化方向发展的关键。同时，世界上大多数国家和地区的社区矫正工作都由专门的机构负责。英国的社区矫正，是由各地都设有的介于政府机关与民间组织之间的非政府组织——保护观察局——来专门负责的。俄罗斯的社区矫正工作是由一千九百多个专门的刑事执行监督机构来进行的。日本在法务省内设立了矫正局和保护局，保护局专门负责社区矫正工作，地方法院所在地的保护观察所负责本地区的社区矫正工作。我国香港地区的社区矫正工作是由社会福利署负责的；澳门地区的社区矫正工作主要由法务局管辖之下的社会重返厅负责，该厅同时还为刑满释放者提供住房、经济、工作机会等各种帮助。[②]我国内地社区矫正的试点实践中因缺乏专门、统一的社区矫正管理机构，已经给社区矫正工作带来了较大阻力。随着社区矫正法律制度的正式确立，社区矫正工作在全国全面依法实行，自上而下建立起专门、统一的管理机构，是保证社区矫正工作顺利进行的关键。

另一方面，刑罚执行权作为国家刑罚权不可或缺的一项基本的独立的权

---

① 高铭暄：《社区矫正写入刑法的重大意义》，载《法制日报》2011-01-05，9 版；荣容、肖君拥：《社区矫正的理论与制度》，中国民主法制出版社 2007 年版，第 166 页。

② 胡陆生：《社区矫正的比较研究》，载《河北法学》2005 年第 4 期。

能，是实现国家刑罚权的必经实践环节，建立统一的刑罚执行机关是恰当行使刑罚权的必要保证。由于历史原因，我国的刑罚执行体制是分散的，没有统一于一个专门机关。司法行政机关、审判机关、公安机关分别承担着刑事执行的职责，这给刑事执行工作带来了一系列的问题。从刑事一体化和科学预防犯罪的角度来说，刑罚执行既是对整个刑事司法活动目的的最终落实，又是对侦查、起诉、审判环节运作质量的最终检验。改革、完善刑罚执行制度，科学确立社区矫正法律制度，由司法行政机关统一行使社区矫正与监禁矫正的刑罚执行权力，建立起侦查权、起诉权、审判权与执行权由专门国家机关分别行使、分工配合的刑事司法制度，符合我国司法体制和工作机制改革的要求，符合我国刑罚执行制度改革发展的实际，有利于实现司法机关专业化分工，科学、合理地配置有限的司法资源；有利于社区矫正工作的专业化与科学化建设。根据分权和制衡的原理，公安机关、检察机关和审判机关都不适宜承担刑罚执行职能，只有司法行政机关比较适合承担非监禁刑罚的执行职能。从监狱移交司法行政机关主管，到开展社区矫正试点工作，均已指明我国刑罚执行体制的改革方向。2011 年 2 月全国人民代表大会常务委员会审议通过的《刑法修正案（八）》明确规定对判处管制、缓刑以及假释的罪犯依法实行社区矫正，删去了《刑法》原关于管制、缓刑、假释由公安机关执行、考察、监督的规定。这是对多年来社区矫正试行工作的充分肯定，有利于深化司法体制与工作机制改革，统一和完善刑罚执行制度。2011 年 4 月 28 日印发的两院两部《禁止令规定》明确规定，“禁止令由司法行政机关指导管理的社区矫正机构负责执行”，进一步为司法行政机关依法实行社区矫正提供了法律保障。

四、社区矫正管理机关的设置

社区矫正管理机关是指较高层次的负责社区矫正事务的国家机关。从一些文献的用法和社区矫正的实践来看，“社区矫正管理机关”往往是指县级及以上级别的负责社区矫正事务的国家机关；与之相对应的“社区矫正管理机构”，往往是指乡镇街道层次的具体负责社区矫正事务的工作机构。此外，在一些情况下，用“社区矫正管理机构”一词泛指各个级别的社区矫正管理部门。

目前，由司法行政机关负责管理和执行社区矫正工作，无论在理论界还是实务界已基本达成共识。但是，对于司法行政机关应当如何设置社区矫正管理机关，则存在不同的观点。

第一种观点主张，在司法部内设置与监狱管理局相平行的社区矫正管理局（或社区刑罚执行局），具体负责全国的社区矫正指导管理工作。其主要职责包括：指导管理全国社区矫正工作；根据有关法律、法规制定社区矫正的部门规章；协调社区矫正执行过程中与其他部门的关系；组织社区矫正执行工作的调查研究，提出完善执行工作的指导意见；建立社区矫正执行工作数据库；定期监督、检查社区矫正执行机构的执法情况等。在各省（区、市）司法厅（局）内设立社区矫正管理局（或社区刑罚执行局、总队），负责本辖区内的社区矫正指导管理工作。在市司法局内设立社区矫正管理处（或社区刑罚执行处、支队），负责本辖区内的社区矫正指导管理工作。在县级司法局增挂社区刑罚执行局或社区刑罚执行大队牌子，负责管理本辖区内的非监禁刑罚执行工作。同时在司法所设立工作站并增挂社区刑罚执行中队，作为县级司法局（社区刑罚执行局、社区刑罚执行大队）的派出机构，具体承担社区矫正日常管理工作。[①]这种机构设置的观点符合我国司法行政权力运作的基本架构，有利于争取各级党委、政府对社区矫正工作的支持，有利于调动各种社会资源支持和参与社区矫正工作，目前已基本成为社区矫正实践中机构设置的通行做法。司法部经中央编制委员会办公室批复同意成立了社区矫正管理局，各省（区、市）司法厅（局），市（地、州）、县（市、区）司法局也经当地编制部门同意成立了相应的社区矫正管理机构。

与该观点相似，第二种观点主张，在国家司法部设立刑罚执行总局，负责全国的刑事执行工作，在刑罚执行总局下设监狱管理局和社区矫正局。[②]这样监禁矫正和非监禁矫正由一个部门管理，一是因为监禁刑和非监禁刑执行都是刑罚执行工作，其工作内容都包括对服刑人员的监管、改造以及帮助服刑人员融入社会等内容；二是因为社区矫正与监禁矫正在操作程序上具有接续性，由一个部门统一管理，有利于两者之间资源共享和相互衔接，畅通监禁刑与非监禁刑的衔接机制，避免由于分属不同机构管理而产生互相扯皮、推诿的现象。在省（区、市）司法厅（局）设立刑事执行局，具体负责监狱矫正和社区矫正管理工作。在市（县、区）一级司法局则设立社区矫正科，负责本地区社区矫正执行工作的日常管理。[③]

还有学者针对单独设立社区矫正管理机构提出不同意见，认为单独设立

---

① 葛炳瑶：《社区矫正导论》，浙江大学出版社 2009 年版，第 43 页。

② 刘强：《社区矫正评论》，第 1 卷，中国法制出版社 2011 年版，第 366 页。

③ 周国强：《社区矫正制度研究》，中国检察出版社 2006 年版，第 116-117 页。但未丽：《社区矫正：理论基础与制度构建》，中国人民公安大学出版社 2008 年版，第 280-281 页。

社区矫正管理机构，虽然有不少优点，但势必导致从中央到地方行政机构、办公场所、设施等的重复建设，需要耗费大量的资源，不符合我国机构改革的“精兵简政”原则，于是提出第三种观点。其主张依据我国目前的实际情况，应当将社区矫正职能并入司法部下属监狱管理机构，合并成立矫正局。在省一级也作相应的改动。[①]将社区矫正并入监狱管理机构可以真正利用司法行政机关长期负责刑罚执行的经验优势；实现监禁刑和社区矫正的资源调整和信息共享，提高工作效率；有利于监狱工作和社区矫正工作的衔接；有利于把监禁刑和非监禁刑纳入一个统一的视野进行研究，实现我国刑罚体系由重到轻的过渡和调整。[②]

在上述观点中，前两种观点都主张单独设立社区矫正管理机构，其主要区别在于是将监狱矫正与社区矫正相并行还是将二者纳入同一部门。[②]事实上，我国社区矫正工作作为刑罚执行制度的一项改革，本身就是基于刑事一体化的理念，将监狱矫正与社区矫正统一于司法行政机关管理和执行。至于在司法行政机关内部，是否应当再将监狱矫正和社区矫正并入同一部门，设立一个刑罚执行总局，这似乎不太现实。一方面，尽管监狱矫正和社区矫正都是刑罚执行工作，由同一部门指导管理、将刑罚执行权统一于司法行政机关是恰当的，但是，社区矫正和监狱矫正毕竟是两种截然不同的刑罚执行方式，二者在同一部门指导管理下保持适度分立，有利于社区矫正和监狱矫正的专业化、科学化发展。另一方面，在监狱矫正与社区矫正之上再设立一个刑罚执行总局，也不符合国家精简机构和编制的大原则。至于第三种观点，虽然严格恪守了精简机构的大原则，将社区矫正和监狱矫正混为一体的初衷也用心良苦，但是，在我国监狱面临繁重监管改造任务、监狱警力仍然不足的情况下，将发展任务日趋繁重的社区矫正工作交付监狱管理机关，既不利于社区矫正工作的深入发展，也会影响监狱工作的长远发展。而在司法行政机关内设置与监狱管理机构并行的社区矫正管理机构，既不影响发挥司法行政机关长期负责刑罚执行的经验优势，也不影响监禁刑和社区矫正的资源调整和信息共享，还可提高工作效率，促进监狱工作和社区矫正工作的衔接，实现我国刑罚体系由重到轻的过渡和调整。

受美国、英国、德国、加拿大、澳大利亚等国家司法管辖区与行政区划

---

①② 杨明、林宇虹：《对我国社区矫正机构设置的思考》，载《河南司法警官职业学院学报》2007年第1期，第18页。

② 但未丽：《社区矫正：理论基础与制度构建》，中国人民公安大学出版社2008年版，第280页。

并不对应的做法的启发，理论界对于司法行政机关在省（区、市）之下如何设置社区矫正管理机构，存在不同看法。美国、澳大利亚等国家在对社区矫正的行政管理方面，并不是在每个行政区划都设置相应的管理机构，司法管辖区与行政管辖区的范围并不完全对应，一般在州矫正局以下直接设置垂直领导的社区矫正工作机构，如社区矫正司法办公室、中途之家、社区守法督导大队办公室等。受此启发，也为了提高工作效率，改变“多层次”的行政管理体制，有学者主张除了司法部和省（区、市）一级外，在市（地、州）和县（市、区）级司法局不应设立社区矫正管理机关，而只设社区矫正的实体工作机构，认为这种管理体制不仅管理中间环节少，可以大大减少不必要的行政机构，减少行政经费开支，而且有利于加强刑事执法队伍的专业化和职业化建设，有利于解决人户分离情况下矫正对象的跟踪管理与教育问题，有利于社区矫正工作的高效运转。[①]有的学者支持在我国县级司法局不必设立社区矫正管理机构而直接设置社区矫正工作机构，但认为在市一级的司法局应设立一个独立的社区矫正办公室，社区矫正办公室不具有行政管理职能，而是负责该地区社区矫正相关资料、数据的整理、分析、上报和传达省级社区矫正管理机关的指示、命令。[②]针对在市一级司法局设立独立的社区矫正办公室会增加不必要的行政机构和行政费用，不利于对基层社区矫正工作站的工作指导的异议[③]，该观点指出：如果由省一级社区矫正管理机关直辖社区矫正工作机构，势必带来巨大的工作任务。对于新疆维吾尔自治区、内蒙古自治区这样地域跨度极大的地方，这种直接管理是不现实的，省级机构不可能全面了解每个地方的特殊情况，这就有可能导致指导工作发生偏差。而在市一级设立独立的社区矫正办公室，则可以有效降低省级机关的工作量，同时也可以避免行政机构的膨胀和行政费用的增加。[④]

理论界对于如何设置社区矫正管理机构的学术探讨，为我国最终设置科学、合理的社区矫正管理机构提供了多方面的思路。尽管国家一直在严格控制政府机关的机构和编制，但对于社区矫正工作，由于其关系国家刑罚权的实现，关系犯罪人的生存与自由，关系国家政权的稳定与人民生活的安宁，

---

① 刘强:《我国社区矫正试点中的管理体制弊大于利》，载《法学》2005 年第 9 期；但未丽:《社区矫正理论基础与制度构建》，中国人民公安大学出版社，2008 年版，第 284-285 页。

② 杨明、林宇虹:《对我国社区矫正机构设置的思考》，载《河南司法警官职业学院学报》2007 年第 1 期，第 18 页。

③ 刘强:《我国社区矫正试点中的管理体制弊大于利》，载《法学》2005 年第 9 期，第 39 页。

④ 杨明、林宇虹:《对我国社区矫正机构设置的思考》，载《河南司法警官职业学院学报》，2007 年第 1 期，第 18 页。

因而国家为这项新的开创性工作增设一定的机构，增加一定的编制人员还是必要的。公正和效益是法治国家追求的两大价值目标。我国在社区矫正制度的构建（包括组织管理机构的设置）上，不仅要追求效益，而且要追求公正，在二者之间追求平衡而不是顾此失彼。另外，任何制度的设计都有利有弊，都不能脱离实际国情。在市（地、州）和县（市、区）级司法局不设立社区矫正管理机关，意味着社区矫正工作脱离了地方党委、政府的领导，难以得到地方社会资源的广泛支持与参与。作为一个经济底子比较薄弱、尚处于社会主义初级阶段的国家，我国对于社区矫正经费不可能投入过多，要想得到有力的支持来满足各种形式的社区矫正工作机构的建设需要，还必须依靠地方各级党委、政府，充分调动各种社会组织、社会资源支持和参与社区矫正工作的积极性。尤其是社区矫正工作具有一定的综合性，不是任何一家机关可以单独完成其教育、帮扶任务的，需要各级工商、民政、教育、卫生等部门配合做好大量的教育和帮困辅助工作，我国社区矫正管理机构的设置不能脱离现行地方各级政府的基本构架。当然，如果说司法所目前的力量不能完全胜任社区矫正工作，有必要对社区矫正的工作机构力量作一定的调整和补给的话，那应另当别论。

第二节　社区矫正相关机关及其职能

一、人民法院在社区矫正中的职能

人民法院是社区矫正的决定机构，在社区矫正工作中具有不可替代的作用。人民法院参与社区矫正的职能主要定位于：严格、准确适用刑事法律和刑事司法解释，充分运用非监禁刑的管制、缓刑、暂予监外执行和减刑、假释等鼓励罪犯改造自新的刑罚执行措施，并在宣判、宣告后及时将裁判文书抄送有关社区矫正机构，配合社区矫正机构对那些不需要、不适宜监禁的罪犯进行教育转化，提高教育改造质量，预防和减少重新犯罪。[①]法院的任务也应当止于“给出公正的裁判”。由于在执行过程中，法院仍有可能对执行对象的行为再次作出裁定，还要接受检察机关对裁判准确与否的检验、监督，为保持中立、不偏不倚，法院当与社区服刑人员保持理性的距离。这既是法治

① 龚春光：《法院参与社区矫正的思考》，载《江苏法制报》2006 年 5 月 25 日，C 版。

社会中司法制度建设的需要，也是社会对司法公正的要求。

人民法院的裁决是社区矫正工作的第一道关口，而社区矫正适用前的社会调查（审前调查）是决定社区矫正工作成败的重要因素。我国在开展社区矫正试点工作之前，缓刑、假释的适用率一直很低，除了刑罚执行体制的原因之外，另外一个主要原因就是法律规定的适用标准模糊，不具有可操作性。实践中，承办案件者担心日后倒查、追究责任，对于可此可彼者，通常不判缓刑，不决定假释。审前调查的任务之一就是确认犯罪人是否适用社区矫正，其所居住的社区是否接纳、是否具备对其进行监督教育的条件，对其适用社区矫正能否达到刑罚执行的目的。在适用社区矫正前对被矫正人员进行社会调查，是量刑科学化、合理化的重要基础，是行刑个别化的前提性程序和基本出发点。因此，人民法院在适用社区矫正前，应当委托社区矫正机构对犯罪人的犯罪背景、一贯表现等进行专门调查，并对其人身危险性和再犯可能性进行系统地评估，供量刑时参考。[①]

从社区矫正实践来看，人民法院与社区矫正机构构建良性互动关系，需要解决以下问题：

1. 建立两者之间的交流平台，加强联系

对于审判辖区社区矫正工作的规模、矫正过程中刑事奖惩的评定标准与适量程度，需要审判机关与社区矫正机构进行经常性地沟通与交流，以确保执法统一，提高执法的效率与效益。特别是承担指导性工作的省级审判机关和司法行政机关有必要建立必要的交流机制，交流情况，商议解决问题，联合出台规范性文件，以解决当地审判与社区矫正工作衔接和配套过程中出现的一些问题，以期更有效地推进本辖区的社区矫正工作。

2. 人民法院应注意加强案件审理中与相关部门之间的情况通报制度

为了加强法院审理非监禁刑案件以及假释案件的指导工作，总结经验，及时发现问题，人民法院应建立审理案件情况通报制度，定期进行案件质量检查，加强与相关部门的情况交流。尤其是对于社区服刑人员减刑及重新犯罪的案例，应按照通报制度的要求，及时上报省级审判机关和司法行政机关，以利于通过个案研究总结经验教训，促进社区矫正工作良性发展。

---

① 姜爱东：《社区矫正立法中的几个问题》，载《中国政法大学学报》2010年第6期，第57-58页。

3. 人民法院应加强延伸帮教工作

为配合社区矫正机构从事教育转化工作，人民法院应充分利用审判资源，参与对社区服刑人员的法制教育，开展定期回访考察，将人民法院在延伸帮教、参与社会综合治理工作中的一些行之有效的做法纳入社区矫正工作中。

4. 人民法院应十分重视对社区服刑人员刑事奖惩的适度问题

为强化社区矫正的刑罚执行力度，有效激发社区服刑人员接受矫正的积极性，维护良好的社区矫正秩序，对于表现突出或有重大立功表现的社区服刑人员，人民法院应当依法予以减刑等刑事奖励；对于不接受社区矫正教育，不参与社区矫正的活动，甚至有违法和重新犯罪等行为的社区服刑人员，依法采取刑事惩处措施，如撤销缓刑、撤销假释为收监执行等，以促进社区矫正工作更有成效。

在这方面，需要特别强调指出的是：① 在现有的法律框架内，对社区服刑人员的奖惩，主要体现在对社区服刑人员日常行为的行政奖惩，而非人民法院的刑事奖惩措施。② 在适用刑事奖惩时要突出刑事处罚，适度控制刑事奖励。理由是：对社区服刑人员从严管理才能真正减少危害社会的行为，维护公共安全。而且将社区服刑人员放置社区服刑，本身已经体现了宽大。其在社会上服刑一般不离开家庭和工作岗位，人身自由没有失去，只是受到了限制，对其的刑事惩罚力度与监狱中服刑的罪犯相比有较大的减弱。还有一个重要的原因是《刑法》和相关的司法解释对社区服刑人员的减刑在适用主体上有所限制。根据最高人民法院《关于执行〈中华人民共和国刑事诉讼法若干问题〉的解释》，社区服刑人员只有被判处管制的罪犯可以减刑，被宣告缓刑的罪犯确有重大立功的也可减刑。自开展社区矫正试点工作以来，一些地方的有关部门在联合制定的一些办法中规定，对被暂予监外执行的社区服刑人员也可适用减刑。这已经突破司法解释的规定。因此，在审判实践中，对社区服刑人员的刑事奖励措施应当适度控制，防止滥用刑事奖励。刑事奖励的对象一般应限于那些确有悔改表现、在矫正过程中表现真正突出并具有示范效应的社区服刑人员，这样才既符合《刑法》规定的本意，也有利于促进社区矫正工作的健康发展。

二、人民检察院在社区矫正中的职能

检察机关参与社区矫正工作，主要任务是开展法律监督，保障社区矫正工作依法、公正进行。社区矫正作为刑罚执行的重要组成部分，应当接受检察机关的法律监督，这是检察机关履行法律监督职能的重要方面，是中国特色社区矫正制度的重要组成部分。目前，检察机关对社区矫正试点工作的法律监督，主要根据最高人民检察院《关于在社区矫正试点工作中加强法律监督的通知》的要求进行，同时参照《人民检察院监外执行检察办法》《关于加强监外执行检察工作的意见》《关于加强对监外执行罪犯脱管、漏管检察监督的意见》等文件规定。

三、公安机关在社区矫正中的职能

在社区矫正试点工作中，由于法律对社区矫正的执行主体没作修改，理论界将社区矫正的主体概括为“双主体”:公安机关是社区矫正的“执法主体”;司法行政机关是社区矫正的“工作主体”。公安机关在刑事诉讼过程中享有追诉权，但从刑罚权的合理配置及保证执法公正和效率立场上看，公安机关不应继续作为行刑权的主体。在世界上的大多数国家中，行刑权一般也都是由司法行政机关行使的。但是，在我国，由于受历史因素和现实状况的制约，公安机关在非监禁刑罚的执行工作中一直承担着重要的监管职能。在我国《刑法》《刑事诉讼法》等刑事法律规范未作修改的前提下，公安机关仍然是法定的社区矫正的监督、考察执行机关。社区矫正工作的开展，改变了以往公安机关单独对五种监管对象进行管理的局面，引入了司法行政机关牵头组织管理的做法，挖掘了社区的资源，细化了对五种监管对象日常的教育、管理，丰富了工作内涵。

社区矫正工作的开展，对公安机关加强社区服刑人员管理工作也创造了新条件，提出了新要求。公安派出所与司法所应建立经常性的工作联系制度，加强信息共享，对被判处管制、被剥夺政治权利、被宣告缓刑、被裁定假释和被暂予监外执行并在社会上服刑的罪犯，及时履行法律手续、接收法律文书，按照“一个不漏”的要求，逐人登记、建档，逐人采集基本信息，防止脱管、漏管，做到“底数清”“情况明”，实现“无缝衔接”。公安机关充分依靠司法行政机关和社区矫正力量，依法加强对社区矫正对象的监督、考察，区别社区矫正对象的不同情况，进一步健全、完善监督、考察的方式、方法，增强监督、考察的效果。对于思想活跃、外出频繁、人员交往和社会关系复杂等监督、考察难度大的社区矫正对象，定期见面谈话提醒，密切掌控其现实表现和活动情况；对于行为反常、有重新违法犯罪苗头和倾向的社区矫正对象，及时给予警告，并采取必要的管控措施，有效防范和制止其进行违法、犯罪活动；对于违反监督管理规定的社区矫正对象，依法予以处罚、收监执行或变更强制措施，防止其继续滞留社会以造成更大的危害；对于重新犯罪的社区矫正对象，坚决予以打击。加强同检察院、法院和司法行政机关的联络和沟通，建立、健全定期联系、会商工作机制，及时研究、解决工作中存在的困难和问题，积极提出建设性的意见和建议，确保社区矫正工作协调、有序开展。

四、其他相关机关在社区矫正中的职能

社区矫正是一项复杂的系统工程，是一项开创性工作，涉及社会方方面面和多个相关职能部门。为了认真履行刑罚执行职能，加强社区矫正工作，实现对社区服刑人员的监督管理、教育矫正与社会适应性帮扶，需要立法部门、编制部门、人力资源和社会保障部门、财政部门、民政部门、工商部门、税务部门、教育部门、卫生部门等的支持与配合。

立法部门的社区矫正立法工作任务繁重。社区矫正作为刑罚执行工作，经过 8 年试点，在 2011 年 2 月全国人民代表大会常务委员会审议通过的《刑法修正案（八）》中有了规定，第一次在我国刑事基本法律中确立了社区矫正制度。但是，《刑法修正案（八）》关于社区矫正的规定过于原则，社区矫正的执行主体、适用范围等关键性问题尚需进一步明确。当前制定专门的“社区矫正法”也显得非常必要、十分迫切。

社区矫正工作是司法行政机关的一项新业务、新职能，在新的社会形势下，加强对社区服刑人员的监管、教育必须建立一套强有力的机构和队伍。在人事、编制部门的大力支持下，目前全国大部分省（区、市）司法行政机关都建立了相应的社区矫正工作机构，成立了由司法所工作人员、社区矫正社会工作者和社区矫正志愿者组成的专、兼职结合的社区矫正工作者队伍，但是社区矫正机构的队伍建设任重道远，与刑罚执行工作的性质及职业化、规范化要求还有很大的差距，需要进一步加强。

社区矫正工作的开展，应当有充裕的财政经费保障。在社区矫正工作中，各地依据 2006 年财政部、司法部《关于制定基层司法行政机关公用经费保障标准的意见》，积极争取党委、政府支持，将社区矫正经费纳入公用经费保障范围。北京、上海等地将社区矫正工作经费列入专项财政预算，并建立了动态增长机制。河北省将社区矫正工作经费在政法工作经费中增列专项。安徽

省级部门预算项目支出单列了社区矫正工作经费，县（市、区）则将社区矫正经费列入同级财政预算。浙江、江苏、重庆等省市以社区服刑人员实际人数为基准，按社区服刑人员人头拨付工作经费。经费保障机制的探索、确立，为社区矫正工作的开展提供了必不可少的支持。但是从全国总体情况看，多数省份仍主要靠临时性拨款或挤占其他业务经费，各地公用经费保障标准没有全面落实。中西部地区的经费困难尤为突出，需要中央和地方财政加大支持力度。为保障社区矫正工作深入、健康发展，应建立社区矫正工作经费全额保障制度，将社区矫正经费纳入财政年度预算，并根据工作发展需要，建立社区矫正工作经费动态增长机制。在这方面，财政部门需要给予大力支持。

社区服刑人员是特殊社会群体。他们由于自身的或社会的原因，不适应社会正常生活，存在经济困难、认知障碍、技能缺乏、就业无门等社会融入性困难，各级民政部门、工商部门、税务部门、教育部门、卫生部门等应当制定相应的政策，建立相应的制度，为社区服刑人员融入社会正常生活给予帮困扶助。

第三节　社区矫正工作机构

一、司法所

司法所是具体负责社区矫正事务的工作机构。在我国的社区矫正工作中，司法所是社区矫正日常管理工作的承担者。两院两部《通知》明确规定，“街道、乡镇司法所要具体承担社区矫正的日常管理工作”。司法部《暂行办法》第九条规定，“乡镇、街道司法所具体负责实施社区矫正，履行下列职责：（1）贯彻落实国家有关非监禁刑罚执行的法律、法规、规章和政策；（2）依照有关规定，对社区服刑人员实施管理，会同公安机关对社区服刑人员进行监督考察；（3）对社区服刑人员进行考核，根据考核结果实施奖惩；（4）组织相关社会团体、民间组织和社区矫正工作志愿者，对社区服刑人员开展多种形式的教育，帮助社区服刑人员解决遇到的困难和问题；（5）组织有劳动能力的社区服刑人员参加公益劳动；（6）完成上级司法行政机关交办的其他有关工作”。由此看出，乡镇（街道）司法所作为司法行政机关的最基层单位，是我国整个司法行政事业的基础，更是社区矫正事业的重要基石，是司法行政机关开展社区矫正工作的主要实践载体和基本力量。

基层司法所作为我国基层政法组织的重要组成部分，应当积极创造条件，认真履行社区矫正职能，具体承担社区矫正的日常管理工作。司法所负责实施社区矫正工作，具有以下优势：第一，司法所作为司法行政机关的派出机构与监狱管理机关同属于司法行政系统，由司法所承担社区矫正工作，有利于统一国家刑罚执行体制，实现监禁刑与非监禁刑执行活动的顺利衔接，整合刑罚执行资源，提高刑罚执行工作效率。第二，司法所作为最基层的司法行政机关，具有根植基层、贴近实际、贴近群众、熟悉并掌握基层社会情况的优势，司法所承担社区矫正，有利于实现对社区服刑人员的直接监督和管理，确保刑法落到实处，便于发挥专门机关与地方政府两个方面的优势，便于利用长期积累的丰富的基层工作经验，走“专群结合”的工作路线，充分发动社区群众，为矫正工作迅速开展打开局面，创造良好的工作环境。第三，由司法所作为社区矫正的主导力量，不仅符合刑罚执行活动的要求，而且进一步拓展和加强了司法所的职能，符合全国政法工作会议关于加强“两所一庭”[①]建设的指示精神，能够保障社区矫正工作的真正落实。[②]

随着社区矫正工作的深入开展，司法所在机构设置、力量配置和基础设施建设方面存在的矛盾和问题逐步显现，主要表现在：组织机构不健全，管理体制待完善；工作力量不足，队伍不稳定，结构不合理；基础建设薄弱，保障措施待加强。[③]有的省市未能实现司法所单独立户列编，未能实现县级司法行政机关对于乡镇司法所的垂直管理。司法所工作人员数量少，兼职多，流动性大；司法所基础建设落后，缺乏必要的办公用房和服刑人员谈话室、学习室、档案室等场所，缺乏必要的装备和交通、通讯工具，这种局面大大阻碍了基层司法所管理社区矫正工作职能的发挥。[④]对于社区矫正工作开展初期司法所存在的很多问题和困难，理论界有学者尖锐指出，司法所不适合成为社区矫正的执行机构，认为司法所兼任社区矫正机构弊大于利，建议重构社区矫正执行机构的设置模式，将社区矫正基层执行机构设置在县（市、区）级司法行政机关，用社区矫正站替代司法所承担社区矫正管理工作，全面建立拥有公务员身份的矫正官制度。[⑤]当然，社区矫正工作机构建设是刑事执行

---

① “两所一庭”是指公安派出所、基层司法所和派出法庭。

② 参见齐雨晨：《建立专职矫正工作队伍的思考》，载《中国司法》，2006（2）。

③ 葛炳瑶：《社区矫正导论》，浙江大学出版社2009年版，第46-47页。

④ 刘强：《我国社区矫正试点中的管理体制弊大于利》，载《法学》2005年第9期。

⑤ 但未丽：《社区矫正：理论基础与制度构建》，中国人民公安大学出版社2008年版，第287-296页。刘强：《社区矫正组织管理模式比较研究》，中国法制出版社2010年版，第247-262页。

制度的一个重要方面，为了避免反复和折腾，必须经过长期发展与详细论证。就目前情况而言，继续加强司法所建设，夯实社区矫正一线工作机构体系是共识。同时，各地创新社会管理，创造出了北京市“阳光中途之家”和江苏省县（市、区）“社区矫正管理教育服务中心”等社区矫正工作机构，与司法所共同开展社区矫正工作，取得了良好效果。

二、中途之家

中途之家（halfway house），又译为“过渡性矫正所”“过渡教习所”“重返社会训练所”等，通常是指为了帮助从监禁机构释放的犯罪人以及其他相关人员重新适应社会生活而设立的过渡性社区食宿和矫正机构。[①]在国际社会中，有很多这种类型的社区矫正机构。

中国在开展社区矫正的过程中，也建立了一些类似的社区矫正机构。例如，2007 年 7 月 8 日在北京市朝阳区建立的“阳光中途之家”，是朝阳区司法局借鉴国外社区矫正工作经验而创办的集教育培训、食宿为一体的安置、教育社区服刑人员的实体基地。这类中途之家成为在区一级司法行政机关的指导、管理下，为分散在乡镇（街道）司法所矫正的社区服刑人员提供集体教育矫正、培训、心理咨询的平台和场所，弥补了乡镇（街道）司法所专门、专业力量不足、缺乏抓手和平台的情况，提高了社区矫正刑罚执行效能，拓展了社区矫正执法措施，丰富了教育矫正手段，强化了区司法行政机关的工作职能。中途之家通过对新接收社区服刑人员统一开展法制教育、社会认知教育和心理矫治，对有需求的社区服刑人员开展劳动技能培训服务和食宿服务，抓生活保障，对服刑人员帮扶到位；抓心理健康，对服刑人员引导到位；抓关键时期，对服刑人员教育到位；抓工作方法，对服刑人员转化到位，实现了刑罚执行资源与社会服务资源的有机整合、特殊人群管理模式和服务方式的有机整合，从根本上解决了“三无”（无家可归、无亲可投、无生活来源）社区服刑人员的就业、落户等难题，可以从源头上有效预防违法、犯罪，取得了较好的效果。中途之家的工作受到了当地政府、人民群众、理论界与实务部门以及一些国家和地区的关注与认同。中央领导同志视察中途之家时，给予高度评价。目前，北京市在总结朝阳区“阳光中途之家”成功经验基础之上，积极在全市推进“阳光中途之家”的建设。

---

① 吴宗宪：《社区矫正比较研究》（下），中国人民大学出版社 2011 年版，第 472 页。

三、社区矫正管理教育服务中心

江苏省在社区矫正工作实践中，创新社会管理，于2009年提出在县（市、区）建立集管理教育、公益劳动、心理矫正等综合功能为一体的“社区矫正管理教育服务中心”的工作思路，在全省积极推进县（市、区）“社区矫正管理教育服务中心”建设。县（市、区）司法局在指导管理乡镇（街道）司法所社区矫正工作的同时，成立社区矫正工作的新型载体——社区矫正管理教育服务中心，与司法所共同完成社区矫正监督管理、教育矫正和帮困扶助任务。

“社区矫正管理教育服务中心”提供了监督管理社区服刑人员的工作平台。内部设置矫正宣告室、检察室、警务室、定位监控室等监督管理功能区域，依法执行社区服刑人员报到、会客、请销假、迁居、政治权利行使限制等管控措施，避免发生脱管、漏管，防止重新违法、犯罪；运用网络通讯等技术手段，对重新犯罪风险高的社区服刑人员进行实时监控等，提高监管科技含量。同时，作为法院、检察院、公安系统等部门参与社区矫正管理的工作平台，探索创新和健全完善对社区服刑人员的日常考核与司法奖惩的衔接制度等，共同对社区服刑人员实施有效的监督管理。

“社区矫正管理教育服务中心”有效地整合了社会资源，为相关团体、组织、志愿者共同参与社区服刑人员教育矫正工作提供了新载体。中心设置集中教育室、沟通谈心室、心理矫正室、公益劳动场所等功能区域，更好地利用社区资源和社会力量，集中组织社区服刑人员参加思想、法制、社会公德教育活动和公益劳动（活动），有助于增强其认罪、悔罪意识，提高社会责任感。中心集中添置和使用高科技、专业化设备，采取多种形式对社区服刑人员进行心理健康教育，提供心理咨询和心理矫正，促使其顺利回归和融入社会，减少其社会对抗因素。同时，中心还设置“专职工作人员培训实践基地”“民警实践基地”“青少年法制教育基地”“外来人员取保候审管护教育基地”等教育功能区域，为其他政法单位、部门等社会各界开展培训实践工作、青少年预防违法犯罪教育工作等提供了平台载体。

“社区矫正管理教育服务中心”搭建了帮困扶助的桥梁。中心设立安置区，即“中途之家”，主要对“三无”社区服刑人员和刑释解教人员）提供暂时性食宿服务，帮助他们提高回归社会后的生活适应能力。中心通过与社会企业联办技能培训基地等方式，为区域内有就业需求的社区服刑人员提供免费就业技能培训和就业指导，提高其就业谋生能力，也为企业输送了劳动用工。

同时，中心还在社区服刑人员与政府职能部门之间起到搭建桥梁作用，积极协调民政、人力资源和社会保障等部门，为将符合条件的社区服刑人员纳入最低生活保障，落实其责任田、帮助其解决基本生活保障等方面的困难和问题提供服务，积极增加社会和谐因素。

四、其他民间非营利帮教组织

社区矫正植根于社区，离不开公众参与和社会支持，因此，政府以外的各类民间力量的参与对于社区服刑人员的教育帮扶工作是十分必要，也是十分有益的。民间力量没有任何权力色彩和强制因素，其以平等身份介入对罪犯的矫正，对罪犯而言更具有亲和力，在对社区服刑人员的矫正和帮扶工作中可以发挥特殊的作用。

在境外，活跃着许多民间的罪犯帮教组织，例如，英国的“罪犯关心与重新定居全国协会”、加拿大的“犯罪人援助和释放后关心协会”及“约翰·霍华德协会”、我国香港地区的善导会等，这些组织向社区服刑人员提供生活救济、房屋居住、职业训练、服务、心理辅导等各种服务，在社区矫正工作中扮演着重要角色。

在境内，类似于西方那样的专门性的罪犯帮教组织尚未普遍建立起来，因而在社区矫正工作中，政府鼓励和扶植民间罪犯帮教组织的发展，以促进社会力量参与社区矫正工作。例如，上海成立了专门的民间社团组织——“新航社区服务总站”，实行董事会负责制，按照政府的委托和授权从事社区矫正工作，向社区服刑人员开展心理矫正、教育培训、临时救助以及项目研究与开发等工作。由于民间非营利组织的灵活性，它们能够提供不同的社会服务，满足不同罪犯的社会需要，为改造罪犯提供弥补性的服务。而且，民间非营利帮教组织参与罪犯改造，能够避免仅靠刑罚执行机关专职行使罪犯改造所必然带来的成本增大、效率不高等弊端，推动罪犯改造社会化程度的提高。因此，这些民间非营利帮教组织在我国社区矫正工作发展中日益发挥着重要作用。

第四章　不同类型社区服刑人员的分类管理

第一节　分类管理概述

一、不同类型社区服刑人员的名称

给不同类型的社区服刑人员确立恰当的名称，是准确描述不同类型的社区服刑人员的重要方面，也是对不同类型的社区服刑人员进行深入研究和有效管理的重要基础。在中国社区矫正制度得到法律确认并将深入发展的情况下，有必要专门探讨这方面的问题。

（一）目前使用的名称

在英语文献中，与我国的社区服刑人员类似或者相同的人员，主要有两类：一类是被宣告缓刑的人员，另一类是被假释的人员。对于这两类人员，分别有不同的名称。被宣告或者判处缓刑的犯罪人，一般被称为“probationer（缓刑犯），但是，在很多文献中，使用“client”（当事人）、“participant”（参加者）之类的名词来称呼这类犯罪人。[①]被假释的犯罪人称为“parolee”（假释犯）[②]。

从目前国内有关文献来看，对于不同类型的社区服刑人员使用的名称，呈现出较为杂乱无章的局面。

1. 社区矫正相关规定中使用的名称

社区矫正相关规定使用了多种不同的名称。2003 年 7 月 10 日发布的两院两部《通知》和 2009 年 9 月 2 日发布的两院两部《意见》，均使用了被判处管制的罪犯、被宣告缓刑的罪犯、被暂予监外执行的罪犯、被裁定假释的罪犯、被剥夺政治权利并在社会上服刑的罪犯的名称。

2004 年 5 月 9 日印发的司法部《暂行办法》采取了较为混乱的人员名称，例如，被判处管制的人员（第五条）、被判处管制的社区服刑人员（第二十四

① 吴宗宪：《社区矫正比较研究》（上），中国人民大学出版社 2011 年版，第 135 页。
② 吴宗宪：《社区矫正比较研究》（上），中国人民大学出版社 2011 年版，第 185 页。

条），被宣告缓刑的人员（第五条）、被宣告缓刑……的社区服刑人员（第二十五条），被暂予监外执行的人员（第五条）、暂予监外执行罪犯（第十八条）、暂予监外执行的罪犯（第十九条）、暂予监外执行的社区服刑人员（第二十六条），被裁定假释的人员（第五条）、假释罪犯（第十八条）、被裁定假释的社区服刑人员（第二十五条），被剥夺政治权利并在社会上服刑的人员（第五条）、附加剥夺政治权利罪犯（第十八条）、被判处剥夺政治权利的社区服刑人员（第二十七条）。

上述情况表明，不同类型的社区服刑人员使用的名称，是极为混乱的。相关立法和规定中使用多种不同名称的现象，特别是对同一类人员使用不同名称的现象，表明学术界对于基本概念问题缺乏专门研究，也反映出制定立法和起草文件中存在着不严谨的现象，这种概念的混乱现象是立法及规范性文件质量不高的重要体现。

2. 刑事法学文献中使用的名称

在刑事法学文献中，对于相关人员所使用的名称也呈现出多元化的特点，例如，“被判管制的犯罪分子”[1][2]“被判管制的犯罪人”[3]“被判处管制的罪犯”[4]“被宣告缓刑的犯罪分子”[5]“被宣告假释的犯罪分子”[6]“被假释的犯罪分子”[7]“暂予监外执行的罪犯”[8]“被剥夺政治权利的罪犯”[9]。

3. 社区矫正研究文献中使用的名称

尽管我国对社区矫正的研究历史较短，但是，社区矫正研究文献对于相关人员使用的名称也是多种多样的。有的文献使用了“缓刑人员”“假释人员”“剥权人员”“暂予监外执行人员”“管制人员”等名称[10]，有的文献使用了“缓刑人员”“假释服刑人员”“剥夺政治权利服刑人员”（或者“被剥夺政治权利服刑人员”，或者“剥夺政治权利的矫正对象”）、“暂予监外执行人员”（或者

① 高铭暄、马克昌：《刑法学》（最新修订），中国法制出版社 2007 年版，第 280 页。
② 陈光中、徐静村：《刑事诉讼法学》（修订 2 版），中国政法大学出版社 2002 年版，第 326 页。
③ 高铭暄、马克昌：《刑法学》（最新修订），中国法制出版社 2007 年版，第 281 页。
④ 陈光中、徐静村：《刑事诉讼法学》（修订 2 版），中国政法大学出版社 2002 年版，第 327 页。
⑤ 高铭暄、马克昌：《刑法学》（最新修订），中国法制出版社，2007 年版，第 345-346 页。
⑥ 高铭暄、马克昌：《刑法学》（最新修订），中国法制出版社，2007 年版，第 358-359 页。
⑦ 高铭暄、马克昌：《刑法学》（最新修订），中国法制出版社，2007 年版，第 358 页。
⑧ 陈光中、徐静村：《刑事诉讼法学》（修订 2 版），中国政法大学出版社 2002 年版，第 331-332 页。
⑨ 陈光中、徐静村：《刑事诉讼法学》（修订 2 版），中国政法大学出版社 2002 年版，第 327 页。
⑩ 吴宗宪：《刑事执行法学》，中国人民大学出版社 2007 年版，第 366-375 页。

“监外执行的罪犯”)、“被管制人员”[①]等名称。

（二）本书建议的名称

科学、合理的人员类型名称，应当是根据一定规律确立的名称。不同类型的社区服刑人员，应当有一些规律性的特征，这些特征应当成为对他们进行命名的重要参考。有规律可循的命名方法，不仅可以产生符合要求的具体名称，也可以为在未来可能产生的更多人员类型提供命名的方法和途径。

根据对不同类型社区服刑人员所具有的规律性特征的分析，可以提出两类命名方法：

1. 以人口统计学特征为主的命名方法

人口统计学特征是指在进行人口统计时加以关注的人员特征。以人口统计学特征为主给不同类型的社区服刑人员命名时，可以采用“人口统计学特征+社区服刑人员”的方法。常见的人口统计学特征包括性别、年龄、婚姻状况、居住地等，可以根据这些特征给不同类型的社区服刑人员命名。例如，根据性别特征，可以提出“男性社区服刑人员”和“女性社区服刑人员”的名称；根据年龄特征，可以提出“未成年社区服刑人员”“成年社区服刑人员”“老年社区服刑人员”等名称；根据婚姻状况特征，可以提出“未婚社区服刑人员”和“已婚社区服刑人员”等名称；根据居住地特征，可以提出“农村社区服刑人员”和“城市社区服刑人员”等名称。

2. 以刑事法律身份特征为主的命名方法

刑事法律身份特征是指根据刑事法律规定而确立的身份特征。鉴于目前我国社区矫正的对象都是被审判机关依法定罪判刑的罪犯，以刑事法律身份特征给不同类型的社区服刑人员命名时，可以采用“刑事法律身份+犯”的方法。其中，“刑事法律身份”包括给罪犯所判处的刑罚、罪犯执行刑罚的不同状况等特征，可以根据这些特征确定不同类型罪犯的身份；“犯”是“罪犯”的简称；罪犯是指被审判机关定罪判刑的人。根据这种方法给不同类型的社区服刑人员命名时，可以提出“管制犯”（被判处管制刑的罪犯）、“缓刑犯”（被判处有期徒刑并宣告缓刑的罪犯）、“假释犯”（在执行一定监禁刑后从监狱假释的罪犯）、“暂予监外执行犯”（由于具有法定事由而暂时在监狱外面执

---

① 刘强：《社区矫正制度研究》，法律出版社2007年版，第212、242、263-266、283-286、309页。

行刑罚的罪犯)、“剥夺政治权利犯”(被判处剥夺政治权利刑的罪犯，在社区矫正中，特别指被判处剥夺政治权利刑并在社会上服刑的罪犯)等名称。

在这些根据“刑事法律身份+犯”的方法提出的名称中，一些名称在以往的有关文献中已经使用，例如，一些文献已经使用了“管制犯”[①]“假释犯”[②]等名称。

二、分类管理及其必要性

分类管理就是对不同类型的社区服刑人员采取针对性的方法和措施进行管理的活动。对社区服刑人员的分类管理，实际上可以分为两个步骤：首先，要根据不同的标准对社区服刑人员进行合理的分类；其次，对不同类型的社区服刑人员进行有针对性的管理。

由于分类标准的不同，对于社区服刑人员的分类管理，可以从不同角度理解和进行。最常见的分类管理，是根据被判处的刑罚和服刑状态进行的，本章下文中的论述，也是从这个意义上进行的。除此之外，还可以从其他角度对社区服刑人员进行分类。例如，可以根据社区服刑人员的社会危险性或者人身危险性程度对他们进行分类，然后进行管理。这类分类管理主要体现在对社区服刑人员的行为监督方面，即对于具有不同危险性的社区服刑人员，要采取有针对性的行为监督措施。又如，可以根据社区服刑人员的需求情况对他们进行分类，然后进行管理。这类分类管理主要在对社区服刑人员的帮助中使用，即对于有不同程度和内容的需求的社区服刑人员，要采取有针对性的帮扶措施。

根据被判处的刑罚和服刑状态对社区服刑人员进行分类管理，是很有必要的。

首先，分类管理是执行法律规定的必然要求。目前，我国社区服刑人员包括 5 类罪犯，我国刑事立法对这 5 类罪犯规定了不同的刑罚执行内容和制度，因此，对他们实行分类管理，是严格依法办事、准确执行刑事法律规定的必然要求。

其次，分类管理是提高管理效果的必然要求。从实际情况来看，不同类

① 杨春洗、高铭暄、马克昌、余叔通:《刑事法学大辞书》，南京大学出版社 1990 年版，第 706 页。

② 杨春洗、高铭暄、马克昌、余叔通:《刑事法学大辞书》，南京大学出版社 1990 年版，第 238 页。

型的罪犯具有极不相同的特点，例如，他们在犯罪类型、刑罚种类、人身危险性程度、就学谋生情况、周围环境状况等方面，都有很大的差别。因此，只有对这些不同类型的社区服刑人员实行分类管理，才能增强管理工作的针对性，提高社区矫正管理的效果。

最后，分类管理是提高改造质量的重要途径。社区矫正不仅是管理社区服刑人员的工作，也是改造社区服刑人员的工作。鉴于每种类型的社区服刑人员在犯罪原因、目前状况等方面有很大的不同，在改造难易度方面有不同程度的差别。只有根据不同类型社区服刑人员的具体情况进行管理，管理工作本身才可以发挥促使社区服刑人员遵纪守法的作用，才可以从一定程度上促进不同类型社区服刑人员的改造和转变。

第二节 管制犯管理

一、管制犯的概念与特征

管制犯是依法被人民法院判处管制刑罚的罪犯。

管制是我国独创的刑种，也是刑罚体系中唯一的限制自由刑刑种。管制一般被定义为“由人民法院判决，对犯罪分子不予关押，但限制其一定自由，交由公安机关管束和人民群众监督改造的一种刑罚方法”[①]。2011 年 5 月 1 日生效的《刑法修正案（八）》将管制的执行明确归入社区矫正，规定“对判处管制的犯罪分子，依法实行社区矫正”（第三十八条第三款）。将管制执行纳入社区矫正，一方面能够落实对管制刑的执行，提高轻刑执行的效果；另一方面可以激活管制刑的适用，进而彻底改变其适用率低的现状。

管制犯具有以下法律特征：

（1）管制犯是罪犯。管制犯是被判处管制刑罚的罪犯。罪犯是管制犯的法律身份和地位，他们在社会上服刑的状况，并不能消除他们作为罪犯的身份。

（2）所犯罪行较轻，人身危险性较小。仅仅限制而不是剥夺人身自由的管制，无疑是我国刑罚体系中惩罚性最轻的刑种，只适用于犯罪情节较轻、对社会危害程度较小的犯罪人。管制犯普遍具有所犯罪行较轻、人身危险性较小的特点。

① 马克昌：《刑罚通论》（2 版），武汉大学出版社 1999 年版，第 174-175 页。

（3）在社区中服刑。管制犯是在社区中执行刑罚的罪犯，他们在符合法律规定的范围内与自由公民一样过着正常生活。

（4）人身自由受到一定的限制。管制犯虽未被剥夺人身自由，但是作为罪犯，他们必须遵守法律规定的服刑条件，必须执行法院根据案情适用的禁止令。这些条件和禁止令都会在某些方面限制他们的人身自由，使他们接受法律的强制和惩罚。

（5）服刑期限较短。根据《刑法》规定，管制期限一般为 3 个月以上、2 年以下，数罪并罚最高不超过 3 年。

二、管制交接程序

管制交接程序是指将被判处管制的犯罪人移交给社区矫正机构执行其刑罚的工作程序。

目前，尽管在《刑事诉讼法》未予修改之前，管制的执行机关名义上仍是公安机关，但是在社区矫正试点工作中，对管制犯的日常行为管理已经转由司法行政机关负责。在我国社区矫正实践以及相关文件规定中，管理管制犯的工作已经移交司法行政机关。因此，目前将管制犯送入社区矫正的活动，主要涉及的是审判机关与司法行政机关之间的工作交接。

由于犯罪情节较轻，可能被判处管制的人员通常未经先前羁押，如果不落实判决后的交接程序，这些人员就可能逃避服刑义务。因此，规定并落实交接程序，是很有必要的。

从目前一些地方的情况来看，管制交接程序虽有细微差别，但是大致包括下列方面：

（1）查证住址。人民法院如果考虑对被告判处管制，须在判决宣告或裁定作出之前，向其固定居住地或工作地的派出所核实其居住或者工作地址。

（2）进行告知。在宣告判决的同时，该法院还必须向管制犯宣读并发放“社区矫正告知书”，告知被判决人必须依法接受社区矫正及相关行为要求，并要求其当庭作出书面保证，在指定时间和地点向指定部门报到。

（3）转递材料。在判决或者裁定生效后，人民法院应当在 7 日内将相关文书材料转递（邮寄）至管制犯固定居住地所在的区（县）司法局。其中，判处管制的相关文书材料内容包括：刑事判决书（复印件）、执行通知书（复印件）、结案登记表（复印件）和接受社区矫正保证书等。管制犯固定居住地所在的区（县）司法局收到材料后，应及时将回执以挂号信的方式寄回人民法院。管制犯固定居住地的司法所应当及时接收管制犯，予以登记，建立档案，对其进行谈话教育，告知其管制犯的权利、义务。

（4）定期报到。管制犯应当按照“社区矫正告知书”的规定，在判决生效后或裁定作出后 7 日内持刑事判决书向其指定的司法所报到并办理相关登记手续。如果被告人系未成年人，由其监护人作出报到的保证。

目前，由于各地电子政务系统的发展，电脑网络逐渐遍及开来，因此，在很多地方，法院与司法行政机关往往借助现代通讯技术来实现裁判与执行的无缝交接。在此基础上，近年来，检察机关作为法律监督机关也加大了对异地执行交接环节的监督力度。

三、管制犯服刑义务

管制犯服刑义务是指立法和裁判对管制犯在服刑期间必须进行一定行为或者禁止进行某些行为的要求。

我国《刑法》第三十八条和第三十九条规定了管制犯在执行期间应当履行的义务，同时，社区矫正方面的有关规定也包含了这方面的内容。据此，可以将管制犯在社区矫正期间的服刑义务概括如下：

（一）遵守规定和服从监管

管制犯应当遵守法律、行政法规和社区矫正方面的有关规定，接受社区矫正，服从社区矫正机构和公安机关的管理和监督。

（二）不得行使部分政治权利

根据《刑法》第三十九条的规定，限制管制犯行使的政治权利包括言论、出版、集会、结社、游行、示威自由方面的权利。我国宪法保障公民行使上述权利的自由，但是管制犯在法律上是被人民法院依法定罪处刑的人，故在被管制期限内，管制犯的政治自由受到了相应的限制，

（三）履行定期汇报义务

管制犯应当按照规定向执行机关定期报告自己的活动情况，主要包括自身从事工作、生活、学习、思想等方面的情况。执行机关应全面了解管制犯的活动情况，一方面可以对其不当行为进行管束，对其违法、违规行为及时

作出处理，防止管制犯脱离管制状态；另一方面可以通过管制犯的活动情况评估其执行效果，并调整相应措施。

（四）离开报批义务

管制犯如果离开所居住的市、县或者迁居，必须履行报批义务。对管制犯人身自由的限制空间是以管制犯的居住地为核心的，这些人工作、生活需要的最大活动范围，是其居住的市（县）。暂时离开活动范围或者因生活、工作需要而迁居的，应当报告社区矫正机构，在现有法律框架下，还必须报请公安机关批准。

（五）遵守禁止令

为了维护正常的社区秩序和预防管制犯进行新的违法、犯罪行为，《刑法修正案（八）》对管制犯规定了禁止令。这意味着，管制犯不仅要遵守《刑法》第三十九条第四款关于“遵守执行机关关于会客的规定”，还要遵守法官适用的禁止令中规定的义务。《刑法修正案（八）》第三十八条第二款规定，“判处管制，可以根据犯罪情况，同时禁止犯罪分子在执行期间从事特定活动，进入特定区域、场所，接触特定的人”。为了进一步明确禁止令的具体内容和规范禁止令的合理适用，2011 年 4 月 28 日发布的两院两部《禁止令规定》，进一步规定了可以通过适用禁止令要求管制犯遵守的义务。

具体而言，法官对管制犯适用并由社区矫正机构执行的禁止令，可以包括下列内容：

1. 禁止管制犯从事特定活动

可以禁止管制犯从事的特定活动包括：① 个人为进行违法、犯罪活动而设立公司、企业、事业单位或者在设立公司、企业、事业单位后以实施犯罪为主要活动的，禁止再次设立公司、企业或者事业单位；② 实施证券犯罪、贷款犯罪、票据犯罪、信用卡犯罪等金融犯罪的，禁止从事证券交易、申领贷款、使用票据或者申领、使用信用卡等金融活动；③ 利用从事特定生产经营活动实施犯罪的，禁止从事相关生产经营活动；④ 附带民事赔偿义务未履行完毕，违法所得未追缴、退赔到位，或者罚金尚未足额缴纳的，禁止从事高消费的活动；⑤ 其他确有必要禁止从事的活动。其中兜底条款给了审判法官根据具体情况发出与前 4 类情形相当的禁止令的空间。

2. 禁止管制犯进入特定区域、场所

管制犯不得进入下列区域或者场所：① 禁止进入夜总会、酒吧、迪厅、网吧等娱乐场所；② 未经执行机关批准，禁止进入举办大型群众性活动的场所；③ 禁止进入中小学校区、幼儿园园区及周边地区，确因本人就学、居住等原因，经执行机关批准的除外，而且所谓周边地区的范围，交由法官裁量；④ 其他确有必要禁止进入的区域、场所。同样，兜底条款中的具体禁止区域，由法官根据具体情况发出命令。

3. 禁止管制犯接触特定人员

管制犯不得接触下列人员：① 未经对方同意，禁止接触被害人及其法定代理人、近亲属；② 未经对方同意，禁止接触证人及其法定代理人、近亲属；③ 未经对方同意，禁止接触控告人、批评人、举报人及其法定代理人、近亲属；④ 禁止接触同案犯；⑤ 禁止接触其他可能遭受其侵害、滋扰的人或者可能诱发其再次危害社会的人。

（六）参加公益劳动

要求管制犯参加公益劳动是目前社区矫正机构用以改造管制犯的重要手段。公益劳动不仅可以有效控制管制犯的个人行为，而且，社区服刑人员通过公益劳动对社会作出有益补偿，还会增强管制犯的社会责任意识和个人责任意识。[①]目前，对管制犯是否有参加强制性公益劳动的义务，我国《刑法》中并没有明确规定。作为一种带有惩罚性的刑罚执行方式，强制公益劳动在理论上似乎没有超出管制的范围，况且，强制管制犯参加公益劳动已是我国一些地区的社区矫正机构常用的手段，一些地方的规范性文件甚至对此作出了明确规定。例如，2006 年《北京市社区矫正工作实施细则》第十五条第二款规定，“有劳动能力的社区服刑人员必须参加公益劳动”。其中所谓的“必须”表明公益劳动具有强制性。但是，在法律没有明确规定和授权的前提下，社区矫正机构不宜强制管制犯参加公益劳动，而应当把它看成是管制犯是否接受改造的重要表现，将公益劳动视为一种管制犯自愿参加的劳动，以协议方式保证管制犯履行承诺。

根据管制犯从事公益劳动的具体作用，可以从 4 个方面考虑和安排公益

---

① 王利荣：《推进社区矫正制度化的若干重要问题》，载《甘肃政法学院学报》2006 年第 7 期。

劳动：

（1）修复犯罪行为对社会造成的损害。这样做是要求犯罪人通过自身的行为对其造成的犯罪损害进行弥补。从恢复性司法原理上看，犯罪人承担社区责任更有利于修复其与社区的关系，从而获得社区谅解。例如，要求砍伐海滨防护林的管制犯种植具有保护海岸功能的树木，或者看护这类树木。

（2）提高社区服刑人员劳动技能。针对缺乏劳动技能的服刑人，要求其参加某些类型的公益劳动，可以使其掌握一定劳动技能，增强其适应社会生活的能力。

（3）服务于被害人或者已经受到相似行为损害的人员。这样做更能修复加害人与被害人的关系，而且这种修复是以加害人的真诚努力为前提。

（4）组织其他对社区、自身有益的劳动项目，实现惩罚、教育社区服刑人员和增加社区利益的结合。

四、违反服刑义务的法律后果

管制犯违反服刑义务的，应当根据其行为的性质和程度承担相应的法律责任。

（一）追究刑事责任

管制犯在社区矫正期间再度触犯刑法、构成犯罪的，要撤销原判决，在确定新罪应判刑罚的基础上，按照《刑法》规定，由新罪的刑罚吸收未执行的先前判决的管制刑期，或者采取限制加重的原则，予以并罚。在我国数罪并罚理论中，前罪被判管制，新罪被判徒刑或拘役的情形下如何并罚罪犯，没有公认结论。司法实践中，行为人犯数罪的情形下，一罪判管制、另一罪判徒刑的情况也很少见，法官在多刑种组成的法定刑幅度内，要么都选择管制，要么都选择徒刑。但是，随着管制刑种的扩大适用，管制期间又犯新罪的概率将有所增加，如果后罪必须判处徒刑，如何明确管制犯的刑事责任，则成了一个绕不过去的问题。

（二）给予治安处罚

管制犯在社区矫正期间进行了违反法院判处的禁止令但是不构成犯罪行为的，由公安机关予以治安管理处罚。

经过《刑法修正案（八）》的修正，我国《刑法》第三十八条第四款规定，管制犯在执行期间违反禁止从事特定活动，进入特定区域、场所，接触特定的人等服刑义务的，公安机关应当依照《治安管理处罚法》第六十条的规定处罚，对管制犯“处五日以上十日以下拘留，并处二百元以上五百元以下罚款”。这一规定引出了另一值得关注的问题：一方面，《刑法》已经明确管制执行具有社区矫正的性质，即管制犯应当接受社区矫正机构的行为监督。按理说，他们违反法院禁止令时应当由社区矫正机构处罚。但是另一方面，《刑法》又明确规定，管制犯违反禁止令的，要予以治安管理处罚。后一规定虽与《治安处罚法》的规定相一致，却可能违背社区矫正的规律。因为治安管理处罚只能由公安机关决定和执行，这意味着社区矫正机构将继续处于一种有管理职责却无处罚职能的境地，进而使得社区矫正机构管理的权威性和有效性都很难得到保证。由此看来，在决定和处罚违反服刑义务的管制犯方面，公安机关与社区矫正机构的权力须予合理、有效的分配。

（三）承担其他法律责任

管制犯在社区矫正期间进行了既不构成犯罪，也不违反治安管理处罚法的轻度违反服刑义务的行为时，应承担其他形式的法律责任。例如，受到社区矫正机构的警告，或者由社区矫正机构提请有关部门给予警告，或者受到社区矫正机构的记过处分等。

五、管制执行的终止

对管制犯社区矫正的期限与管制刑执行的期限相同。管制期限从判决生效之日起计算，判决前被先行羁押的，羁押一日折抵管制刑期二日。执行期间符合减刑条件的，可以缩短刑期，减刑程序可以参照《监狱法》的规定，即：社区矫正机构行使与监狱相仿的提请减刑权，同时遵循减刑程序。通过减刑依法缩短刑期的，社区矫正期限也相应缩短。

在社区矫正结束前，管制犯本人应当作出书面总结，由司法行政机关根据矫正情况进行考核评估，出具书面鉴定材料。管制期满之日，执行机关应立即向本人和其所在单位或居住地的群众宣布解除管制。

在社区矫正期间，管制犯因重新犯罪被羁押或者死亡的，社区矫正自然终止。

第三节　缓刑犯管理

一、缓刑犯的概念与特征

（一）缓刑犯的定义

缓刑犯是依法被人民法院判处剥夺自由刑罚并宣告暂缓执行后予以考验的罪犯。

缓刑是指被判处一定刑罚的犯罪分子，在一定期限内附条件不执行原判刑罚或暂不宣告的刑事制度。[①]我国的缓刑是附条件不执行原判刑罚的制度。该制度由于体现了刑罚教育化、刑罚个别化和刑罚社会化的思想，因而被视为“除刑罚和保安处分两个抗制犯罪支柱以外的第三根支柱”[②]。《刑法》第七十六条规定，对宣告缓刑的犯罪分子，在缓刑考验期限内，依法实行社区矫正，如果没有本法第七十七条规定的情形，缓刑考验期满，原判的刑罚就不再执行，并公开予以宣告。

现行《刑法》第七十二条规定：对于被判处拘役、3 年以下有期徒刑的犯罪分子，同时符合下列条件的，可以宣告缓刑，对其中不满 18 周岁的人、怀孕的妇女和已满 75 周岁的人，应当宣告缓刑：① 犯罪情节较轻；② 有悔罪表现；③ 没有再犯罪的危险；④ 宣告缓刑对所居住社区没有重大不良影响。同时，该法规定：法院在宣告缓刑的同时，可以根据犯罪情况禁止犯罪分子在缓刑考验期限内从事特定活动，进入特定区域、场所，接触特定的人。被宣告缓刑的犯罪分子，如果被判处附加刑，附加刑仍须执行。在此基础上，现行《刑法》明确规定，对于累犯和犯罪集团的首要分子，不适用缓刑。

（二）缓刑犯的特征

缓刑犯具有下列特点：

1. 缓刑犯是附条件暂缓执行原判刑罚的罪犯

宣告缓刑必须以判处相应的刑罚为先决条件，缓刑不能脱离其原判刑罚

① 高铭暄：《刑法学原理》，中国人民公安大学出版社 2005 年版，第 422 页。
② 林山田：《刑罚学》，台北商务印书馆 1992 年版，第 207 页。

而独立存在。这种刑罚虽然处于虚拟状态，却能够形成对缓刑人行为的有效规导，因为暂缓执行刑罚以行为人遵守特定义务为条件，其所判刑罚仍有实际执行的可能，必会对这类犯罪人产生心理强制的效果。

2. 缓刑犯符合法律规定的刑罚条件

缓刑是暂缓执行被判处的拘役或者3年以下有期徒刑的刑罚制度。《刑法》所规定的可以宣告缓刑的这些刑罚，是社会有限宽恕犯罪人的底限。第一，缓刑所对应的实刑不属于限制自由刑刑种，比如把管制作为缓刑的实刑，威慑作用不大；第二，现行《刑法》对罚金执行没有规定缓刑，原因是罚金的减免办法更具合理性；第三，将罪行严重的犯罪分子纳入社区矫正，不符合刑罚的均衡原则，也不利于保护社会的基本安全。

3. 缓刑犯必须具有法律规定的其他个人条件

首先，缓刑犯必须符合社会危险性方面的个人条件。《刑法》第七十二条规定，缓刑犯必须符合四个条件：犯罪情节较轻；有悔罪表现；没有再犯罪的危险；宣告缓刑对所居住社区没有重大不良影响。这些条件的核心是表明缓刑犯没有明显的社会危险性，将他们放在社会上考验不会给社会带来新的危害。

其次，对具有某些特征的个人应当重点适用缓刑。一般来说，符合《刑法》规定的 4 项缓刑条件，法院就可以选择缓刑。但是，对于具备某些个人特征的犯罪人，法官应当优先考虑和重点适用缓刑，这些犯罪人有 3 类：不满 18 周岁的未成年人、怀孕的妇女和已满 75 周岁的人。根据《刑法》第七十二条的规定，这三类犯罪人只要符合法定条件，就应当宣告缓刑。这是在立法和司法中对这些人实行从轻处罚的刑事政策的重要体现。

最后，对具有某些特征的个人不应当适用缓刑。我国《刑法》不仅从正面规定了应当对哪些人重点适用缓刑的内容，也从反面规定了不应当对哪些人适用缓刑的内容。根据《刑法》第七十四条的规定，对于累犯和犯罪集团的首要分子，不适用缓刑。

二、缓刑犯管理程序

缓刑犯管理是一项严肃而重要的社区矫正活动，缓刑犯的交接和撤销环节缺乏相关法律程序的支持，势必影响执行质量。在缓刑犯管理方面，目前《刑事诉讼法》关于其执行程序的规定虽不系统，但是，有关的部门规章和一些省（区、市）公、检、法、司部门联合制定的规范性文件，已建立了相对系统的管理程序。

（一）缓刑犯的接收程序

1. 法律文书的送达和接受

根据有关要求，人民法院对依法判处有期徒刑或拘役并宣告缓刑的罪犯，应当自判决生效之日起 7 日内，将刑事判决书（两份）、起诉书副本（两份）、执行通知书（两份）、结案登记表（一份）和接受社区矫正保证书（一份），送达其户籍所在地的县（市、区）社区矫正工作机构（司法所）。社区矫正工作机构填写送达回证并加盖印章后将刑事判决书、起诉书副本、执行通知书各一份于收到上述法律文书及其材料后的 3 个工作日内，移送缓刑犯长期居住地的派出所留存，派出所应当在送达回证上加盖印章。社区矫正工作机构应将加盖社区矫正工作机构与派出所印章的送达回证于收到人民法院送达上述法律文书和资料后的 5 个工作日内送交人民法院。[①]

2. 报到限期

缓刑犯应当在刑事判决发生法律效力之日起 7 日内到居住地社区矫正工作机构（司法所）报到。社区矫正工作机构应当在缓刑犯报到时，建立其相应的个人电子和纸质档案。

3. 告知权利、义务

社区矫正机构应当向缓刑犯宣告“缓刑犯管理制度告知书”，告知缓刑犯在接受社区矫正管理期间的权利与义务以及应当遵守的社区矫正管理规定，缓刑犯在“缓刑犯管理制度告知书”上签字。

4. 填写登记表格

缓刑犯应当填写“缓刑犯登记表”。如果在先期送达的相关法律文书及材料中没有缓刑犯的“接受社区矫正保证书”，此时可以由缓刑犯补填。

5. 面谈教育

社区矫正机构及其工作人员结合接收情况和缓刑管理的相关规定及要求，对缓刑犯进行首次见面谈话教育，社区矫正社会志愿者、缓刑犯亲属可以一并参加。同时，社区矫正机构工作人员对谈话教育的内容、该缓刑犯的

---

① 赵新东：《社区矫正管理实务》，法律出版社 2006 年版，第 101 页。

表现作出初步评价，建立该缓刑犯的管理档案。[①]

缓刑犯因居住地或工作地变更而发生的交接程序与之相同。

同时，社区矫正机构工作人员须与社区矫正社会志愿者签订“社区矫正志愿者帮教协议书”，与缓刑犯亲属签订“缓刑管理监护责任书”，明确其履行协议的要求。

（二）缓刑变更程序

缓刑变更程序是指根据缓刑犯在考验期间的社会危险性程度的变化而改变考察期限的程序。在司法实践中，缓刑犯可能受到治安行政拘留处分，也可能因吸毒或者性病被收容治疗。在前一种情形下，拘留时间应当算入刑期；在后一种情形下，治疗期限应当从缓刑中扣除，必要的时候，后一情形也可能构成执行实刑的理由，一旦决定执行实刑，缓刑考察期一概不计入执行刑期。

目前，在一些较早试行社区矫正的省（区、市）出现了缩短或者延长缓刑考察期的做法，它的工作流程大致如下：

（1）基层司法所建议对缓刑犯的考验期给予变更（包括延长和缩短）的，应当在规定时间内征求缓刑管理工作人员、派出所社区矫正工作联络员、社区矫正志愿者意见，在此基础上经集体研究形成决定，并记录备查。

（2）司法所在规定时间内应缓刑犯要求，就决定变更具体事由、法律和政策根据等，展开听证。

（3）司法所在规定时间内将研究决定和听证记录报经县（市、区）司法局批准。

（4）司法局在规定时间内针对缓刑考验期的变更建议提出书面意见，并将其提出的书面意见和相关材料一并报当地公安机关审核。公安机关应将书面意见的副本于规定时间送达检察机关，检察机关对该建议作出回复。

（5）公安机关在规定时间内将检察机关的相关意见通报人民法院，并将书面意见的正稿和相关材料移送人民法院。

（6）人民法院自收到同级公安机关提出的缓刑考验期变更建议之日起 1 个月内依法作出裁定。人民法院变更考验期的裁定，一经作出，即行向缓刑犯宣告且即行生效。人民法院自裁定生效之日起 7 日内，应将变更考验期的裁定送达至司法所。

目前，这些做法虽有地方性法规或者政策支持，但是缺乏基本的法律依

① 胡虎林、吴强军：《社区矫正实务》，浙江大学出版社 2007 年版，第 77 页。

据。相对而言，缩短考察期的正当性强一些，而延长考察期涉及人身限制期限的延长，不宜由地方的规范性文件加以规定。因此，这方面的内容需要通过修改《刑法》《刑事诉讼法》或者制定“社区矫正法”予以完善。

（三）缓刑考察解除程序

缓刑犯考察的解除包括缓刑犯被撤销缓刑、考验期限届满、缓刑犯被人民法院裁定减刑或者改判无罪、缓刑犯死亡等情况。下面分别论述不同情况下解除缓刑考察的程序。

1. 撤销缓刑程序

撤销缓刑的具体程序如下：

（1）社区矫正机构发现缓刑犯在缓刑考验期内再犯新罪，或判决宣告以前还有其他罪没有判决，或违反法律、行政法规或者国务院有关部门关于缓刑的监督、管理规定，或违反人民法院判决中的禁止令，情节严重的等情况时，应当在规定时间内召集社区矫正工作者、派出所社区矫正工作联络员、社区矫正社会志愿者等，对缓刑犯进行调查核实并提出撤销缓刑的评定意见，将意见决定记录备案。

（2）社区矫正机构应当在规定时间内根据缓刑犯的要求，就撤销缓刑事由、法律根据等组织听证。

（3）社区矫正机构应当在规定时间内将评定意见和听证记录报街道（乡镇）社区矫正工作领导小组审核，后者在规定时间内报县（市、区）司法局批准，最终形成书面意见。

（4）县及同级的司法局应在规定时间内将书面意见连同相关材料报同级公安机关审核。

（5）同级公安机关应在规定时间内制作提请撤销缓刑意见书，连同相关材料，提交当地人民法院。

（6）人民法院应当自收到同级公安机关提出的撤销缓刑建议之日起 1 个月内依法作出裁定。人民法院撤销缓刑的裁定，一经作出，立即生效。法院还必须自裁定生效之日起 7 日内，将裁定送达社区矫正机构。

撤销缓刑的情形很复杂，如果发现缓刑犯已经涉嫌犯罪，公安机关可以利用诉讼强制措施控制其人身自由，以防止其再度危害社会；如果仅仅是违反禁止令或者其他缓刑义务，应否在运行相关程序的同时采取相应的人身强制措施，防止其脱逃或者危害社会，实践中公安机关往往通过治安拘留应对这类需要。社区矫正职能由公安机关转至社区矫正机构以后，后者如何制订和启动应急机制处置诸如此类的需要，须予具体论证。

2. 缓刑考察期限届满

缓刑犯在考察期间没有再犯新罪，未发现判决宣告以前还有其他犯罪没有判决，无违反法律、行政法规或者国务院有关部门关于缓刑的监督管理规定，无严重违反人民法院判决中的禁止令等情况的，应当在矫正期限届满前30日内由本人作出书面总结，考验期限届满15日内由乡镇（街道）缓刑管理工作机构出具书面鉴定材料，报县（市、区）社区矫正工作机构审核批准，社区矫正工作者根据解除矫正制度的规定，在管理期限届满之日通知本人，并通报原判决（裁定）人民法院。同时以一定形式公开宣布解除社区矫正管理。①

3. 缓刑人员被人民法院改判或者宣告无罪

缓刑人员被人民法院改判无罪的，人民法院应当在法律文书生效后5日内，将生效的裁定文书送达社区矫正机构，社区矫正机构当日解除社区矫正。同时，以一定形式公开宣布解除社区矫正管理。

缓刑犯被人民法院改判为剥夺自由刑或者免予处罚的，均解除社区矫正，按相关程序处置。

4. 缓刑犯死亡

缓刑犯在考察期间死亡的，社区矫正工作者应在当日告知县（市、区）社区矫正工作机构，由县（市、区）社区矫正工作机构及时通报检察机关、原判人民法院，并附相关证明材料。由相关医院出具死亡证明，社区矫正工作者填写“缓刑犯死亡登记簿”，与医院死亡证明一同存档。

三、缓刑犯服刑义务

缓刑犯服刑义务是指立法和裁判对缓刑犯在缓刑考验期间必须进行一定行为或者禁止进行某些行为的要求。

我国《刑法》第七十二条和第七十五条规定了缓刑犯在执行期间应当履行的义务，同时，有关的部门规章和社区矫正方面的有关规定也包含了这方面的内容。据此，可以概括出缓刑犯在社区矫正期间的服刑义务。如果缓刑犯在考验期间不履行服刑义务，就会产生相应的法律后果。

① 赵新东:《社区矫正管理实务》，法律出版社2006年版，第113页。

（一）确定缓刑犯服刑义务的依据

对于缓刑犯的服刑义务，我国《刑法》和一些规范性文件作出了规定。

1. 我国《刑法》的规定

我国《刑法》第七十二条规定，对缓刑犯可以适用禁止令，法院适用的禁止令中的内容自然构成缓刑犯的服刑义务。同时，《刑法》第七十五条明确规定了缓刑犯的服刑义务。

2. 司法部的规定

自开展社区矫正试点工作以来，司法部也发布了部门规章，对缓刑犯在社区矫正期间的服刑义务作出了规定。司法部《暂行办法》第二十五条，对此作出了具体规定。

此外，公安部曾经发布的两个文件即 1995 年 2 月 21 日发布的《公安机关对被管制、剥夺政治权利、缓刑、假释、保外就医罪犯的监督管理规定》第十七条和 1998 年 3 月 18 日发布的《公安机关办理刑事案件程序规定》第二百九十七条，也对缓刑犯的服刑义务作出了规定。

以上法律和部门规章虽然对缓刑犯的服刑义务作了规定，为社区矫正机构确定缓刑犯的服刑义务提供了依据。但是，在上述不同层次的立法规定中，都有一些缺乏可操作性的内容，例如，缓刑犯“服从监督”中的监督要求、“会客”的范围、“离开”居住地的时间，等等，都缺乏明确界定。同时，在服刑义务的设定中，也缺乏缓刑犯应当从事某些活动的内容，例如，明确要求缓刑犯从事公益劳动，明确要求缓刑犯参加戒酒和戒毒治疗等。这是需要进一步完善的。

（二）缓刑犯服刑义务的主要内容

根据上述立法以及司法判决，缓刑犯服刑义务的主要内容包括下列方面：

1. 遵守法律和法规的规定

在社区矫正期间，缓刑犯必须遵守法律、行政法规以及其他相关规定中有关社区矫正等方面的内容，根据规定从事相关活动或者避免从事所禁止的活动。

2. 报到和报告情况

缓刑犯报到是指被判处剥夺自由刑并宣告缓刑的罪犯应当到社区矫正机

构履行服刑手续的活动。缓刑犯报告情况是指缓刑犯在履行服刑手续并开始在社区中服刑后根据要求向社区矫正机构汇报自己有关情况的活动。

被人民法院宣告缓刑之后，缓刑犯必须在判决生效之日起 7 日内到社区矫正机构履行服刑手续，在社区矫正机构的监督下开始服刑生活。

在服刑过程中，缓刑犯必须按照要求向社区矫正机构报告自己所在的区域及近期活动情况。在有些地区，还明确要求缓刑犯以书面方式递交当月的思想、情况汇报和矫正小结，矫正小结的内容包括缓刑犯参加矫正活动的情况、体会以及存在的不足、努力的方向等。缓刑犯系文盲的，允许其口述，由社区矫正工作者代为书写，由缓刑犯签字盖章生效。这些程序性要求看上去注重形式，实质上是要落实对缓刑犯的管理。

有些省（区、市）社区矫正机构还要求，未成年缓刑犯到社区矫正机构报到需由其监护人陪同；缓刑犯因身体残疾或者其他特殊情况本人报到确有困难的，该人经社区矫正机构同意可以委托监护人按照规定的报到时间口头或书面代为报到。

缓刑犯未在规定时间报到的，社区矫正机构应立即与其亲属及工作单位、居住地的公安派出所、村（居）委会联系，了解其状况。对已离开居住地的，司法所应立即查找，规定时间内仍不能查明下落的，应当通报检察机关。在目前无明确法律授权的情形下，应当同时向公安机关送达脱管通知书，由公安机关追查其行踪，并决定是否提请撤销缓刑。

3. 迁居需要申请

缓刑犯应在特定地点居住；未经执行机关允许，不得擅自离开居住地。缓刑犯迁居应当向社区矫正机构提交包括本人的基本情况、迁居原因、去向等内容的书面申请，社区矫正机构将核实情况后的书面情况报告和审核意见，与缓刑犯的迁居申请一并交由公安机关审批。缓刑犯经批准迁居的，原住所地社区矫正机构应及时向迁入地同类部门通报情况，并在规定时间内移交缓刑犯档案及相关资料。迁入地社区矫正机构在接到档案及相关资料后的规定时间内将缓刑犯纳入管理范围。

4. 外出请销假

缓刑犯在社区矫正期间禁止离开相关部门的管理范围。缓刑犯离开所居住的区（县）时，应当向社区矫正机构提交包括外出事由、外出起止时间、具体的目的地等内容的书面申请，并填写“社区服刑人员外出请假审批表”。

社区矫正机构对其核实并签署初步意见后，发给“社区服刑人员外出准假通知书”，同时告知其外出期间需要注意的相关事项和要求。未成年缓刑犯或者患精神病的缓刑犯经批准离开居住地的，须由其法定监护人申请，并由监护人陪同。

缓刑犯经批准外出后，应当按时返回居住地，并在返回后的当日向社区矫正机构报到，并报告外出期间的情况，社区矫正机构应收回“社区服刑人员外出准假通知书”，同时为其办理相关的销假手续，并将其销假情况填入“社区服刑人员外出请假审批表”；如遇特殊原因无法按时返回居住地的，缓刑犯及监护人应当及时向有关部门报告。

5. 遵守会客规定

立法明确限制缓刑犯接触人员的范围。《刑法修正案（八）》有关禁止令的规定，授权人民法院可以判处缓刑犯不得接触某些人员。

一般而言，在社区矫正期间，缓刑犯不得同同案犯罪人、犯罪被害人、违法/犯罪嫌疑人、吸毒伙伴、有其他不良行为的人员等来往。

人民法院通过适用禁止令，可以要求缓刑犯不得接触下列人员：①未经对方同意，禁止接触被害人及其法定代理人、近亲属；②未经对方同意，禁止接触证人及其法定代理人、近亲属；③未经对方同意，禁止接触控告人、批评人、举报人及其法定代理人、近亲属；④禁止接触同案犯；⑤禁止接触其他可能遭受其侵害、滋扰的人或者可能诱发其再次危害社会的人。

缓刑犯接受媒体采访或者会见境外人士，须由本人提前向社区矫正机构提交书面申请，由相关部门报请区县司法局审批。经允许接受采访或者会见的当日，社区矫正机构认为必要时可以派人到场，以及时纠正违反法律及有关规定的行为，必要时还可以强制终止采访或会见。[①]

6. 禁止从事特定活动

人民法院通过适用禁止令，可以要求缓刑犯不得从事下列一种或者多种活动：①个人为进行违法、犯罪活动而设立公司、企业、事业单位或者在设立公司、企业、事业单位后以实施犯罪为主要活动的，禁止设立公司、企业、事业单位；②实施证券犯罪、贷款犯罪、票据犯罪、信用卡犯罪等金融犯罪的，禁止从事证券交易、申领贷款、使用票据或者申领、使用信用卡等金融

① 王平、杨诚：《中加社区矫正概览》，法律出版社2008年版，第34页。

活动；③ 利用从事特定生产经营活动实施犯罪的，禁止从事相关生产经营活动；④ 附带民事赔偿义务未履行完毕，违法所得未追缴、退赔到位，或者罚金尚未足额缴纳的，禁止从事高消费活动；⑤ 其他确有必要禁止从事的活动。

7. 禁止进入特定场所

人民法院通过适用禁止令，可以要求缓刑犯禁止进入以下一类或者几类区域、场所：① 禁止进入夜总会、酒吧、迪厅、网吧等娱乐场所；② 未经执行机关批准，禁止进入举办大型群众性活动的场所；③ 禁止进入中小学校区、幼儿园园区及周边地区，确因本人就学、居住等原因，经执行机关批准的除外；④ 其他确有必要禁止进入的区域、场所。

8. 服从监督管理

缓刑犯应当服从社区矫正工作者的行为监督，接受社区矫正机构的管理，根据社区矫正机构的要求从事一定活动。

此外，还必须注意两个方面：第一，被附加剥夺政治权利的缓刑犯，还必须遵守被剥夺政治权利并在社会上服刑的剥夺政治权利犯应当履行的服刑义务。第二，缓刑犯还应当参加作为改造措施的公益劳动。社区矫正机构安排缓刑犯从事公益劳动时，应当考虑改造需要和缓刑犯的自身情况等因素。

四、违反服刑义务的法律后果

在社区矫正期间，缓刑犯如果违反缓刑义务，会根据不同情况，承担相应的法律后果。

（一）追究刑事责任

根据《刑法》第七十七条第一款的规定，在社区矫正期间，如果缓刑犯进行了新的犯罪行为，或者被发现判决宣告以前还有其他罪没有判决的，应当撤销缓刑，对新犯的罪或者新发现的罪作出判决，把前罪和后罪所判处的刑罚，依照《刑法》第六十九条关于数罪并罚的规定，决定执行的刑罚。

（二）执行原判刑罚

根据《刑法》第七十七条第二款的规定，在社区矫正期间，如果缓刑犯违反法律、行政法规或者国务院有关部门关于缓刑的监督管理规定，或者违反人民法院判决中的禁止令，情节严重的，应当撤销缓刑，执行原判刑罚。

（三）承担其他法律责任

在社区矫正期间，如果缓刑犯进行了轻微的违法行为，会根据不同情况，受到警告、记过、治安处罚等处罚。

五、缓刑执行的终止

缓刑犯在社区中接受考验的，应当根据不同法定事由终止缓刑考验期。

没有进行违法、犯罪行为的缓刑犯，应当在矫正期满前 30 日由本人作出书面总结，由社区矫正机构出具相关考核鉴定材料，依照法定程序公开宣告缓刑考验期满，原判刑罚不再执行，从而终止社区矫正。

被追究刑事责任的缓刑犯，因重新犯罪被羁押时，自羁押之日起，社区矫正终止。

被收监执行原判刑罚的缓刑犯，自被收监执行原判刑罚之日起，社区矫正终止。

缓刑犯在社区矫正期间死亡的，自死亡之日起，社区矫正终止。

第四节　假释犯管理

一、假释犯的概念与特征

假释犯是指被判处有期徒刑或者无期徒刑，在执行一定刑期之后确有悔改表现且没有再犯罪危险，经人民法院裁决而附条件提前释放的罪犯。

《刑法》第八十一条规定："被判处有期徒刑的犯罪分子，执行原判刑期的二分之一以上，被判处无期徒刑的犯罪分子，实际执行十三年以上，如果认真遵守监规，接受教育改造，确有悔改表现，没有再犯罪的危险的，可以假释。如果有特殊情况，经最高人民法院核准，可以不受上述执行刑期的限制。对累犯以及因故意杀人、强奸、抢劫、绑架、放火、爆炸、投放危险物质或者有组织的暴力性犯罪被判处十年以上有期徒刑、无期徒刑的犯罪分子，不得假释。"这一规定表明了假释的基本条件。

假释犯是社区矫正中犯罪性质最复杂、管理周期最长、难度最大的类型。首先，与管制犯、缓刑犯均属犯有轻罪相比，假释犯既包括犯有重罪的人，也包括犯有轻罪的人，他们中一些人的社会危险性程度很大。其次，与暂予监外执行人员相比，假释犯具有相当的行为能力，社会活动范围大，因而危害社会的可能性很大。再次，与其他类型相比，假释考察期较长。一方面，《刑法修正案（八）》增加了对死缓罪犯限制减刑的规定，死缓罪犯经减为无期徒刑后假释考察期将长达 10 年，因此历年积累的假释犯人数将明显拉高假释犯在社区服刑人员中的比例。最后，假释犯一般在监狱度过了少则数年、多则数十年的刑期，他们出狱后重返社会的难度明显大于其他矫正对象。

假释犯具有以下法律特征：

1. 假释犯是被判处有期徒刑、无期徒刑的人员

假释只能适用于剥夺自由刑刑种，对限制自由刑适用所谓的提前释放没有多大价值。将假释犯纳入社区矫正范围，不仅是为了更好地引导其社会行为，帮助其重新回归社会，而且有利于加快监狱的周转率。但是，假释对象不包括累犯以及因故意杀人、强奸、抢劫、绑架、放火、爆炸、投放危险物质或者有组织的暴力性犯罪被判处10年以上有期徒刑、无期徒刑的犯罪分子，这样规定的理由是这些犯罪分子的主观恶性较大，将其放入社区环境很难保证社区的基本安全。

2. 假释犯是已经被监禁较长时间的人员

假释只能适用于已经经过一定时间监禁的犯罪分子。因为只有经过一定的刑罚，才能真正考量犯罪分子是否具有悔罪表现，同时也能由此满足社会报应犯罪的正当情感。按照《刑法》规定，被判处有期徒刑的犯罪分子，执行原判刑期的二分之一以上，才能适用假释；被判处无期徒刑的犯罪分子，实际执行 13 年以上，才能适用假释；至于被限制减刑的死缓罪犯，实际执行刑期不得少于 27 年。

3. 假释犯是确有悔改表现、没有再犯罪危险的人员

根据《刑法》规定，服刑人员认真遵守监规，接受教育改造，确有悔改表现，没有再犯罪危险，才能适用假释。同时，我国《刑法》第八十一条第三款规定："对犯罪分子决定假释时，应当考虑其假释后对所居住社区的影响。"这是《刑法修正案（八）》新近补充的内容，之所以规定这样的内容，是要求在决定是否假释时，要考虑假释可能引起的社会效果，特别是假释对于被害人和当地居民的影响；如果被假释的罪犯在假释后对被害人仍然具有危险性，当地居民也不能接纳，那么，即使符合法律规定的其他条件，也不

能裁定假释。

4. 假释犯是有条件予以提前释放的犯罪分子

假释不是服刑人刑期届满释放，而是附条件提前释放，改变服刑场所，在社区中继续服刑。在我国现有法律框架下，所谓附条件，是指假释犯应当在一定的期限内遵守法律、法规和接受社区矫正，履行服刑义务。如果不履行服刑义务，假释可能被撤销；如果又犯新罪或者在考验期内被发现漏罪，则必须依照数罪并罚原则处理。

二、假释管理程序

在社区矫正中，对于假释犯的管理程序主要包括下列方面：

（一）监狱或看守所启动假释程序

服刑人在因假释而出监、出所之前，监狱或者看守所应当主动联系服刑人在假释后要回去的地区的社区矫正机构和公安机关，商请社区矫正机构对这些人员进行系统评估。在确定假释以后，监狱或看守所应当向假释犯居住地的公安机关核实其居住地址，告知假释犯接受社区矫正并令其作出书面保证；监狱或者看守所应将相关法律文书寄送社区矫正机构和公安机关，告知假释犯将在规定时间内到社区矫正机构登记报到。

（二）社区矫正机构接收假释犯

社区矫正机构应配合监狱或看守所做好假释犯的评估报告和出监、出所的衔接工作，及时联系社区服刑人员，防止对社区服刑人员的脱管、漏管。

假释犯应在规定时间内到社区矫正机构登记报到，签订假释犯社区矫正监督协议书和假释犯社区矫正帮教协议书。社区矫正工作者对假释犯进行谈话教育，了解其基本情况，告知相关法律义务。同时及时向监狱或看守所通报接收情况。

（三）社区矫正机构接收相关法律文书

监狱或看守所在假释犯出监、出所后，将相关法律文书寄送社区矫正机构，社区矫正机构接收假释犯的同时应当验证相关法律文书：刑事判决书、假释裁定书、出监鉴定表、心理评估报告书、出监告知书和接受社区矫正保证书等。在核实相关材料后，社区矫正机构应及时向监狱或看守所寄送回执。

三、假释犯服刑义务

假释犯服刑义务是指立法和裁判对假释犯在假释考验期间必须进行一定行为或者禁止进行某些行为的要求。

我国《刑法》第八十四条规定了假释犯在执行期间应当履行的义务，同时，有关的部门规章在社区矫正方面的有关规定也包含了这方面的内容。据此，可以概括出假释犯在社区矫正期间的服刑义务。如果假释犯在考验期间不遵守相关的服刑义务，就会产生相应的法律后果。

（一）确定假释犯服刑义务的依据

对于假释犯的服刑义务，我国《刑法》和一些规范性文件作出了规定。

1. 我国《刑法》的规定

我国《刑法》第八十四条明确规定了假释犯的服刑义务。

2. 司法部的规定

自开展社区矫正试点工作以来，司法部也发布了部门规章，对假释犯在社区矫正期间的服刑义务作出了规定。司法部《暂行办法》第二十五条，对此作了具体规定。

此外，公安部曾经发布的两个文件即 1995 年 2 月 21 日发布的《公安机关对被管制、剥夺政治权利、缓刑、假释、保外就医罪犯的监督管理规定》第十七条和 1998 年 3 月 18 日发布的《公安机关办理刑事案件程序规定》第二百九十七条，也对假释犯的服刑义务作出了规定。

以上法律和部门规章的规定，为确定假释犯的服刑义务提供了依据。

（二）假释犯服刑义务的主要内容

根据上述立法，假释犯服刑义务的主要内容包括下列方面：

1. 遵守法律和法规的规定

在社区矫正期间，假释犯必须遵守法律、行政法规以及其他相关规定中有关社区矫正等方面的内容，根据规定从事相关活动或者避免从事所禁止的活动。

2. 报到和报告情况

假释犯报到是指被宣告假释的罪犯应当到社区矫正机构履行服刑手续的

活动。假释犯报告情况是指假释犯在履行服刑手续并开始在社区中服刑后根据要求向社区矫正机构汇报自己有关情况的活动。

被人民法院裁定假释之后，假释犯必须在离开监所之日起 7 日内到居住地社区矫正机构报到，履行服刑手续，在社区矫正机构的监督下开始服刑生活。

在服刑过程中，假释犯必须按照要求向社区矫正机构报告自己所在的区域及近期活动情况。在有些地区，还明确要求假释犯以书面方式递交当月的思想、情况汇报和矫正小结，矫正小结的内容包括假释犯参加矫正活动的情况、体会以及存在的不足、努力的方向等。假释犯系文盲的，允许其口述，由社区矫正工作者代为书写，由假释犯签字盖章生效。这些程序性要求看上去注重形式，实质上是要落实对假释犯的管理。

假释犯未在规定时间报到的，社区矫正机构应立即与其亲属及工作单位、居住地的公安派出所、村（居）委会联系，了解其状况。对已离开居住地的，司法所应立即查找，规定时间内仍不能查明下落的，应当通报检察机关；在目前无明确法律授权的情形下，应当同时向公安机关送达脱管通知书，由公安机关追查其行踪，并决定是否提请撤销假释。

3. 迁居需要申请

假释犯应在特定地点居住；未经执行机关允许，不得擅自离开居住地。假释犯迁居应当向社区矫正机构提交包括本人的基本情况、迁居原因、去向等内容的书面申请，社区矫正机构将核实情况后的书面情况报告和审核意见，与假释犯的迁居申请一并交由公安机关审批。假释犯经批准迁居的，原住所地社区矫正机构应及时向迁入地同类部门通报情况，并在规定时间内移交假释犯档案及相关资料。迁入地社区矫正机构在接到档案及相关资料后的规定时间内将假释犯纳入管理范围。

4. 外出请销假

假释犯在社区矫正期间禁止离开相关部门的管理范围。假释犯离开所居住的区（县）时，应当向社区矫正机构提交包括外出事由、外出起止时间、具体的目的地等内容的书面申请，并填写“社区服刑人员外出请假审批表”。社区矫正机构对其核实并签署初步意见后，发给“社区服刑人员外出准假通知书”，同时告知其外出期间需要注意的相关事项和要求。

假释犯经批准外出后，应当按时返回居住地，并在返回后的当日向社区矫正机构报到，并报告外出期间的情况，社区矫正机构应收回“社区服刑人员外出准假通知书”，同时为其办理相关的销假手续，并将其销假情况填入“社区服刑人员外出请假审批表”；如遇特殊原因无法按时返回居住地的，假释犯及监护人应当及时向有关部门报告。

5. 遵守会客规定

假释犯必须服从会客方面的限制和监督。之所以进行这方面的限制和监督，主要是为了预防假释犯进行不良交往和在不良交往中进行新的违法、犯罪行为。一般而言，在社区矫正期间，假释犯不得同同案犯罪人、犯罪被害人、违法/犯罪嫌疑人、吸毒伙伴、有其他不良行为的人员等来往。

同时，还应当看到，立法虽然没有对假释犯规定禁止令，但是，禁止令的很多内容同样适用于假释犯。这是因为，无论是从法律身份等方面来看，还是从实际情况等方面来看，假释犯与缓刑犯都有很多相似甚至是相同之处。从一定意义上讲，仅仅对缓刑犯规定禁止令而没有对具有类似情况的假释犯规定禁止令，是立法的缺陷，希望在未来的社区矫正立法中，能够改善这种状况。

6. 服从监督管理

假释犯应当服从社区矫正工作者的行为监督，接受社区矫正机构的管理，根据社区矫正机构的要求从事一定活动。

此外，还必须注意两个方面：第一，被附加剥夺政治权利的假释犯，还必须遵守被剥夺政治权利并在社会上服刑的剥夺政治权利犯应当履行的服刑义务。第二，假释犯还应当参加作为改造措施的公益劳动。社区矫正机构安排假释犯从事公益劳动时，应当考虑改造需要和假释犯的自身情况等因素。

四、违反服刑义务的法律后果

在社区矫正期间，假释犯如果违反服刑义务，会根据不同情况，承担相应的法律后果。

（一）追究刑事责任

根据《刑法》第八十六条第一款和第二款的规定，在社区矫正期间，如果假释犯进行了新的犯罪行为，或者被发现判决宣告以前还有其他罪没有判决的，应当撤销假释，对新犯的罪或者新发现的罪作出判决，把前罪和后罪所判处的刑罚，依照《刑法》第六十九条关于数罪并罚的规定，决定执行的刑罚。

（二）入监执行刑罚

根据《刑法》第八十六条第三款的规定，在社区矫正期间，如果被假释的犯罪分子有违反法律、行政法规或者国务院有关部门关于假释的监督管理规定的行为，尚未构成新的犯罪的，应当依照法定程序撤销假释，收监执行未执行完毕的刑罚。

（三）承担其他法律责任

在社区矫正期间，如果假释犯进行了轻微的违法行为，会根据不同情况，受到警告、记过、治安处罚等处罚。

五、假释执行的终止

假释犯在社区中接受考验的，应当根据不同法定事由终止假释考验期。

假释犯在社区矫正期间，如果没有进行违反上述服刑义务的行为，那么，在假释考验期满时，就认为原判刑罚已经执行完毕，假释犯应当在矫正期满前 30 日由本人作出书面总结，由社区矫正机构出具相关考核鉴定材料，依照法定程序终止社区矫正。

被追究刑事责任的假释犯，因重新犯罪被羁押时，自羁押之日起，社区矫正终止。

被收监执行刑罚的假释犯，自被收监执行原判刑罚之日起，社区矫正终止。

假释犯在社区矫正期间死亡的，自死亡之日起，社区矫正终止。

第五节　暂予监外执行犯管理

一、暂予监外执行犯的概念与特征

暂予监外执行犯是指被判处有期徒刑或者拘役后因出现法定事由而暂时在监狱外面服刑的罪犯。所谓的“法定事由”，是指《刑事诉讼法》第二百五十四条和《监狱法》第十七条规定的三种情形。

暂予监外执行犯具有下列特征：

（1）所判刑罚的特定性。能够成为暂予监外执行犯的人员，只能是被判处有期徒刑、拘役的罪犯。考虑到暂予监外执行的适用目的以及适用暂予监外执行后的社会危险性，死缓犯、无期徒刑犯在依法被减为有期徒刑之后，也可以适用暂予监外执行，但是在此之前，不得适用暂予监外执行。

（2）具体事由的法定性。能够适用暂予监外执行的具体事由，是由法律明确规定的。根据《刑事诉讼法》第二百五十四条和《监狱法》第十七条的规定，暂予监外执行主要适用于三种情况：罪犯有严重疾病需要保外就医的；怀孕或正在哺乳自己婴儿的妇女；生活不能自理，适用暂予监外执行不致危害社会的罪犯。在第一类对象中，如果保外就医可能明显危及社会安全，或者自伤自残的，均不得监外执行。

（3）相关主体的差异性。这意味着，暂予监外执行的决定主体和执行主体是不同的。目前决定暂予监外执行的主体可以是法院，也可以是省级监狱管理机关。居住地的公安机关负责处理暂予监外执行罪犯的法律事务，司法行政机关负责这类对象的日常行为管理。基层组织或罪犯的原所在单位协助监督。

（4）行刑方式的因变性。这是指暂予监外执行要根据罪犯自身情况的变化而作相应改变的特性。暂予监外执行只是由于相关法定事由的出现而暂时将罪犯置于监管场所外，服刑人的法律身份不会因此有所改变。当暂予监外执行犯进行监外执行的法定事由消除时，例如，疾病痊愈、身体恢复健康、怀孕妇女分娩并且过了哺乳期，那么，就要改变监外执行的状况，将暂予监外执行犯收监执行所判刑罚。

（5）社区矫正的辅助性。这是指要根据暂予监外执行犯的具体情况开展一定的社区矫正工作的特性。应当指出的是，对于暂予监外执行犯而言，他们在社区中的主要活动或者任务，是治疗疾病或者养育胎儿、哺乳婴儿；社区矫正机构进行的社区矫正工作，要根据他们在这方面的情况和需要来安排，不能不顾他们的主要任务而强迫他们参加有关的社区矫正活动。目前，我国的社区矫正内容主要包括监督管理、教育矫正和帮困扶助三个主要方面，对于暂予监外执行犯而言，社区矫正机构开展的社区矫正工作主要应当围绕监督管理和帮困扶助进行。之所以进行“监督管理”，是为了预防他们在暂予监外执行期间进行新的危害行为；之所以进行“帮困扶助”，是为了帮助他们解决所遇到的问题和困难，预防他们因为自己无法解决这些问题和困难而再次进行违法、犯罪行为。至于“教育矫正”工作，可以根据具体情况进行，不宜把教育矫正作为硬性任务对待，不宜不分场合地对正在治疗严重疾病或者怀孕、哺乳的妇女进行教育矫正活动。

二、暂予监外执行管理程序

暂予监外执行管理程序主要是指有关机构之间的交接程序。具体而言，是指法院或者监狱与社区矫正机构之间的工作交接程序。前者是指在审判后进行交接的程序，后者是指在刑罚执行期间进行交接的程序，即监狱管理机关根据犯罪人的身体状况决定保外就医或者监外执行时进行交接的程序。针对两种情形设置的程序有所不同。

（一）法院与社区矫正机构的交接程序

当判处监禁刑罚的判决生效之后，如果罪犯存在法定事由，人民法院可以根据罪犯的身体状况或者哺育后代需要裁定暂予监外执行。这时，就产生了在人民法院与社区矫正机构之间进行交接的必要，需要按照规定的程序进行交接。

根据有关解释，无论是因严重疾病需要暂予监外执行的，还是因怀孕需要暂予监外执行的，都必须由县级以上医院出具证明；正在哺乳自己婴儿，应予监外执行的，应由乡镇派出所出具证明，原判人民法院据此作出裁定。

人民法院应当在7日内将相关法律文书送达罪犯居住地的社区矫正机构，以免因工作交接上的疏漏导致服刑人脱管。

（二）监狱与社区矫正机构的交接程序

对于在监狱服刑期间被批准暂予监外执行的罪犯，监狱应当在暂予监外执行罪犯离开监所前，核实其居住地，告知其按照规定的时间向居住地社区矫正机构报到，接受社区矫正，并令其作出书面保证。

对暂予监外执行的罪犯，监狱应当在批准暂予监外执行之日起 7 日内，将有关法律文书和其他相关材料送达罪犯居住地公安派出所和社区矫正机构。

批准暂予监外执行的机关应当将批准的决定抄送人民检察院。人民检察院认为暂予监外执行不当的，应当自接到通知之日起 1 个月以内将书面意见送交批准暂予监外执行的机关，批准暂予监外执行的机关接到人民检察院的书面意见后，应当立即对该决定进行重新核查。

三、暂予监外执行犯服刑义务

暂予监外执行犯服刑义务是指立法和裁判对暂予监外执行犯在暂予监外

执行期间必须进行一定行为或者禁止进行某些行为的要求。

根据《刑事诉讼法》和社区矫正方面的有关规定，暂予监外执行犯在暂予监外执行期间，应当遵守以下服刑义务：① 遵守国家法律、法规和社区矫正工作有关规定；② 在指定的医院接受治疗；③ 确因治疗、护理的特殊要求，需要转院或者离开居住区域的，应当报告司法所，并经公安机关批准；④ 进行治疗以外的社会活动应当向司法所报告，并经公安机关批准；⑤ 遵守其他具体的监督管理措施，服从管理。

不过，在一些地方的规范性文件中，对于暂予监外执行犯规定了更多的服刑义务。例如，上海市司法局和上海市公安局 2005 年 1 月 14 日发布的《上海市社区服刑人员分类矫正暂行规定》第七条规定，暂予监外执行的社区服刑人员，在社区矫正期间应当遵守下列规定：① 遵守法律、行政法规和社区矫正的有关规定；② 在指定的医院接受治疗；③ 确因治疗、护理的特殊要求，需要转院或者离开本区（县）当日不回居住地的，应当报告司法所（科），并经公安机关批准；④ 每月书面报告自己的活动情况；进行治疗以外的社会活动应当事前向司法所（科）报告，并经公安机关批准；⑤ 每月接受个别教育不少于 2 次；⑥ 每月参加集中教育学习不少于 1 次；⑦ 遵守其他具体的监督管理措施。

又如，江苏省高级人民法院等 11 个部门 2008 年 1 月 9 日联合发布的《江苏省社区矫正工作办法》第二十二条和第二十四条规定，暂予监外执行犯应当遵守下列规定：① 按时到户籍地（经常居住地）司法所报到；② 遵守法律、法规，服从监督管理；③ 参加学习、教育和公益劳动、公益活动；④ 定期报告自己的思想、活动情况；⑤ 在指定的医院接受治疗；⑥ 确因治疗、护理的特殊要求，需要转院的，应当报告司法所，并经县（市、区）司法行政部门批准；⑦ 进行治疗以外的社会活动的，应当报告司法所，并经县（市、区）司法行政部门批准；⑧ 遵守其他监督管理规定。

这些地方性的规定，可供完善暂予监外执行犯服刑义务和制定社区矫正立法时参考。

四、违反服刑义务的法律后果

在社区矫正期间，暂予监外执行犯如果违反服刑义务，会根据不同情况，承担相应的法律后果。

（一）追究刑事责任

根据立法精神和刑事法学的基本原则，在社区矫正期间，如果暂予监外执行犯进行了新的犯罪行为，或者被发现判决宣告以前还有其他罪没有判决的，应当撤销暂予监外执行，对新犯的罪或者新发现的罪作出判决，把前罪和后罪所判处的刑罚，依照《刑法》第六十九条关于数罪并罚的规定，决定执行的刑罚，并且收监执行这些刑罚。

（二）收监执行刑罚

在社区矫正期间，如果发现暂予监外执行犯进行违反服刑义务的行为，但是又不构成新的犯罪的，应当收监执行刑罚。

对于究竟在进行哪些违反服刑义务的行为时应当收监执行刑罚的问题，一些地方作出了自己的规定。例如，北京市高级人民法院、北京市人民检察院、北京市公安局、北京市司法局 2008 年 7 月 1 日印发的《关于对社区服刑罪犯撤销缓刑、撤销假释、决定收监执行工作的规定（试行）》第四条规定，在暂予监外执行期间，具有下列情形之一的，应依法撤销缓刑、撤销假释、决定收监执行：① 犯新罪、漏罪的；② 被劳动教养、收容教育、收容教养、强制隔离戒毒、行政拘留、司法拘留的；③ 被治安罚款或者治安警告，情节严重的；④ 被治安罚款或者治安警告，虽不情节严重，但被社区矫正记过一次或者社区矫正警告二次的；⑤ 被社区矫正记过二次或者社区矫正警告三次，或者二项累计三次的；⑥ 涉嫌的新罪、漏罪经查仅构成违法行为，公检法机关撤销案件、不起诉、撤回起诉、准予撤回起诉、按撤回起诉处理的，公安、司法行政机关对此违法行为采取行政强制措施、处罚，达到上述规定次数的；⑦ 有其他违法行为被处罚，或者上述处罚虽未达到规定次数，但人身危险性增大，社会反应强烈的。该规定第五条规定，在暂予监外执行期间，具有下列情形之一的，亦应决定收监执行：① 骗取暂予监外执行的，或者自伤、自残、欺骗拖延暂予监外执行时间的；② 未经批准离开居住地区县、迁居，或者逾期未归、脱管的；③ 保外就医后不就医的，或者暂予监外执行具保人丧失具保能力、资格，又无新具保人的；④ 罪犯疾病痊愈、病情基本好转可以收监的，或者期限届满不符合续期条件的；⑤ 有暂予监外执行情形消失的其他情况。

上述地方性规定，可供完善收监执行刑罚的恰当条件和制定社区矫正立法时参考。

（三）承担其他法律责任

在社区矫正期间，如果暂予监外执行犯进行了轻微的违法行为，会根据不同情况，受到警告、记过、治安处罚等处罚。

五、暂予监外执行的终止

在社区矫正中，会根据不同法定事由终止暂予监外执行。

暂予监外执行犯在社区矫正期间，如果没有进行违反上述服刑义务的行为，那么，在刑期届满时，就认为原判刑罚已经执行完毕，暂予监外执行犯应当在矫正期满前 30 日由本人作出书面总结，由社区矫正机构出具相关考核鉴定材料，依照法定程序终止社区矫正。

被追究刑事责任的暂予监外执行犯，因重新犯罪被羁押时，自羁押之日起，社区矫正终止。

由于违法、违规行为而被收监执行刑罚的暂予监外执行犯，自被收监执行刑罚之日起，社区矫正终止。

暂予监外执行的情形消失后，罪犯刑期未满的，应当及时收监。由于暂予监外执行的情形消失而被收监的，自罪犯被收监执行刑罚之日起，社区矫正终止。

暂予监外执行犯在社区矫正期间死亡的，自死亡之日起，社区矫正终止；如果暂予监外执行犯是从监狱出来的，那么，社区矫正机构应当及时通知监狱。

第六节　剥夺政治权利犯管理

一、剥夺政治权利犯的概念与特征

剥夺政治权利犯是指被法院依法剥夺了参与国家管理和政治活动权利的罪犯。

在社区矫正中，剥夺政治权利犯是指被法院依法剥夺了参与国家管理和政治活动权利并在社会上服刑的罪犯。

在一些社区矫正文献和一些地方的社区矫正实践中，剥夺政治权利犯往往被简称为“剥权犯”。

社区矫正中所讲的剥权犯，具有下列特征：

（一）剥权犯是被判处剥夺政治权利并在社会上服刑的罪犯

首先，剥权犯是被判处剥夺政治权利的罪犯。根据《刑法》规定，几乎可以对所有的犯罪分子判处剥夺政治权利刑罚，而且，对于某些犯罪分子，必须附加判处剥夺政治权利。根据《刑法》第五十六条和第五十七条的规定，对于危害国家安全的犯罪分子应当附加剥夺政治权利；对于被判处死刑、无期徒刑的犯罪分子，应当剥夺政治权利终身。但是，并非所有的剥权犯都是社区矫正对象。

其次，剥权犯是指在社会上服刑的罪犯。只有那些被判处剥夺政治权利并且在社会上服刑的罪犯，才是社区矫正对象。这是由社区矫正的社区性决定的，是社区矫正与其他刑罚执行方式在选择行刑对象方面的重大区别。不在社会上服刑的剥权犯，不是社区矫正对象。

（二）剥权犯是社区矫正对象之一

剥权犯应当属于社区矫正对象之一，是社区服刑人员的一种类型。不过，对于剥权犯是否属于社区矫正对象的问题，一些规范性文件、部门规章采取了与《刑法》规定不同的态度。2003 年 7 月 10 日发布的两院两部《通知》、2009 年 9 月 2 日发布的两院两部《意见》以及 2004 年 5 月 9 日印发的司法部《暂行办法》，均把剥权犯作为社区矫正对象之一；2005 年 1 月 20 日发布的两院两部《扩大试点范围通知》未对以前的文件提出异议，实际上也承认剥权犯是社区矫正对象之一。但是，2011 年 2 月 25 日通过的《刑法修正案（八）》尽管明确规定对管制犯、缓刑犯和假释犯依法行使社区矫正，但是，却没有明确规定对剥权犯实行社区矫正。如何理解这种差异？经询问一些参与《刑法修正案（八）》立法讨论的学者，得到了这样的回答：对于剥权犯不需要进行社区矫正，因此，在《刑法修正案（八）》中没有规定对剥权犯实行社区矫正。

对社区矫正的这种理解是不恰当的。实际上，2009 年 9 月 2 日发布的两院两部《意见》对社区矫正制度的重大贡献之一，就是把社区矫正的基本内容归纳为三个方面：教育矫正、监督管理和帮困扶助。对于剥权犯而言，法律没有规定对他们进行教育矫正的内容，因此，可以不对他们进行这方面的社区矫正工作，但是，对剥权犯进行监督管理和帮困扶助是完全有必要的。

就监督管理而言，剥权犯在社会上服刑期间，是否行使了依法被剥夺的权利，需要有关部门加以管理，如果将他们纳入社区矫正的范围，社区矫正机构就可以很好地履行这方面的监督管理职能，确保剥权犯不非法行使已经被剥夺的政治权利。

就帮困扶助而言，对在社会上服刑的剥权犯开展这方面的社区矫正工作，更是有百利而无一害。剥夺政治权利属于附加刑，既可以附加适用，也可以独立适用。在社会上服刑的剥权犯，主要有三种情况：① 被独立适用剥夺政治权利的剥权犯；② 在判处非监禁刑时附加剥夺政治权利的剥权犯，例如，在判处管制刑时附加剥夺政治权利的罪犯；③ 在判处监禁刑时附加剥夺政治权利的剥权犯，在监禁刑执行完毕或者被假释后开始在社会上执行剥夺政治权利。无论是哪一类剥权犯，他们在社会上服刑期间，都有可能遇到自己无法克服的就业、就学、生活等方面的问题和困难。在过去，由于缺乏帮助服刑罪犯的观念和制度，这些人如果遇到自己难以克服的问题和困难，很有可能在绝望状态下重蹈覆辙，再次进行违法、犯罪行为。在开展社区矫正工作的过程中，当他们遇到个人无法解决的问题和困难时，如果能够得到社区矫正机构及时、有效的帮助，使他们的问题和困难能够顺利得到解决，那么，不仅在刑罚执行工作中体现了人道主义精神，在刑罚执行工作中贯彻了“以人为本”的理念，而且可以最大限度地预防他们在绝望状态中再次进行违法、犯罪行为。这种对剥权犯和国家、社会都有利的社区矫正工作，有什么理由不进行呢？

因此，那种认为剥权犯不需要社区矫正的看法，是值得商榷的。《刑法修正案（八）》没有规定对剥权犯实行社区矫正，是立法不周全的表现，是立法者对社区矫正工作的认识偏差造成的。希望在未来的刑事立法中，特别是在“社区矫正法”的制定过程中，能够圆满地解决这个问题。

二、剥夺政治权利管理程序

在社区矫正中，剥夺政治权利管理程序主要包括下列内容：

（一）判决与释放

对于被独立适用剥夺政治权利的剥权犯和在判处非监禁刑时附加剥夺政治权利的剥权犯，人民法院在判处剥夺政治权利时和在宣判之前，应当向固定居住地的派出所核实其居住地址，派出所应当配合人民法院核实其居住地址。

人民法院在宣判时，应当告知其必须接受社区矫正，并当庭作出书面保证。被告人或罪犯系未成年人的，由其监护人作出保证。

人民法院对被判处剥夺政治权利的被告人，应当发给并宣读“社区矫正告知书”，告知其在判决生效后或决定作出后 7 日内持刑事判决书到固定居住地社区矫正机构办理登记手续，对于在判处监禁刑时附加剥夺政治权利的罪犯，在监禁刑执行完毕或者被假释后开始在社会上执行剥夺政治权利的，监狱应当在剥权犯刑满释放前，核实其居住地，告知其在释放之日起 7 日内向居住地社区矫正机构报到，接受社区矫正，并令其作出书面保证。

（二）报到与接收

被单独判处剥夺政治权利或者附加剥夺政治权利并在服完主刑后释放的剥权犯，应当在判决发生法律效力之日起 7 日内或者离开监所之日起 7 日内到居住地社区矫正机构报到。

社区矫正机构应当及时接收剥权犯，予以登记，建立档案，对其进行谈话教育，告知其社区服刑人员的权利、义务。

（三）法律文书交接

人民法院对被告人单独判处剥夺政治权利或者判处非监禁刑附加剥夺政治权利后，应当在判决生效之日起 7 日内，将有关文书材料寄至其居住地的公安派出所和社区矫正机构。

监狱应当自剥权犯刑满释放之日起 7 日内，将有关文书材料寄至其居住地的公安派出所和社区矫正机构。

三、剥夺政治权利犯服刑义务

剥夺政治权利犯服刑义务是指立法和裁判对剥权犯在社会上服刑期间必须进行一定行为或者禁止进行某些行为的要求。

根据《刑法》第五十四条的规定，剥权犯在社区矫正期间，不得行使下列权利：① 选举权和被选举权；② 言论、出版、集会、结社、游行、示威自由的权利；③ 担任国家机关职务的权利；④ 担任国有公司、企业、事业单位和人民团体领导职务的权利。

除了《刑法》的规定之外，司法部《暂行办法》第二十七条也规定了剥权犯在社区矫正期间应当履行的服刑义务：被判处剥夺政治权利的社区服刑人员，在社区矫正期间应当遵守下列规定：① 遵守法律、行政法规和社区矫正有关规定，服从监督管理；② 不得享有选举权和被选举权；③ 不得组织或者参加集会、游行、示威、结社活动；④ 不得出版、制作、发行书籍、音像制品；⑤ 不得接受采访、发表演说；⑥ 不得在境内外发表有损国家荣誉、利益或者其他具有社会危害性的言论；⑦ 不得担任国家机关职务；⑧ 不得担任国有公司、企业、事业单位和人民团体的领导职务；⑨ 遵守其他具体的监督管理措施。

此外，一些地区的规范性文件也对剥权犯规定了一些服刑义务。例如，上海市司法局和上海市公安局 2005 年 1 月 14 日发布的《上海市社区服刑人员分类矫正暂行规定》第八条规定，被判处剥夺政治权利的社区服刑人员，在社区矫正期间应当遵守以下规定：① 遵守法律、行政法规和社区矫正的有关规定，服从司法行政机关的监督管理；② 不得享有选举权和被选举权；③ 不得组织或者参加集会、游行、示威、结社活动；④ 不得出版、制作、发行书籍、音像制品；⑤ 不得接受采访，发表演说；⑥ 不得在境内外发表有损国家荣誉、利益或者其他具有社会危害性的言论；⑦ 不得担任国家机关职务；⑧ 不得担任国有公司、企业、事业单位和人民团体的领导职务；⑨ 每月接受个别教育不少于 1 次，并报告活动情况；⑩ 遵守其他具体的监督管理措施。

又如，江苏省高级人民法院等 11 个部门 2008 年 1 月 9 日联合发布的《江苏省社区矫正工作办法》第二十五条、第二十二条规定，在社区矫正期间，剥权犯除了履行《刑法》规定的服刑义务之外，还应当履行下列义务：① 按时到户籍地（经常居住地）社区矫正机构报到；② 遵守法律、法规，服从监督管理；③ 参加学习、教育和公益劳动、公益活动；④ 定期报告自己的思想、活动情况；⑤ 遵守其他监督管理规定。

对剥权犯服刑义务的规定，明显属于《立法法》第八条第四款规定的“犯罪和刑罚”事项，而这类事项只能通过国家法律规定，因此，严格来说，只有《刑法》第五十四条规定的内容，才是剥权犯在社区矫正期间必须履行的服刑义务；部门规章和一些地方性的规定，可以作为完善社区矫正制度和制定社区矫正立法时的参考。

四、违反服刑义务的法律后果

剥权犯违反服刑义务的，应当根据其行为的性质和程度承担相应的法律责任。

（一）追究刑事责任

剥权犯在社区矫正期间再度触犯刑法、构成犯罪的，要撤销原判决，在确定新罪应判刑罚的基础上，根据数罪并罚的原则，确定执行的刑罚，追究剥权犯的刑事责任。

（二）给予治安处罚

剥权犯在社区矫正期间进行了违反法院判处的禁止令但是不构成犯罪的行为的，由公安机关予以治安管理处罚。

（三）承担其他法律责任

剥权犯在社区矫正期间进行了既不构成犯罪也不违反治安管理处罚法的轻度违反服刑义务的行为时，他们会承担其他形式的法律责任。例如，受到社区矫正机构的警告，或者由社区矫正机构提请有关部门给予警告，或者受到社区矫正机构的记过处分等。

五、剥夺政治权利执行的终止

对于剥夺政治权利的期限，在判决书中明确规定，对剥权犯实行社区矫正的期限，就是剥夺政治权利的实际期限。被判处剥夺政治权利并在社会上服刑的剥权犯，在社会上服刑期间，完全履行了规定的服刑义务，那么，服刑期满时社区矫正就自然结束。剥权犯应当在矫正期满前30日作出书面总结，社区矫正机构应当出具相关考核鉴定材料，依照法定程序终止社区矫正。

在社区矫正期间，剥权犯因重新犯罪被羁押的，自羁押之日起，社区矫正终止。

在社区矫正期间，剥权犯死亡的，自死亡之日起，社区矫正终止。

第五章　特别类型人员社区矫正

第一节　未成年社区服刑人员社区矫正

一、概　述

未成年社区服刑人员是指未达到法定成年年龄的社区服刑人员。根据我国法律规定，法定成年年龄是18周岁（《宪法》第三十四条、《民法通则》第十一条）。

未成年社区服刑人员具有下列特点：

（一）数量较少

未成年社区服刑人员与特别类型中的女性及老年社区服刑人员相比数量较少，在社区服刑人员总数中所占比例较小。根据司法部2011年3月底的统计，在全部社区服刑人员中，18周岁以下的未成年社区服刑人员8 626人，占社区服刑人员总数的2.8%，女性社区服刑人员占总数的8.3%，老年社区服刑人员占总数的3.3%。[①]从司法部的统计数据来看，未成年社区服刑人员占社区服刑人员总数的百分数低于女性社区服刑人员和老年社区服刑人员所占比例。

（二）可塑性强

未成年社区服刑人员是一个可塑性较强的特殊社区服刑人员群体。他们正处在从儿童阶段向成人阶段过渡的人生过渡时期[②]，一方面度过了儿童期，摆脱了对父母和其他关系密切成人的依赖，另一方面还没有进入成年期，因此，他们在各方面都不成熟：他们的各种社会心理品质正处在形成过程之中，人生观、价值观等还不固定，人格尚未形成。而且，由于缺乏社会经验和相

① 参见司法部社区矫正管理局：《社区矫正工作简报》，2011年11月。

② 有的研究者根据未成年犯处在人生过渡期的特征，提出了“过渡期罪犯”的概念，用来指未成年犯。参见叶胜生：《过渡期罪犯管理初探》，载《中国监狱学刊》2007年第2期，第87-89页。

关知识，他们对于事物的认识和判断能力较差，在形成认识和做出决定的时候，往往要参照别人的情况。这些都决定了未成年社区服刑人员具有较强的可塑性。由于这个特点，在对未成年社区服刑人员的管理中，要十分重视对他们的启发和教育，期望通过这方面的活动引导他们向社会需要的方向发展。

（三）控制力差

未成年社区服刑人员也是一个自我控制能力较差的特殊社区服刑人员群体。由于未成年社区服刑人员正处在生理的快速发育和生长阶段，新陈代谢功能强，精力旺盛，很容易产生冲动行为。这种状况与他们认识能力低、社会经验不足的情况相结合，使得未成年社区服刑人员的自我控制能力较差，导致未成年社区服刑人员很容易在周围环境的影响下进行不良行为。未成年社区服刑人员的这些特点，给监督、改造工作带来重大挑战。

（四）结群性强

未成年社区服刑人员还是一个结群性较强的特殊社区服刑人员群体。结群性是指个人愿意与他人交往并结为群体的倾向。由于未成年社区服刑人员的社会经验不足、判断能力差，他们往往难以独立地认识事物和做出决定，而是往往需要借助他人来形成认识、做出判断和证实自己的价值。这就使得未成年社区服刑人员在社会生活中更愿意依赖他人，愿意和别人结为关系密切的群体。不仅在实施犯罪行为的过程中是如此，在犯罪之后的社区矫正期间也是如此。这一特点也给未成年社区服刑人员的监督和管理带来大量问题。

二、社区矫正的关键环节

对未成年社区服刑人员开展社区矫正，应当重视一些与成年犯有所不同的关键环节：

（一）重视审前调查

审前调查是在审理有关刑事案件之前进行的有关调查工作。

恰当认识未成年人犯罪案件，是科学处置未成年人犯罪案件的重要基础，也是对未成年犯罪人恰当适用非监禁刑的基本前提。为了帮助法官恰当地认识和科学地处理未成年人犯罪案件，在对未成年人犯罪案件作出处理之前进行有关的调查，是很有必要的。国外已经普遍建立了这样的调查制度，这样的调查制度被称为“处置前调查制度”（pre-disposition investigation system），调查之后撰写的报告被称为“处置前调查报告”[①]（pre-disposition report），相当于成人刑事司法制度中的“量刑前调查报告”（pre-sentencing investigation report）。

不过，假如仅仅把这类调查制度局限于或者命名为“处置前调查制度”或者“量刑前调查制度”，范围似乎过于狭窄，功能也受限制。[②]从多方面来看，把这种制度称为“审前调查制度”更为恰当，主要理由是：第一，这类调查的结果，不仅对于审判活动的结果——处置未成年犯罪人具有重要作用，而且对于未成年人犯罪案件的审判活动本身具有重要作用，因此，调查活动需要向前延伸，而不能仅仅局限于处置前或者量刑前。第二，把这类调查制度称为“审前调查制度”，比称为“量刑前调查制度”更为恰当，因为在审判的过程中不仅会作出量刑决定，还会作出其他的处理决定，调查结果对于量刑和其他处理结果都有影响作用。而且，如果具备相关条件的话，应当鼓励对未成年犯罪人作出非刑罚处理决定。

把这类调查制度称为“社会调查制度”，似乎也有问题。首先，从名称来看，缺乏针对性。这类调查是针对犯罪与犯罪人进行的调查，而不是对一般性社会问题进行的调查，“社会调查制度”的名称缺乏与犯罪和犯罪人的关联性。其次，从内容来看，缺乏准确性。这类调查的内容不仅包括未成年犯罪人的社会背景等方面的情况，也包括他们自身的情况，而“社会调查制度”的名称忽视了后者。最后，从目的来看，缺乏指向性。这类调查是为了恰当处理犯罪案件，而不是解决一般性的社会问题，“社会调查制度”的名称缺乏明确的指向性。

做好审前调查，是恰当处理未成年人犯罪案件的重要基础。通过审前调查，清楚了解犯罪事实之外的更多内容，包括未成年犯罪人的犯罪原因、既往历史、性格特征、学业情况、社会交往、兴趣爱好、行为习惯、身体和心理健康状况、家庭情况、就学情况、就业情况、社区环境情况以及被害人的情况等，可以为法庭恰当处理案件提供必要的参考信息。

不过，对于究竟由什么人从事审前调查，各地做法并不统一。在一些地

---

① Rolando V. del Carmen & Chad R. Trulson, *Juvenile justice: The system. process, and Law*, Belmont, CA: Thomas Wadsworth, 2006, p. 22.

② 国内有的学者提出建立“未成年被告人判前社会调查制度”，存在同样的问题。参见刘颖、邓华：《未成年被告人判前社会调查制度的建构》，载《大庆师范学院学报》2010 年第 2 期，第 54-56 页。

区，由基层司法所的社区矫正官（司法助理员）从事审前调查；在另一些地区，由专业的社会工作者从事审前调查。

审前调查的结果体现在审前调查报告中。所谓审前调查报告，就是由审前调查机构撰写的表明审前调查情况的正规文书。审前调查报告至少应当包括 3 部分：① 事实陈述。这一部分应当详细、具体地说明对有关事实进行调查的结果。② 处理建议。这一部分应当提出审前调查机构对于如何处理未成年犯罪人的具体建议，包括免予刑事处罚的建议、如何具体量刑的建议等。③ 矫正建议。这一部分应当提出对未成年犯罪人进行不同处理后应当采取的帮助、教育等方面的建议。例如，如果对未成年犯罪人免予刑事处罚，未成年犯罪人的父母以及有关部门等应如何矫正未成年犯罪人；如果对未成年犯罪人判处非监禁刑，应当采取怎样的社区矫正措施等。

（二）作出恰当判决

未成年犯应当是实行社区矫正的重点对象，只要符合法律规定，具备相关的监管等条件，就应当判处管制、宣告缓刑等，实行社区矫正。但是，如果不具备相关条件，就不能硬性地对未成年犯罪人实行社区矫正。由于未成年犯罪人具有自控能力较差、逆反心理较重、判断能力较弱、行为容易冲动等特点，仅仅出于善良动机而判处管制或者宣告缓刑等，很有可能使他们在缺乏必要管束的情况下，进行更加严重的违法、犯罪行为，从而产生和审判人员预期相反的结果。

在当代社会中，能否完成学业对个人一生影响重大，而未成年犯罪人往往处在完成学业的关键年龄，因此，审判人员应当积极创造条件，尽量作出不中断未成年犯罪人学业的判决。这里的“条件”主要是指判决后的监管条件、被害人的谅解等。

（三）落实行为监管

社区矫正的重要内容是对社区服刑人员实行监督管理，对于未成年犯罪人而言，做好行为监管工作，尤其重要。这是因为，对于自控能力较差、社会经验不足、行为容易冲动的未成年犯罪人来讲，他们同时也存在抵御诱惑能力较弱、容易进行不良交往、在遇到合适的机会时难以自我约束和发生越轨行为的较大可能性等缺点。因此，如果不加强监管，不落实对他们的行为监管措施，他们很有可能在自由的行为状态中进行新的违法、犯罪行为。在社区矫正中，社区矫正机构要根据未成年犯罪人的情况，具体落实社区矫正工作者、家庭、学校、工作单位、社区等不同方面对未成年犯罪人的行为监管措施，将未成年犯罪人的日常行为纳入严密的监管之中，消除监管盲点，使未成年犯罪人处在不断的监督之下，这样，就可以大大减少他们发生新的违法、犯罪行为的机会。

（四）开展矫正教育

对未成年犯罪人的社区矫正应当重视对他们的矫正教育。要根据未成年犯罪人的身心特点以及学习、工作等情况，完善教育矫正措施和方法，加强对未成年社区服刑人员的思想教育、法制教育、社会公德教育，组织有劳动能力的未成年社区服刑人员参加公益劳动，增强其认罪、悔罪意识，提高社会责任感。

同时，针对未成年犯罪人处在人生过渡时期、心理问题较多的特点，社区矫正应当在矫正过程中，加强对未成年犯罪人的心理矫正工作，采取多种形式对未成年社区服刑人员进行心理健康教育，提供心理咨询和心理矫正，促使其顺利回归和融入社会。特别是要指导未成年社区服刑人员解决心理和情绪问题，戒除不良行为习惯，还要帮助他们树立恰当的价值观念，学习心理健康知识和维护心理健康的技巧，学会良好的生活方式，形成有益的行为习惯，从而促使他们完成社会化。为了有效进行这方面的工作，社区矫正应当聘用具备心理学知识和技能的专业心理工作者、社会工作者，仅有法学知识的人员难以胜任这方面的工作。

（五）进行帮困扶助

未成年犯罪人往往存在多方面的困难和问题，开展社区矫正需要对存在困难和问题的未成年社区服刑人员进行帮困扶助工作。在这方面，一些地方做了有益的尝试（参见专栏 5-1）。

（六）避免过多干预

对未成年犯罪人进行社区矫正的根本目的，不是惩罚他们，对他们进行报复，而是避免他们重新犯罪和帮助他们顺利成长。为此，在社区矫正工作中，应当避免对他们的正常学习和生活进行过多的干预。凡是有可能影响他们正常学习和生活的活动，都应当尽量避免。例如，监管方面的措施等不应当妨碍他们的正常学习和生活；心理矫正工作应当尽量在闲暇时进行；公益劳动一类的活动应当在节假日进行。如果确实需要开展有关的社区矫正活动，那么，在开展活动时，应当尽量避免让无关的人知道他们的真实身份，活动应当以正面的、积极的名义和方式进行，从而鼓励未成年社区服刑人员树立自信，避免他们由此而产生心理阴影和消极情绪。

专栏 5-1　　江苏盐城的"五帮工程"①

据调查，未成年矫正对象的闲散比例高达 61.2%，他们的文化程度普遍偏低，文盲、小学和初中文化水平的占了 97%。对此，应发挥矫正工作志愿者等社会力量的作用，实施"五帮工程"，力求未成年矫正对象回归社会"软着陆"：一帮学。对未完成义务教育的，督促其法定监护人，并帮助协调有关学校，使未成年人继续接受义务教育。二帮困。对特困人员要重点帮扶，争取民政部门落实救济政策，同时，帮困重帮"志"，要帮助未成年矫正对象树立远大志向。三帮教。帮教重帮"法"，对未成年矫正对象进行跟踪教育，督促他们遵纪守法。四帮就业。在劳动部门的帮助下，对有就业愿望的矫正对象开展职业技能培训，为其今后的顺利就业创造条件。五帮家。定期家访，帮助未成年矫正对象回归家庭生活，使他们感受到父母、亲人的关爱，感受到家庭的温暖。

三、禁止令的适用与执行

禁止令是指法院对罪犯判处的禁止他们在执行期间从事特定活动，进入特定区域、场所，接触特定人的判令。

在我国《刑法》中，禁止令是 2011 年 2 月 25 日通过的《刑法修正案（八）》所新设立的刑法制度。根据《刑法修正案（八）》的规定，对于被判处管制或者被宣告缓刑的犯罪分子，法院可以根据犯罪情况同时适用禁止令。2011 年 4 月 28 日，最高人民法院、最高人民检察院、公安部、司法部联合发布《关于对判处管制、宣告缓刑的犯罪分子适用禁止令有关问题的规定（试行）》，对如何适用禁止令作出了具体的规定。自 2011 年 5 月 1 日开始，各地审判机关陆续根据上述规定，适用禁止令。

从审判实践来看，对未成年犯罪人适用禁止令的情况较为多见。这类禁止令特别适合那些具有缺乏自我控制能力、养成不良嗜好、有很强的结群性等特征的未成年犯罪人。例如，审判机关已经对多个有"网瘾"的未成年犯罪人适用禁止令（参见专栏 5-2、专栏 5-3）。

① 崔刚：《"矫正套餐"：对未成年社区矫正对象实施个性化管理》，载《中国社会报》2007 年 1 月 25 日，第 2 版。

专栏 5-2 沉迷网游抢劫 重庆一少年被判缓刑禁入网吧[①]

因迷恋上网，在花光所有零花钱后，年仅 17 岁的彭某竟铤而走险，与他人共谋抢劫。2011 年 5 月 9 日，重庆市沙坪坝区人民法院以抢劫罪判处彭某有期徒刑一年零三个月，宣告缓刑一年零六个月，并处罚金 1 000 元。同时，法院还向彭某发出禁止令，禁止其在缓刑考验期一年内，进入网吧上网、逗留。这是《刑法修正案（八）》生效后，该院首次适用禁止令。

2010 年 11 月 13 日，彭某在与两兄弟商量后，在沙坪坝区上桥立交桥下伺机作案。18 时许，一女子路过彭某，彭某见其只身一人，遂上前抢夺其挎包后逃离现场。事后，彭某对被害人的 2 200 元损失进行了赔偿。

案件受理后，该院法官通过庭前社会调查了解到，彭某父母文化程度较低，迫于生计忙于养家糊口，对其关心、交流沟通不足，致使其在缺乏家长和学校有效监管的条件下，贪恋上网打游戏等消费活动。对其犯罪心理调查发现，彭某走上犯罪道路的心理原因主要在于家庭教养方式不当，对犯罪存在侥幸心理；人格存在缺陷，人际关系敏感，具有一些偏执性的思维特征。

在充分依托社会调查报告、心理干预报告、被告人供述及其法定代理人陈述的基础上，了解到其抢劫和获取经济来源与贪恋上网打游戏有很大关系，而对于此次犯罪，彭某现已有悔罪心理，也认识到其严重后果，认罪认罚，表示以后将不再做违法、犯罪的事情。因此，在对其上网行为作出适当禁止后，并对其监护人发出监管建议，要求监护人积极履行监管职责，监督被告人彭某在缓刑考验期间，积极参加社区组织的无偿公益劳动，遵纪守法，不得有不良行为。

专栏 5-3 苏州吴中：盯紧全省首例“禁止令”执行进展[②]

杨某是《刑法修正案（八）》施行以来，江苏省首例被法院判决缓刑考验期禁止令的被告人。苏州市吴中区人民检察院的检察官小郑近日主动回访杨某 1 次，接受杨某“禁止令”履行情况汇报 2 次。

今年（2011 年）15 岁的杨某是外地人，上学的时候便经常出入黑网吧，初二辍学后随家人来到苏州打工，但仍然戒不掉网瘾。1 月 9 日晚，杨某为筹集 8 元的上网费对路人彭某实施抢劫，后被巡逻民警抓获。3 月 24 日，公安机关将此案移送吴中区人民检察院审查起诉。该院审查发现，迷恋上网是杨某实施犯罪行为的重要诱因，其主观恶性不大、可塑性较强，建议法院对其从轻处理、家长加强管教。

① 谢晓曦、王洋、孙怀君：《沉迷网游抢劫 重庆一少年被判缓刑禁入网吧》，载《人民法院报》2011-05-10，3 版。

② 卢志坚、管伟东、黄芹：《苏州吴中：盯紧全省首饲“禁止令”执行进展》，载《检察日报》2011-05-23，1 版。

4月8日，吴中区人民检察院将此案提起公诉。5月3日，该区人民法院开庭审理此案，依据《刑法修正案（八）》的有关规定，宣告缓刑，可以根据犯罪情况，同时禁止犯罪分子在缓刑考验期限内从事特定活动，进入特定区域、场所，接触特定的人。最后，法院当庭以抢劫罪判处杨某有期徒刑一年零三个月，缓刑二年，同时判决禁止杨某在缓刑考验期限内进入互联网上网服务营业场所。

鉴于杨某居住地是苏州农村地区的群租房，可能存在社区矫正机构监管不力的情况，在禁止令宣告之后，吴中区人民检察院以原有的社区矫正监督站为平台，建立与社区矫正机构胥口镇司法所和杨某之间的联系，加强监督。

禁止令的适用，给社区矫正工作者的监督、管理工作带来新的挑战，社区矫正工作者需要用更多的精力、使用更多的方法、通过更有效的途径，监督未成年社区服刑人员遵守法院判处的禁止令。

为了做好禁止令的执行，社区矫正工作需要关注下列方面的事项：

（1）加强对被适用禁止令的未成年犯罪人的评估。即使对于被适用禁止令的未成年犯罪人而言，他们在从事违反禁止令行为的倾向或者可能性方面，也是有个别差异的。一些未成年犯罪人从事违反禁止令行为的倾向或者可能性要大于其他未成年犯罪人，因此，在接收这类未成年犯罪人之后，要进行恰当的评估工作，确定每个未成年犯罪人从事这类行为的可能性或者危险性的大小，然后，根据评估结果，安排相应的监督和管理措施。对于那些可能性或者危险性较大的未成年犯罪人，要安排更加严密的监督和管理措施，反之亦然。

（2）增加社区矫正工作者在监督方面的投入。与其他年龄阶段的社区服刑人员相比，未成年社区服刑人员是需要给予更多监督的人员；在未成年社区服刑人员中，与未被适用禁止令的未成年社区服刑人员相比，那些被适用禁止令的未成年社区服刑人员，又是需要给予更多监督的人员。因此，被适用禁止令的未成年社区服刑人员，是需要给予严密监督的重点人群，社区矫正工作者应当在监督这类社区服刑人员方面投入更多的精力，把他们作为“重中之重”予以监督，避免他们进行违反禁止令的行为和由此引发更加严重的违法、犯罪行为。

（3）动员更多的社会力量参与未成年社区服刑人员的监督和帮教工作。由于未成年社区服刑人员的自我控制能力差等因素，仅仅依靠社区矫正工作者是难以严密监督未成年社区服刑人员遵守禁止令的。为了更加严密地监督和管理被适用禁止令的未成年社区服刑人员，应当重视动员更多的社会力量参与对未成年社区服刑人员的监督和帮教工作。例如，动员未成年社区服刑人员的父母、监护人、保证人等监督他们的行为，促使他们遵守禁止令规定的事项。

（4）重视利用新技术开展行为监督工作。监督未成年社区服刑人员遵守禁止令规定的事项，需要经常性地确定他们所在的位置，在这方面，一些新技术是可以发挥作用的，例如，一些地方重视运用GPS管理系统，对未成年社区服刑人员进行全天候的实时监管，随时掌控其活动情况，保证他们遵守禁止令的规定。

（5）做好对违反禁止令者的处理工作。判处管制的未成年社区服刑人员违反禁止令，或者被宣告缓刑的未成年社区服刑人员违反禁止令尚不属情节严重的，由负责执行禁止令的社区矫正机构所在地的公安机关依照《治安管理处罚法》第六十条[①]的规定处罚。对违反禁止令情节严重[②]的未成年缓刑犯，应当依法提请撤销缓刑，执行原判刑罚。原作出缓刑裁判的人民法院应当自收到当地社区矫正机构提出的撤销缓刑建议书之日起1个月内依法作出裁定。人民法院撤销缓刑的裁定一经作出，立即生效。

第二节　老年社区服刑人员社区矫正

一、概　述

老年社区服刑人员是指人生进入老年期的社区服刑人员。在中国，一般把60岁作为进入老年期的起点年龄[③]，因此，老年社区服刑人员就是年满60岁的社区服刑人员。

一般而言，老年社区服刑人员具有下列特征：

① 该条规定："有下列行为之一的，处五日以上十日以下拘留，并处二百元以上五百元以下罚款：（一）隐藏、转移、变卖或者损毁行政执法机关依法扣押、查封、冻结的财物的；（二）伪造、隐匿、毁灭证据或者提供虚假证言、谎报案情，影响行政执法机关依法办案的；（三）明知是赃物而窝藏、转移或者代为销售的；（四）被依法执行管制、剥夺政治权利或者在缓刑、保外就医等监外执行中的罪犯或者被依法采取刑事强制措施的人，有违反法律、行政法规和国务院公安部门有关监督管理规定的行为。"

② "情节严重"是指具有下列情形之一的情况：①3次以上违反禁止令的；②因违反禁止令被治安管理处罚后，再次违反禁止令的；③违反禁止令，发生较为严重危害后果的；④其他情节严重的情形。

③ 吴宗宪、曹健：《老年犯罪》，中国社会出版社2010年版，第7页。

（一）数量逐步增加

老年社区服刑人员是一个数量正在逐步增加的社区服刑人员群体。近年来，随着人均寿命的延长，犯罪人中老年人的比例不断增加，导致社区服刑人员中老年社区服刑人员的比例也不断增加。根据司法部的统计，截至2007年年底，61周岁以上的老年社区服刑人员2 572人，占社区服刑人员总数的2.5%①；截至2011年3月底，61周岁以上的老年社区服刑人员9 986人，占社区服刑人员总数的3.3%。②

而且，《刑法》中对于老年犯罪人从宽处罚的规定，也会使老年社区服刑人员的数量增加。2011年2月25日通过的《刑法修正案（八）》有3个条文涉及对已满75周岁的老年犯罪人从宽处罚的内容，其中与社区矫正有关的有两个条文：①其中的第一条，规定了对已满75周岁的老年人犯罪进行处理的一般原则："已满七十五周岁的人故意犯罪的，可以从轻或者减轻处罚；过失犯罪的，应当从轻或者减轻处罚。"②其中的第十一条第一款，专门涉及缓刑问题，"对于被判处拘役、三年以下有期徒刑的犯罪分子，同时符合下列条件的，可以宣告缓刑，对其中不满十八周岁的人、怀孕的妇女和已满七十五周岁的人，应当宣告缓刑。"这些规定的适用，会使老年社区服刑人员的数量增加。

（二）健康问题突出

进入人生暮年期的老年社区服刑人员，由于身体机能的老化，往往存在多方面的健康问题。他们中身强力壮的人不太多，大部分人的身心状况较差，很容易患多种身心疾病。这种情况给社会带来了很多保健治疗方面的问题。同时，较差的身心状态，也往往会对老年社区服刑人员的情绪状态产生负面影响，容易诱发他们产生抑郁情绪，甚至有可能产生自残、自杀等自我毁灭型行为，这会带来监管安全方面的问题。

（三）性情比较固执

与其他守法的老年人一样，老年社区服刑人员也是一个性情比较固执的社区服刑人员群体。在进入老年期后，由于心理功能的衰退，老年社区服刑人员很容易产生近事遗忘现象，即很容易忘记刚刚发生的事情，这种记忆问题是导致他们固执己见的重要因素。同时，由于生理功能的衰退和社会地位的下降，老年社区服刑人员很容易产生敏感多疑和自卫倾向，总感到别人要

① 参见司法部社区矫正管理局：《社区矫正工作简报》，2007年第4期。

② 参见司法部社区矫正管理局：《社区矫正工作简报》，2011年第11期。

侵害自己，因而总想保护自己的利益。这种现象也是导致老年社区服刑人员固执己见的重要因素。性情固执给社区中的管理和教育等工作带来新的问题，要求社区矫正工作者在工作中必须对老年社区服刑人员更加细心、更有耐心。

二、对老年犯罪人实行社区矫正的重要意义

对老年犯罪人作出从轻、减轻处罚并且实行社区矫正的规定，具有重要的意义。

（一）有利于推动整个国家的文明进步

对老年犯罪人实行社区矫正有利于推动整个国家的文明进步。刑罚文明就是通过规定、适用和执行刑罚体现出来的社会文明。刑罚文明是社会文明的重要体现，促进国家的刑罚文明，可以推动国家的政治文明和其他文明的整体水平。刑罚文明首先体现在刑法规定中。从社会发展的基本趋势来看，人类社会发展的总体趋势是刑罚轻缓化，这种趋势不仅体现在废除肉刑、用非监禁刑取代监禁刑等一般发展趋势方面，更体现在对未成年犯罪人和老年犯罪人的轻缓处理方面。因此，在《刑法》中明确规定对老年人的犯罪行为从轻处理，对符合条件的老年犯罪人适用非监禁刑和实行社区矫正，体现了刑罚轻缓化的总体趋势，反映了刑法向更加人道、更加文明方向进步。

（二）有利于延续中国的传统文化

对老年犯罪人实行社区矫正有利于延续中国的传统文化。中国在历史上就有悠久的对老年犯罪人从轻处罚的文化传统。中国历史上的很多朝代都有老年人犯罪从轻或者免除刑罚处罚的规定。例如，在西周时期规定，70 岁以上的老年人即使犯罪，也可以免除处罚；春秋战国时期规定，60 岁以上的老年人可以从宽处理。应当说，在法律中对老年犯罪人规定从轻或者减轻处罚，是一种优秀的文化传统。但是，在 1979 年的《刑法》中并没有作出这样的规定，现在，在《刑法修正案（八）》中作出这样的规定，有利于延续中国的传统文化。

（三）有利于建设和谐社会

对老年犯罪人实行社区矫正有利于建设和谐社会。如果在刑事立法中对老年犯罪人强调从重处罚，没有作出从轻或者减轻处罚的规定，在刑事司法实践中，将可以判处监禁刑，也可以判处非监禁刑的老年犯罪人全部判处监

禁刑，就会对大量的老年犯罪人判处监禁刑。这类有失公允的刑法规定和司法实践，会使老年犯罪人及其近亲属等相关人员感到刑罚的冷酷无情，感到刑罚有失公平……这类感受必然会促使他们对刑事司法机关和整个国家产生对抗情绪，引起和加剧他们与国家和社会的对立。这样的心理状态显然不利于建设和谐社会。现在，在《刑法》中明确规定对老年犯罪人从轻或者减轻处罚，在刑事司法中对符合条件的老年犯罪人判处非监禁刑和实行社区矫正，有利于化解老年犯罪人一方与国家和社会之间的对立情绪，有利于促进和谐社会的建设。

（四）有利于节省社会资源

对老年犯罪人实行社区矫正有利于节省社会资源。将符合条件的老年犯罪人判处非监禁刑和实行社区矫正，也有利于节省社会资源。首先，有利于节省刑事司法资源。这是因为，如果这些老年犯罪人被判处监禁刑的话，那么，对于进入暮年而疾病多发阶段的老年犯罪人，监狱机关要花费很多的资源维持他们的健康与生活，包括负担大量的医疗保健费用、派大量人员照管他们的生活起居等，这些都会大大增加国家在刑事司法方面的投入，耗费大量的刑事司法资源。如果对他们实行社区矫正，那么，不仅社区环境有利于他们的健康，而且国家也可以节省由于他们在监狱服刑而产生的花费。其次，有利于节省其他社会资源。对符合条件的老年犯罪人判处非监禁刑和实行社区矫正，可以节省老年犯罪人的家人等在探视等方面产生的花费，有利于在这些方面节省社会资源。

三、对老年犯罪人实行社区矫正的前提

对老年犯罪人实行社区矫正的基本前提，就是对符合条件的老年犯罪人判处非监禁刑和适用非监禁措施。

（一）对于符合条件的老年犯罪人判处非监禁刑

对于符合条件的老年犯罪人判处非监禁刑，是对老年犯罪人实行社区矫正的重要前提。如果法院机械适用法律规定，沿着重刑主义的思路对老年犯罪人判处监禁刑，那么，就不可能对大量老年犯罪人实行社区矫正。因此，法院应当准确领会《刑法修正案（八）》的立法精神，在刑罚适用中重视两个方面的内容：

1. 对老年犯罪人从轻或者减轻处罚

在犯罪人年满 75 周岁的情况下，如果他们的犯罪是故意犯罪的，可以从轻或者减轻处罚；如果是过失犯罪的，应当从轻或者减轻处罚。如果符合判处管制刑的条件，则应当尽可能判处管制刑，从而为实行社区矫正提供必要基础。

2. 对老年犯罪人尽可能宣告缓刑

对于老年犯罪人，在符合法律规定的情况下，应当尽量宣告缓刑。在犯罪人年满 75 周岁的情况下，如果他们的犯罪应当判处拘役和 3 年以下有期徒刑，而根据他们的犯罪情节和悔罪表现，人民法院认为其没有再犯罪危险的，应当宣告缓刑。

实际上，从以往的刑事审判实践来看，既有恰当地对老年犯罪人判处缓刑的成功案例（参见专栏 5-4），也有对老年犯罪人判处短期监禁刑的不恰当案例（参见专栏 5-5）。专栏 5-4 中的案例，是一个成功的宣告老年犯罪人缓刑的案例，这样宣判的结果，对于老年犯罪人、当地社会和整个国家都是有益的。专栏 5-5 描述的是一个机械适用法律的案例，对这位老年犯罪人判处 2 个月拘役，几乎不能产生任何益处。

专栏 5-4　七旬老人上坟失火烧林 1 396 亩　法院判他种树 519 亩[①]

2005 年，73 岁的浙江省三门县横渡镇快岙村人高某于清明节在麦鼓柳山上坟烧纸时引起森林火灾，过火面积 1 396 亩，烧毁森林 1 207 亩。失火后，老人主动到镇政府投案自首。2005 年 10 月 20 日，三门县人民法院判处高某有期徒刑 3 年，缓刑 3 年。此外，法院还判他在 2005 年冬天和 2006 年春天完成植树造林 519 亩，并在缓刑期的 3 年里每年投入一定时间用于林业生产或森林资源管护。

专栏 5-5　老人祭坟引发山火　花甲之年被判拘役[②]

2008 年，湖北省英山县一名六十多岁的郑姓老人在上坟时不慎将坟边的茅草引燃，以致引发山火，因其年迈无力扑火，很快引发森林火灾。经当地群众奋力扑救，大火于次日上午 11 时才被扑灭。此次火灾造成森林过火面积 295.2 亩。案发后第二天上午，郑某主动到村委会投案。英山县人民法院以失火罪判处拘役 2 个月。

① 陈文龙：《七旬老人上坟失火烧林 1396 亩 法院判他种树 519 亩》，http：//www. hangzhou com cn/pdf/2005/10/21/dskb/KB15a21C（ps）. pdf[2009- 07- 28]。1 亩=666.6666667 平方米。

② 《老人祭坟引发山火　花甲之年被判拘役》，http：//www. bilooba. com cn/xwzx/shownews asp? ne-wsid=40200[2009-07-28]。

（二）对于符合条件的老年犯罪人适用非监禁措施

对于符合条件的老年犯罪人适用非监禁行刑措施，也是对老年犯罪人实行社区矫正的重要前提。

对于已经在监狱中执行监禁刑的老年犯罪人而言，如果他们认真遵守监规，接受教育改造，确有悔改表现，人民法院认为其没有再犯罪的危险的，可以假释；如果老年犯罪人已满 75 周岁，应当尽可能裁定假释。虽然《刑法》没有明文规定对已满 75 周岁的老年犯罪人进行假释方面的特别内容，但是，根据立法精神，已满 75 周岁的老年犯罪人应当是实行假释的重点人员之一。

同时，对于符合法律规定条件的老年犯罪人，也可以允许他们减刑或以暂予监外执行等形式在家服刑。例如，自 2009 年以来，江西省监狱系统依法适用宽严相济刑事政策，先后使 1 396 名老病残服刑人员提前回归社会，其中 70 岁以上者 15 人，年龄最长者 83 岁。在提前回归社会的 1 396 名老病残服刑人员中，包括老年人 632 名、重病患者 604 人、残疾人 160 人，他们分别以减刑、假释、保外就医等方式提前回归社会。[①]又如，北京市延庆县张山营镇姚家营村的八旬老汉王某，认为儿子不孝便纵火自焚，并害死了自己的老伴，逃出火场的王某最终被延庆县人民法院判处有期徒刑 10 年。然而身体羸弱并患有心脏病的他显然禁不起牢狱之灾。平衡了法理和人情后，2009 年 4 月 21 日，延庆县人民法院准许王某在自己的家中度过 10 年刑期。[②]

四、老年犯罪人社区矫正的主要内容

从目前我国社区矫正工作的实践来看，对老年犯罪人开展社区矫正的主要内容包括下列方面：

（一）对老年社区服刑人员的教育矫正

鉴于老年社区服刑人员的特点，对他们的教育矫正，应当注意下列方面的内容：

1. 开展法制教育

开展法制教育，应当是对老年社区服刑人员进行教育矫正的主要内容。

---

① 林晖、胡锦武：《江西 1396 名老病残服刑人员提前出狱　最长者 83 岁》，http：//www.Chinacourt. org/html/article/201006/03/412441. shtml[2010-10-14].

②《八旬重刑犯获准在家中服刑》，http：//www. hezhici. com/sort/spcilal/laonian/jiatingshehul/2009/0623/151964. html[2010-10-13].

应当围绕老年社区服刑人员进行的犯罪行为，开展相关的法律知识教育，使其认识到自己的犯罪行为的性质、其犯罪行为给社会造成的损害等，从而教育他们树立法律意识，避免再次发生犯罪行为。

2. 开展其他有针对性的教育

老年社区服刑人员已经处在人生的晚年，具有大量的社会经验、生活常识等，而且，往往形成了自己的人生观和价值观，并且普遍表现出有主见、不盲从甚至固执、倔强等心理特点，因此，缺乏针对性的教育活动既无必要，也无效果，应当尽量避免。

相反，应当根据老年社区服刑人员的具体情况，分析他们在哪些方面存在问题、需要进行教育矫正。他们存在的需要矫正的“问题”，应当是与他们的犯罪行为和重新犯罪有关的问题，即这些问题不仅是引发他们进行犯罪行为的重要因素，而且如果不加以矫正，还有可能导致他们再次进行犯罪行为。

要避免无的放矢地对老年社区服刑人员的独特生活方式、行为习惯等进行不恰当矫正的现象。在长期的生活过程中，每个老年人都会形成自己的一套生活方式和行为习惯，在一些情况下，这些生活方式和行为习惯也可能是不恰当、不文明的，是社区矫正工作者不能赞同的，但是，只要它们与老年社区服刑人员的犯罪行为和重新犯罪无关，就没有必要加以矫正。

3. 注意教育矫正方式

在对老年社区服刑人员进行社区矫正的过程中，在教育矫正方式上，应当注意下列三个方面：

（1）重视个别教育。老年社区服刑人员往往具有强烈的自尊心，特别是在比自己年轻的人面前，往往很注意保持尊严。如果社区矫正工作者不注意这个特点，就有可能激起老年社区服刑人员的反感、对立和其他消极情绪。因此，社区矫正工作者在对老年社区服刑人员进行教育矫正活动时，应当尽量以个别教育的方式进行，应当尽量避免将他们与其他年轻社区服刑人员聚集到一起开展活动。

（2）注意耐心细致。老年社区服刑人员有一些独特的心理和生理变化，例如，他们的性格会逐渐变得固执起来，不会轻易相信别人的言论；他们的感觉器官的功能也会逐渐衰退弱化，出现重听（听觉迟钝）、视力下降、记忆减退等现象，75 岁以上的高龄老人在这些方面的衰退变化更加明显；他们的思维会变得迟钝起来，不能迅速地对外界刺激产生反应。因此，在对老年社区服刑人员进行教育矫正活动时，要耐心细致：讲话声音要大一些，讲话速度要慢一些，讲话的层次要清晰，讲话的语句要简短；要十分注意讲道理，而不能简单地提要求、下命令；每讲完一方面的内容，要仔细询问他们是否听清楚、是否理解，在得到确认和肯定的回答之后，再进行下面的活动；布置重要的活动时，最好能够有书面文字，以免老年社区服刑人员事后忘记。

（3）尽量避免干预。对老年社区服刑人员实行社区矫正的主要目的，应当是预防他们重新犯罪，而不是对他们进行更多的惩罚。对于75岁以上的高龄老年社区服刑人员而言，更是如此。因此，应当尽量避免和预防他们重新犯罪无关的教育矫正活动。如果根据多方面的了解，判断老年社区服刑人员认真遵守法律和相关规定、重新犯罪的可能性不大，就没有必要频繁地对他们进行教育矫正活动。尽量让老年社区服刑人员保持正常的日常生活，避免对他们进行无必要的干扰，这对于老年社区服刑人员和社区矫正工作者都是有益的。

4. 谨慎考虑公益劳动

对于处在社区矫正中的老年社区服刑人员是否组织公益劳动，应当慎重考虑。对于老年犯罪人的惩罚，主要应当是法院在量刑时考虑和决定的事项。社区矫正机构的任务，是准确执行法院的裁判。因此，如果法院没有在判决或者裁定中要求老年犯罪人参加公益劳动，那么，考虑到老年社区服刑人员的身体状况，特别是考虑到高龄老年社区服刑人员的身体状况，一般不宜组织他们开展公益劳动。

社区矫正工作者应当认识到，组织高龄老年社区服刑人员进行公益劳动，并不会对社会带来多少益处，相反，在组织公益劳动的过程中，如果考虑不周密、管理不恰当，很有可能使身体普遍虚弱的高龄老年社区服刑人员发生难以预料的意外事件，造成不必要的身体伤害等问题。如果发生这样的问题，可能会产生难以预料的负面后果。

（二）对老年社区服刑人员的监督管理

在对老年社区服刑人员进行社区矫正的过程中，监督管理要注意下列方面：

1. 重视进行分类管理

老年社区服刑人员是一个在生理、心理等方面有巨大差异的人群，因此，在社区矫正中要注意分类管理。由于个人身心状况、职业种类、家庭关系、生活方式等多方面的差异，进入老年期的人在很多方面都有巨大的差异。对于老年社区服刑人员而言，也是如此。例如，一些老年社区服刑人员虽然进入高龄阶段，但是，身体硬朗，思维敏捷，有很强的行动能力。相反，有些老年社区服刑人员虽然刚刚迈入老年阶段，但是，可能百病缠身，思维迟钝，缺乏起码的行动能力。又如，一些老年社区服刑人员有很强的道德感，对于自己的犯罪行为深感懊悔，经常产生不安和自责的心理。相反，另一些老年社区服刑人员可能缺乏道德感，为老不尊，寡廉鲜耻，对于自己的犯罪行为没有什么懊悔的感觉，反而感到自己遭受了种种的委屈等。因此，社区矫正机构应当在接收老年社区服刑人员后，重视对他们的心理状态、犯罪后的态度、身体情况、社会危险性等进行恰当评估，并且根据评估结果对他们进行适当分类，然后对不同类型的老年社区服刑人员采取不同的管理方法。

2. 重视发挥家庭作用

在开展社区矫正工作的过程中，老年社区服刑人员是否再次违法、犯罪，与他们的家庭关系有直接的联系。进入老年期之后，老年社区服刑人员从过去的家庭支柱变成了家庭中的受照顾者、被赡养扶助者，在发生这样的角色变化之后，他们的心理变得敏感、多疑起来，并且往往会产生消极、负面的联想。如果家庭成员对其有不适当的言行，就有可能激起他们破罐子破摔的绝望情绪，在这种情绪状态下，他们很有可能进行激情性的违法、犯罪行为。因此，社区矫正工作者要重视发挥家庭在社区矫正中的积极作用，说服、动员、鼓励老年社区服刑人员的家庭成员配合政府部门做好社区矫正工作，特别是要做好老年社区服刑人员的行为监督等工作，监督、促进老年社区服刑人员遵纪守法，顺利度过社区矫正期限。

3. 重视发挥邻里作用

处在社区矫正状态下的老年社区服刑人员，平时主要在社区中生活，因此，重视发挥邻里作用，是对老年社区服刑人员进行有效监督、管理的重要方面。对于老年社区服刑人员而言，特别是对于高龄老年社区服刑人员而言，由于受社会地位的变化（从有业者变成退休者）、生理状况的变化（变得年老体衰）等因素的影响，他们的社会交往大大减少，行动范围往往局限于较为狭小的邻里附近，平时的大部分时间可能都是与家庭周围的邻里度过的，因此，重视发挥邻里的作用，在邻里中聘请矫正工作志愿者参与对老年社区服刑人员的监督、管理等工作，可以大大增强对老年社区服刑人员的监督、管理效果。

4. 预防他们对未成年人的消极影响

随着年龄的增大，老年犯罪人自己的行动能力减弱，他们自己从事犯罪行为的可能性会不断降低，但是，他们言语、思维能力的衰退要迟于行动能力的衰退，在这种情况下，他们有可能对未成年人施加消极影响，唆使未成年人进行违法、犯罪活动。因此，对老年社区服刑人员进行监督、管理的重要内容之一，是防止他们对周围的未成年人施加消极影响。如果社区矫正机构发现老年社区服刑人员有这方面的言行，应当立即进行有效的批评教育、训诫等活动，坚决制止老年社区服刑人员的这类行为。

（三）对老年社区服刑人员的帮困扶助

对于进入人生暮年的老年社区服刑人员而言，他们对于社区矫正机构的帮困扶助工作可能有强烈的需要，社区矫正机构的重要工作就是帮助老年社区服刑人员解决他们在生活中遇到的多种问题。特别是对于很多高龄老年社区服刑人员而言，社区矫正机构开展社区矫正工作的主要内容，就是帮困扶助，而不是教育矫正和监督管理。

一般而言，在社区矫正中，需要社区矫正机构帮助老年社区服刑人员解决的困难问题主要包括下列方面：

1. 家庭关系

进入老年期后，由于自身能力的下降，老年犯罪人对于家庭的需求和依赖性增加。对于很多老年犯罪人而言，有无正常的家庭关系和家庭生活，往往是决定他们是否再次违法、犯罪的关键性因素。如果有一个正常的家庭环境和家庭生活，他们就可能在家庭中过守法的生活，服从社区矫正机构的管理。相反，如果没有一个起码的家庭环境，没有正常的家庭关系，他们难以得到家庭的温暖，他们就有可能在绝望情绪下进行新的违法、犯罪行为。因此，社区矫正工作者要把帮助老年犯罪人建立和维护适当的家庭关系，作为社区矫正工作的重要方面。

特别是对于长期服刑之后假释的老年犯罪人而言，建立和维护适当的家庭关系，对于预防他们重新犯罪具有极其重要的意义。这些老年犯罪人从监狱假释之后，首先要有一个可以栖身的家庭。如果没有可供食宿的家庭，社区矫正工作者要尽力帮助他们建立一个合适的家庭。如果家庭成员不接纳被假释的老年犯罪人，或者家庭成员对被假释的老年犯罪人有歧视、虐待等现象，社区矫正工作者要通过多方面的工作有效地解决这类问题。因此，社区矫正工作者不仅要帮助没有家庭的老年假释犯重建家庭，还要帮助重建家庭关系。

对于“无家可归、无亲可投、生活无着落”的“三无”型老年社区服刑人员，社区矫正机构要通过当地民政局等部门，将他们安置在敬老院、福利院等，使其住有所居、老有所养。

良好的家庭关系、温暖的家庭生活，是预防犯罪和重新犯罪的关键因素。对于年轻人而言是如此，对于老年人而言也是如此，对于高龄老年人而言更是如此。社区矫正工作者一定要高度重视良好的家庭关系对于预防老年社区服刑人员重新犯罪的关键作用，调动一切积极性做好这方面的工作。

2. 日常生活

解决好老年社区服刑人员的日常生活问题，是社区矫正工作的重要方面。进入老年期后，老年犯罪人丧失了自谋生路的能力，不管他们过去是否对社会做出了贡献、对家庭付出了辛劳，进入老年期之后，他们都应得到社会和家人的扶助、赡养。因此，为了解决好老年犯罪人的日常生活问题，社区矫正工作者要做好两方面的工作：首先，要解决好他们的基本生活保障问题。要积极协调民政、人力资源和社会保障等有关部门，将符合最低生活保障条件的老年社区服刑人员纳入最低生活保障范围，使他们有起码的生活来源，能够过上最低限度的物质生活。其次，要动员老年社区服刑人员的家人，使老年社区服刑人员的日常生活有人照料。

3. 医疗卫生

由于身心功能的衰退，老年期也是一个体弱多病的时期，因此，解决好老年社区服刑人员的医疗卫生问题，成为社区矫正机构的重要工作。社区矫正工作者要尽力帮助老年社区服刑人员解决好医疗保障问题，使他们患病后能够得到必要治疗，避免由于无钱治病而发生重新犯罪等悲剧性事件。对于既无医疗保障也无其他经济来源的老年社区服刑人员，在发生严重疾病时，社区矫正机构应当通过与民政部门等的协商合作，帮助解决老年社区服刑人员的医疗费用问题。同时，还要督促老年社区服刑人员的子女等履行赡养责任，照料老年社区服刑人员的身心健康。在中国经济、社会不断发展的情况下，如果老年社区服刑人员由于无钱治病而发生重新犯罪、自杀/自残等悲剧性事件，将是社会的悲哀。

4. 心理关怀

老年期也是一个心理问题增多的时期。在进入老年期之后，由于社会地位下降、生理功能衰退和心理功能弱化，老年社区服刑人员的心理、性格等方面往往发生不利的变化。例如，社会地位的下降，会引起他们不同程度的自卑、抑郁心理；生理功能的衰退，会引起他们的自我防卫、猜疑、被害妄想等心理，总担心自己受到别人的侵害；思维僵化、迟钝，难以接受新事物等心理变化，往往会使他们变得性格固执、以自我为中心、容易嫉妒别人、情绪容易激动、自我控制能力降低等。这些方面的变化和现象，很容易引发多方面的心理问题。在一些情况下，可能会使老年社区服刑人员产生攻击性的心理问题，从而导致他们通过不同形式的攻击行为解决心理问题。在另一些情况下，可能会使老年社区服刑人员产生退缩性的心理问题，从而导致他们产生自贬性的身心反应，包括发生抑郁性身心疾病、产生自杀念头和自杀行为等。因此，社区矫正工作者要主要针对老年社区服刑人员的这些心理问题，通过心理咨询等恰当方式给他们以心理关怀，帮助他们预防和解决心理问题，避免由于心理问题的困扰而产生危害社会、损害自身的行为。

第六章　社区矫正对象的社会网络排斥

第一节　社区矫正对象社会网络排斥的成因

一、社会网络概述

“社会网络”一词最早由英国人类学家布朗提出，此后许多社会学家和人类学家采纳了他的观点，开始对社会生活中人们的关系、互动，用“网”的隐喻来解析、说明，无数的观念支流相互融会贯通形成了当代的社会网络理论。

社会网络理论最早由美国社会学家格兰诺维特提出。1985年，格兰诺维特在《美国社会学刊》上发表《社会结构与经济行动》一文对社会网络理论进行了阐述。他认为，人在行动选择时，并非按照完全理性的方式行事，而是受到社会关系的牵制。之后经过其他学者的不断完善，具有自身内涵的社会网络理论逐步形成。至于社会网络这一概念的界定是众说纷纭，比如戴维·波普诺认为，社会网络是指个人之间的复杂的联系网。[①]米切尔·达弗尔姆认为社会网络是某一群体中个人之间特定的联系，其整体结构可以称之为该群体中个人的社会行为。[②]霍寨平认为社会网络是一定范围内的个人之间相对稳定的社会关系。[③]刘军认为社会网络指的是社会行动者（social actor）及其间的关系的集合。[④]但是，不论从哪种层面上来看，社会网络分析核心在于，从“关系”的角度入手来研究社会现象和社会结构。[⑤]格兰诺维特将“关系”定义为“人与人，组织与组织之间由于交流和接触而实际存在的一种纽带”，并在这个基础上提出了“关系力量（strength of the ties）”的概念。在他看来，“关系”可以分为强关系（strong ties）和弱关系（weak ties）两种，而它们在

---

① [美]戴维·波普诺:《社会学》(第十版)，李强等译，中国人民大学出版社1999年版，第139页。

② 周长城:《经济社会学》，社会科学文献出版社2003年版，第96页。

③ 霍寨平:《国外社会支持网研究综述》，载《国外社会科学》2001年第1期。

④ 刘军:《社会网络分析导论》，社会科学文献出版社2004年版，第4页。

⑤ 陈成文、肖卫宏:《农民养老：一个社会网络的分析框架》，载《湖北社会科学》2007年第4期。

传递信息、沟通人群方面发挥着不同的作用：由于弱关系是在社会经济特征不同的个体之间发展起来的，其所获得和传递的信息往往是异质性的，且分布范围较广，所以弱关系主要用在群体、组织之间建立纽带联系，它比强关系更能充当跨越社会界限去获得信息和其他资源的“桥梁（bridge）”。在格兰诺维特之前，弱关系的力量一直受到忽视。到1973年，他发表了《弱关系的力量》一文，弱关系才受到重视。他在研究市场经济中的就业过程时发现，当个人运用他们的个人网络找工作时，他们更经常或有效地通过弱关系而非强关系得到相匹配的工作。[①]林南的社会资源理论是弱关系假设的一种扩充和延伸。与格兰诺维特和林南的主张不同，边燕杰根据中国天津的千户调查提出了一种新的强关系假设。在所有被调查的948个样本中大约有45%的人找过关系。其中43.2%的帮助者是被调查者的亲属，17.8%的是朋友，39 010的是熟人。边燕杰认为这样就证明了强关系较之于弱关系更能找到工作。[②]李培林对济南市进城农民工的调查表明，农民进城寻找工作所获得的社会支持主要是通过“强关系”。即就业的信息来源主要是亲属和朋友。两者合计占到了80.9%，通过老乡或亲戚找到第一份工作的占到了75.13%。[③]根据现有国内外文献来看，虽然对“强关系”和“弱关系”的研究很多，但主要局限于找工作的社会支持网络研究。

社会网络理论中有这样几个基本要素，这也是导致社会资本形成的关键因。[④]一是“互动”。英国学者怀特利认为，社会资本产生于自愿性社团内部个体之间（以及网络）的互动。[⑤]林南认为，互动和交往更有利于形成社会网络结构，并获取资源。[⑥]Homans认为，个体互动越多，他们越可能共享情感，他们越可能参加集体活动。[⑦]二是距离。刘军认为，在社会网络当中，与“关联性”密切相关的是行动者之间的“距离”。因为行动者之间的距离不同，就可能找到行动者在网络意义上的社会分层，也有可能有助于理解社会群体的

① 格兰诺维特：《弱关系的力量》，张文宏译，载《国外社会科学》1998年第2期。
② 陈成文、肖卫宏：《农民养老：一个社会网络昀分析框架》，载《湖北社会科学》2007年第4期。
③ 李培林：《流动民工的社会网络和社会地位》，载《社会学研究》1996年第4期。
④ 季文、应瑞瑶：《农村劳动力转移的方向与路径：一个宏观社会网络的解释框架》，载《江苏社会科学》2007年第2期。
⑤ 保罗·F. 怀特利：《社会资本的起源》，载李惠斌、杨雪冬《社会资本与社会发展》，社会科学文献出版社2000年版。
⑥ 林南：《社会资本——关于社会结构与行动的理论》，上海人民出版社2005年版，第37页。
⑦ 季文、应瑞瑶：《农村劳动力转移的方向与路径：一个宏观社会网络的解释框架》，载《江苏社会科学》2007年第2期。

"同质性""团结性"等特点。[①]三是规范。规范既可以是一种正式制度，又可以是一种非正式制度。Coleman 认为，社会资本有三种形式，其中重要的一种就是社会规范。[②]规范既包含正式制度，也包含非正式制度。在非正式制度方面，文化是社会规范的重要内容。许多社会学家认为，社会规范可以使人们采取一致性行动。

在中国社会中，费孝通提出是以"己"为核心扩展开来的社会网络具有远近亲疏之分，从而呈现出来的一种"差序格局"的关系网络。即"好像把一块石头丢在水面上所发生的一圈圈推出去的波纹。每个人都是他社会影响力推出去的圈子的中心。被圈子的波纹所推及的就发生联系。每个人在某一时间某一地点所动用的圈子是不一定相同的"。以"己"为中心和别人联系成的社会关系，"像水的波纹一般，一圈圈推出去，愈推愈远，也愈推愈薄"。[③]黄光国据此将中国人的社会关系分为三类。情感性的关系是一种长久而稳定的社会关系，可以满足个人在关爱、温情、安全感、归属感等情感方面的需要，比如，家庭、密友和朋辈团体。工具性的关系是短暂而不稳定的，这种关系是获得其他目标的一种手段或一种工具。混合性的关系则介于两者之间，交往双方有一定程度的情感关系，但又未深厚到可以随意表现出真诚的行为。[④]

社区矫正对象既是整个社会关系网络中的一个节点，又有自己的社会关系网络。当情感、信息、威信、财物等在网络中流动时，社区矫正对象由于其现有的特殊身份及相关的不利因素，从而招致社会网络的排斥，使得在网络中的互动、距离、规范以及资源的配置、应该享有的权利的实现等方面都会发生不利于自己的趋势，网络关系产生松动甚至产生断裂，不论是在情感性的关系、工具性的关系还是在混合性的关系中，他们都在"差序格局"的社会网络关系中体现出弱势地位的境况。

二、社区矫正对象社会网络排斥的成因

美国学者金耀基认为，儒家的社会理论具有一种把个人发展成为"关系本位"的个体的倾向。在日常生活中，中国人显示了异乎寻常、令人难忘的

① 刘军：《社会网络分析导论》，社会科学文献出版社 2004 年版，第 83-84 页。

② 季文、应瑞瑶：《农村劳动力转移的方向与路径：一个宏观社会网络的解释框架》，载《江苏社会科学》2007 年第 2 期。

③ 费孝通：《乡土中国生育制度》，北京大学出版社 1998 年版，第 26、27 页。

④ 黄光国：《人情与面子：中国人的权力游戏》，载黄光国：《面子：中国人的权力游戏》，中国人民大学出版社 2004 年版。

"拉关系"的技巧。拉关系是指在不存在前定关系或前定关系十分疏远的情况下建立和加强同他人的联系。通过它，个人得以建立起他的个人网络。[①]而"中国人际关系的现实性表现在请客送礼、生死嫁娶、求医问药、逢年过节、毕业分配、拜师学艺、职务升迁、城乡流动、工作调动、搬家住房、购买商品、开会评奖、上幼儿园、求学、找工作、办理一系列手续和做生意、搞经营等方面，存在于一个个体同其家庭、邻里、朋友、同学、老师、战友、同事、路人等交往方式之中"。[②]作为犯罪人身份的社区矫正对象在这些复杂的社会关系当中会遭到各种各样的排斥，从而产生社会网络排斥的情形。各种因素又并非是孤立地存在着，而是相互影响相互作用的。而在各种因素中具有直观而显性作用的主要有身份地位、经济限制和面子问题。身份地位是社区矫正对象遭到社会网络排斥的根本因素，经济限制是社区矫正对象遭到社会网络排斥的加深因素，面子问题是社区矫正对象遭到社会网络排斥的文化因素。

（一）身份地位

社区矫正对象作为犯罪的人，属于罪犯的身份。而人们对罪犯的态度历来是把他们当作社会的对立面，把罪犯看成是不适应社会生活的敌人加以排斥和拒绝，将其恶魔化、去社会身份化。甚至不把他们当作常人，乃至于不把当作"人"看待。卢梭说："一个为非作恶的人，既然他是在攻击社会权利，于是便由于他的罪行而成为祖国的叛逆；他破坏了祖国的法律，所以就不再是国家的成员，他甚至于是在向国家开战。这时保全国家就和保全他自身不能相容，两者之中就有一个必须毁灭。对罪犯处以死刑，这与其说是把他当作公民，不如说是把他当作敌人。"[③]贝卡里亚也以个人的仇恨情感对待罪犯："谁扰乱了公共安宁，谁不遵守法律，即不遵守人们借以相互忍让和保护的条件，谁就应该受到社会的排斥，也就是说应该受到驱逐。"[④]至近现代法国仍有理论认为："有时并没有必要试图'改善'某些个人，之所以如此，或者是因为此前对其进行的各种尝试均告失败，或者是因为对保护公共秩序而言，犯罪人所犯罪行十分严重，必须给以毫不留情的惩罚。在这两种情况下，刑罚的实用功能就在于，'清除犯罪人'。"[⑤]在我国，消灭犯罪一直是古老的梦

① 转引自张文宏：《中国城市的阶层结构与社会网络》，上海人民出版社2006年版，第75页。

② 翟学伟：《人情、面子与权力的再生产》，北京大学出版社2005年版，第93页。

③ [法]卢梭：《社会契约论》，何兆武译，商务印书馆1980年2月修订第2版，第46-47页。

④ [意]贝卡里亚：《论犯罪与刑罚》，黄风译，中国大百科全书出版社1993年版，第52页。

⑤ [法]斯特法尼等：《法国刑法总论精义》，罗结珍译，中国政法大学出版社1998年版，第30-31页。

想。如经学家戴圣编纂的《礼记·礼运》记载道："大道之行也，天下为公。选贤与能，讲信修睦，故人不独亲其亲，不独子其子；使老有所终，壮有所用，幼有所长，鳏寡、孤独、废疾者，皆有所养，男有分，女有归，货恶其而弃于地也，不必藏于已；力恶不出于身，不必而已。是故谋闭而不兴，盗窃乱贼而不作，故外户而不闭，是谓大同。"正是由于犯罪扰乱了我们正常的生活秩序，提高了我们生活的成本。因此人们对待犯罪是深恶痛绝，对待罪犯是咬牙切齿。这种敌对化、异己化的罪犯观已深深地植根于人们的思想观念之中。

社区矫正对象在我国包括管制、缓刑、假释、剥夺政治权利和暂予监外执行 5 种，他们一般是犯罪较轻，或主刑执行完毕，或在监内执行一定期限改造较好不致再危害社会，或不便于监内执行的。但是，他们毕竟还是属于罪犯的身份，也就是在我们常人看来应该与我们划清界限的"坏人"。中国有句古话，"近朱者赤，近墨者黑"。虽然对这部分人放在社会中执行刑罚，在理论上进行了较深入的研究，在实践中采用多种形式的宣传教育，无论是从人道的角度，还是从社会文明进程的趋势；从个体的角度，还是从社会整体利益的需求；从伦理的角度，还是从经济发展必然的选择，等等。可是由于传统观念的惯性，人们现在还是难以完全接受，从而对这些在社会中的犯罪人尽量避而远之，不得已的情况下也是表面上的应付。因此，社区矫正对象难以真正地融入正常的社会网络之中，使得网络中的节点断裂或者削弱，不利于他们某些应有的权利得到实现，从而表现出社会网络的排斥，在社会中呈现出弱势的镜像。

如一名现在执行剥夺政治权利的社区矫正对象说："当然也怪自己，过去做错了事。老婆走了，离了婚。现在身体又不好（用左手按了按自己的左腰处），过去在新疆那个地方。现在和女儿一起，两个人就靠 350 块的低保生活，怎么够。我是社会中弱势的弱势。要说到我现在与家人、朋友、熟人等是否来往，这么说吧，不管是家里人还是过去的熟人，都不与我来往。就是左右隔壁的邻居以及小区里的人也都不说话，他们一看到我这个犯罪的人，有的都绕着走。你看到他们的眼光就知道，歧视的厉害呢。"（对象 ZLP）像这种情况并非个别现象，在访谈的过程中，无论是社区矫正对象自己还是社工，常常表示出类似的心理状况和现象。不过像上面的社区矫正对象与所有的人都不来往，这种过激的现象并不太多，除非家里现在已经没有其他亲人的情况。一般来看，与外界的来往较少，甚至不来往，与家人还是有来往的，只是并不像过去那样亲密而已。一名社区矫正对象如是说他平时的生活情况：

"平时在家看看电视，一般不出门，就是上菜市场都非常少有。若在路上碰到邻居或小区里的人一般也不说话，偶尔会与以前的熟人点一下头。在家闷得慌，有时就到父母那边去坐坐，他们很少过来。就是见面了也没什么好谈的，所以有时到这来（指社工点）与社工老师谈谈还觉得轻松些。现在这个社会大家都很忙，谁愿意花时间与你这个犯罪的人说什么呢。总觉得生活单调无味，那又有什么办法呢。"（对象 XZ）在访谈的过程中发现，年龄较大的社区矫正对象在社会中的交往明显较少，而年轻的社区矫正对象也会为了自己以后的生活，和相投的朋友之间仍然有较多的来往。比如一位 20 岁的社区矫正对象这样说："现在与周围的朋友、邻居的关系都不好，有些朋友都不怎么联系了。在他们眼里，我又不是好人。因为和我以前的一些朋友一起犯事的，现在为了以后的生活方便，所以与以前的这些朋友都有联系。"（对象 J_XW）再比如一位 23 岁的社区矫正对象说："现在与家人关系比较和睦。在社会上与其他人接触的圈子肯定有变化，不过还是与个别关系较好的朋友也会出来谈谈各自生活情况。他们现在都是有工作的，有良好的心理情况。我想多与这些有丰富社会阅历的人接触，对自己以后踏上社会将会受益匪浅。"（对象 XXH）不过，目前社区矫正对象由于不被家人接纳和一些历史原因导致无家可归的现象时有发生，这主要是在房屋拆迁的问题上。"由于过去犯罪以后户口被注销，在服刑期间原来的房子动迁，特别是有些被判处死刑缓期执行的，动迁办和判处所都将他作为死了来处理，现在回来后家人又不接受他，又没有地方住。最近遇到好几个这种情况的，我们就找原来的动迁办和拆迁公司，找原来动迁时怎么办的。现在有些是动迁办拿些钱，街道拿些钱，区政府拿些钱在郊区买一套房子给他，是有产权的，户口也迁过去，就这样他们还不愿意，因为他们原来的房子都在市中心。"（社工 WL）这里虽然有过去国家政策的历史原因，但是家庭网络的排斥使社区矫正对象成为"无家可归"者，随着我国现在对犯罪的人的户口已经不予注销，类似这样的无家可归情况也将会逐步"归零"。除此之外，社区矫正对象在社会网络中遭到社会排斥的程度还与他们的犯罪类型相联系，这将于下一节叙述。

（二）经济限制

马克思在谈到社会关系和人的交往活动的关系时指出，社会是表示"个人彼此发生的那些联系和关系的总和"，而社会又"是人们交互作用的产物"，也就是个人之间"交往的产物"。这就是说，人际关系是交往活动的结果。人的交往活动建构了错综复杂的社会关系网络，将个体的人置于纵横交错的社会关系之中，从而使人获得社会属性。个人只有在同社会、他人的交往中，才能使自身的力量转化为社会或他人的力量；同时，个人也从社会和他人那里获得新的力量。同样，个人也只有不断地进行交往活动，才能把自己置于更深更广的社会关系中，从而更深更广地打上社会的烙印，更多地增强自身的本质力量；而社会也只有在不断扩大和加深的交往活动中，才能使社会的力量不断壮大，社会关系系统更加完善。[①]因此，社会网络既是人类活动的过程，又是人类活动的结果。而按照亚当·斯密的观点，人是理性的经济人，换句话说，社会网络中的经济人是理性的，是追求个人利益最大化取向的。所谓经济人的理性，是指每个人都通过成本—收益或趋利避害原则来对其所面临的一切机会和目标及实现目标的手段进行选择。所以，在社会网络中，要获得一定的收益，必须要有一定的成本投入。这里的成本既包括物质、金钱等有形成本，又包括时间、情感、信息、机会等无形成本。这样看来，社会网络也是对各种社会资本的配置过程。然而经济条件又是在社会网络中最基础、最直接、最显性的因素，往往决定着网络关系的远近亲疏、坚固松弛，当然这可以通过多种形式表现出来，从而体现出社会网络的融入程度。

中国人对社会关系网络又具有一种“天生”的依赖性，在历史过程中也就形成了一些“礼尚往来”“饭桌社交”等根深蒂固的交往规则和文化传统。并且其中并非仅仅隐含着一种简单的交换关系。正如翟学伟教授对中国礼尚往来的看法：“礼尚往来在中国不单反映一般意义上的社会交换行为，而是具有报的含义。通常意义上的社会交换主要指的是双方对等的交换，而报指的却是一种不对等的交换。交换的对等关系在客观上导致的是人与人的社会交易和投资互不拖欠而随时可以终止，而不对等关系所要造成的客观结果则是相互拖欠，并且具有反复循环下去的特点，即所谓的你敬我一尺，我敬你一丈；你滴水之恩，我涌泉相报。这一交换特点使中国式的交换带有一种恩的观念，即表示因对方的施礼或帮助而更看重和敬重对方，由此而达成更为友好的或联系得更加亲密的关系，并做好以更大的投入来回报对方的准备。”[②]至于“饭桌社交”，孙隆基曾说过，中国人对“身体化”需要比较强调，社交活动往往需要“吃”。请客吃饭虽不是革命行动，却也是颇为有效的“统战”方式。[③]但是，不论是一种交换、感恩还是“吃”，都需要一定的经济条件作为基础。除此之外，比如娱乐、游玩甚至交通费用的支出等都需要一定的经济

---

① 卜长莉：《社会资本与社会和谐》，社会科学文献出版社 2005 年版，第 323-324 页。

② 翟学伟：《人情、面子与权力的再生产》，北京大学出版社 2005 年版，第 216 页。

③ 孙隆基：《中国文化的深层结构》，广西师范大学出版社 2004 年版，第 216 页。

作为后盾。

经济的限制，就会使得在脱离不了的社会网络中资本流转受到限制，使得一些资源无法得到有效利用，一些权利无法得到充分实现，从而社区矫正对象难于融入自己生活的社会中，进而表现出受到社会网络的排斥，处于社会中弱势的地位。一名社区矫正对象在谈到他与亲戚朋友之间交往的情况时说："就暂且不说人家愿不愿意与你来往，就是来往也要花钱的。过去我有单位，生活还说得过去，与一些朋友也经常来往。现在工作也没有，有些过去较好的朋友虽然有来往，交往的次数少多了，他们也知道我现在的情况，不能说每次都叫别人花钱吧。现在的消费又特别贵，就是到茶馆坐坐，聊聊天打打牌，几个人一次也要好几百。哪怕不去这些地方，饭一般总是要吃的吧，不能说大家见面就在大街上逛啊。所以，还是尽量少来往，不出门，一出去总是要花钱的。"（对象 LB）出门在外以及各种交往，都需要花钱，对一个没有稳定经济收入来源的人，当然应该精打细算。不过对社区矫正对象来说，他们还有其他的顾虑，就是怕误解为想向他们借钱，甚至与家里的亲戚来往时都会产生这样的顾虑。一位社区矫正对象说："要说到与以前的朋友、同学、同事他们的来往，一般不怎么来往，才开始的时候也接触过，也想找人聊聊，免得闷得慌。但是，后来在交往过程中，他们会常常提到自己的困难，什么物价上涨啊、小孩上学啊，反正现在的开销都很大。我越听越不是味道，后来想想，我现在也没工作，是不是怕我向他们借钱？所以现在一般不来往了。你不要说外人，就是家里的亲戚也是这样，不得已见了面，谈到与钱一点点沾边的都躲得远远的。"（对象 GMH）其实，从一个理性的经济人角度来看，在付出一定的成本进行社会网络的梳理、稳固，当然是有一定的所图。比如上面说到的借钱，还有可能是为了以后自己办事的方便，或者就是寻找一个倾诉感情的对象。但是，不论如何对方也在时间等方面有所付出，也会进行相应的核算，哪怕只是为了自己的一个承诺或心灵的慰藉。所以，说是误解也好，还是的确有所想法，都是合情合理的。其实对于任何人来说，经济的限制都会是社会网络中的影响因素。社区矫正对象的犯罪人的身份，是他们在社会网络中受到排斥的根本原因，再加上经济的限制这个非常现实的因素，可以说是雪上加霜，加深了他们在社会网络中的排斥。

（三）面子问题

在人的头部，除心灵之窗的眼之外，就属脸的表情最为丰富。不管是喜悦、兴奋、沮丧、痛苦、羞愧、慌张、憎恨、愤怒、悲哀、惧怕等，在脸上都能一一显露，压抑不住。而脸的表情又来自于一个人的心理，它是与人的内心相通连的。于是，通过一个人的脸的表情就可以看出这个人的心理世界，甚至目前的现实生活状况。正因为脸有如此功效，人们在长期的生活中抽象出一个具有一定规范调节作用的词——面子。这个对我们来说耳熟能详的词，在现实生活中对社会秩序的规范调节作用，尤其在中国，几乎超出我们常人的想象。林语堂曾言，“面子”是统治中国人的三位女神（three Muses）中最有力量的一个，中国人正是为它而活着。美国社会学家赛林（M. Thelin）指出，中国人的价值观包含六个方面，即家族主义、尊老、人情主义、礼貌、脸面、男性中心，并认为其中的脸面居于核心。美国心理学家多米诺（G. Domino）也认为，在控制中国社会的五种社会力量（扩大家庭、政府职能、孝、脸面和道）中，脸面规定了中国人的社会及人际行为。金耀基也曾强调，关系、人情、面子是理解中国社会结构的关键性的社会一文化概念。[①]可见，面子对中国人的心理和行为的定型有着多么重要的作用。

然而，对面子的含义理解并非已经达成共识，翟学伟教授对此进行过一定的考证：[②]最早试图解释这一概念的明恩傅认为，它很像南太平洋岛上的土著禁忌，具有一种神奇的力量，可以将之归结为中国人具有很强的表演天性。鲁迅承续这一观点，认为它不愧为是中国人的一种做戏的本领。林语堂界定时，一再声称举例容易，下定义太难，只能说它是中国人社会交往中最细腻的标准。直至 20 世纪 40 年代，中国早期留美的人类学家胡先晋（Hu, Hsien-Chin）开始从学理上对脸、面分别施予学术上的定义，认为脸和面子应该指两种不同的心理和行为，其中脸涉及的是中国人的道德品质，面子指的是由社会成就而获得的声誉。在此之后，美国著名社会学家戈夫曼（E. Goffman）在《论面子的运作》一文中对这两种含义作了合并，认为胡适等人所说的中国人的面子是人类一种共有的心理现象。它是指在某一特定的交往中，个人对他人也认可的一种共同行为准则的遵循。如果一个人遵循了这一原则，他就会得到自己和他人的肯定，这时他就可以说有了面子，时至 20 世纪 70 年代，香港心理学家何友晖在《美国社会学杂志》上发表了《论“面子”观》一文。作为一个对中国人的面子内涵深有体会的华人学者，他否认了上面的定义。他提出面子是个人要求他人对自己表示尊重和顺从而得到的相应评价。

---

① 翟学伟:《人情、面子与权力的再生产》，北京大学出版社 2005 年版，第 129-130 页。

② 翟学伟:《人情、面子与权力的再生产》，北京大学出版社 2005 年版，第 131 页。

不管怎么说，作为具有一定象征意义的符号，面子既包括观念性原理，又与我们实际生活紧密相连。面子是在一定的人际交往活动中得以形成和表现的，人际交往活动是面子得以存在必不可少的空间。反过来面子又影响和制约着人际交往，是中国人判断和决定人际交往的方式和程度的重要依据和准则。而这又是从一定的文化母体中孕育出来的。“一个生活在某一特定文化群体中或文化氛围中的个体或群体其心理建构中必然积淀着特定的文化。文化是心理建构的原材料，也是其心理建构的模板。生活在某一特定群体中的人自觉不自觉地接受文化的塑造。中国人的面子心理就是经过数千年的华夏文化塑造逐步形成的。”①而身背“犯罪”标签的社区矫正对象，在我国这种特有的文化背景下，面子问题是其在社会网络中招致网络排斥的重要文化因素。

“人要脸，树要皮。”这句俗语可以说是我国社会生活中面子重要性的简单缩影。访谈的过程中，在我还没有问到的情况下，几乎每位社工都主动说到他们的对象刚进来时对他们提出过一个共同的要求。“对象来报到的第一天，一般都会请求我们不要把他们的情况让小区里的人知道，特别是有的人一出来就搬家，搬到一个边上人都不认识他的地方，或者把现在住的房子卖掉，到其他地方再买房子，甚至还有到其他地方租房子住。这时他会反复多次对我们说不要让周围的人知道。他们也爱面子啊。我们也对他们说，这个我们会配合的，只要有利于教育改造。当然居委、街道一定是要告诉的。有的没有房子的就搬到父母家或亲戚家去住，实在是没有地方或是与家人不来往的，就只有住在原来的小区。”（社工 WW）通过与该社工的进一步交谈，类似于该社工所说的搬出原住处主要是指年龄较大的社区矫正对象，而一些年龄较轻，特别是未成家还与父母生活在一起的社区矫正对象，一般都只有生活在原住处。虽然周围有些人知道他们的情况，但是他们也还是不想让他们知道更详细的情况。尤其是被判管制、缓刑、单独适用剥夺政治权利以及某些暂予监外执行的，周围的人的确可能都不知道他们被判刑。还有人户分离的社区矫正对象，即户口与居住地不在一个地方的，他们往往都不愿到居住地的社工点接受帮教。“我们实行的是自愿原则，他们既可以在户口所在地接受帮教，也可以在居住地接受帮教。他们都不愿意到居住地去，毕竟住在那边，不想让周围的人知道。”（社工 LL）不管怎么说，社区矫正对象自己都会认识到毕竟是犯罪了，给社会造成了危害，受到社会的否定评价和国家对他们的惩罚。所以社区矫正对象由于面子问题在社会网络中的社会排斥，主

① 燕良轼等：《论中国人的面子心理》，载《湖南师范大学教育科学学报》2007年第6期。

要表现为自我排斥。但也不仅如此，如一名社区矫正对象说：“我犯罪了，现在属于社会最底层的人，自己都不好意思与以前的熟人见面，所以一般都不与他们来往。再说了，人家也不愿和我们这种人来往，他们与我来往对他们来说没面子啊。现在社会上谁不愿意和有钱有势、有身份有地位的交往呢。我犯罪，一辈子都是罪人了，就是有什么事，也只有我找别人的份，他们当然也不愿意找这个麻烦。”（对象 XLY）这使我想起鲁迅在他的杂文《说“面子”》里讲过这样一个笑话，“一个绅士有钱有势，我们假定他叫四大人罢，人们都以能够和他攀谈为荣。有一个专爱夸耀的小瘪三，一天高兴地告诉别人道：‘四大人和我讲话了！’人问他：‘说什么呢？”答道：‘我站在他门口，四大人出来了，对我说滚开去！’”鲁迅虽然说的只是一个笑话，却影射了中国人在交往过程中的心态。社区矫正对象由于具有罪犯的身份这个根本原因，在我国的文化底蕴里生长出来的具有强大规范作用的“面子”的影响下，受到社会网络的排斥，使他们处于社会中的弱势地位。

（四）其他因素

除上面所说的身份地位、经济限制、面子问题等主要因素之外，社区矫正对象还有一些其他受到社会网络排斥的因素。如社工 WL 说到这样一个社区矫正对象的情况：“他在犯罪前注册了一个公司，是私营企业，他是法定代表人。在监狱服刑的时候，他妹妹就与他商量，为了公司能正常运营下去，将法定代表人的名字变更为他妹妹，由于他还有老婆和女儿，她妹妹承诺盈利的分成也给他多些，并答应给他老婆三分之一，因为他女儿还有上学等问题，等他出狱后再把姓名变更过来。当时他也就同意了。在监狱里的时候，他老婆和他离了婚，女儿判给了他老婆。后来他出来以后，他妹妹又反悔，不愿将法定代表人的姓名变更过来，于是就发生纠纷。他还有个弟弟，也想分得一些利益。我们在他们兄妹之间就做工作，但是这毕竟是他们家事，也不便多介入。反正在谈话中都能感觉到他的妹妹和弟弟都希望他在监狱里待一辈子，不过他只要在监狱里这种纠纷也就不会发生。现在公司也不经营了，他本人还是想经营，但是执照上又是他妹妹的名字，于是就把房子出租，租金大概一年 9 万多，10 万不到一点。具体怎么分现在还在商量，反正是要把出租的收入分成四份，因为还有他父母的一份。现在他也没住的地方，就在原来的房子里隔一小间住着。平时他们也都不相互来往。”（社工 WL）为了自己的私利而不顾具有血缘关系的网络断裂，亲情也被利益冲淡得无从寻找。这虽然不具有普遍性，但具有一定的典型性。再如 2007 年黄浦区 N 街道社工点的一个典型个案。“WRL 几年前被判刑，现在进入社区矫正阶段。当他在监狱中的时候，他家的房子动迁，给他的份额的费用是 5 万，并由他母亲代为保管，他母亲也答应等他出来后就把 5 万块钱给他。现在他出来了，他母亲不认他，5 万块钱也不想给他，他又没地方去。我们街道就拿了一些钱，让他在旅馆先住着。然后我们就与他母亲交涉，他母亲后来答应把代为保管的 5 万块给他，其余的事就都不管了。5 万块到哪买房子，现在房价长得这么高。于是我们通过区里去找动迁办，让动迁办再拿一部分钱，然后区里拿一部分钱，街道拿一部分钱，这样三方各拿一部分钱，在辛庄那里给他买了一小套房子，户口也给他迁了过去。我们几个同事又给他买了锅碗瓢盆，甚至被子等用品。（我问：这些钱是谁出的？）这些钱是街道出的。我们把他房子给布置好，后来开了一个安置会，当场将钥匙交给他。所以，他给我们送来两面锦旗（手指挂锦旗的墙壁）。”（社工 GM）我顺着手指的方向看去，这面墙上挂着三面锦旗，两边是落款 WRL 的锦旗，两面锦旗上面都是竖排写着“衷心感谢，助人为乐”。“现在他一个人生活得挺好，就是与家里人都不来往。”（社工 GM）在访谈的过程中，我还遇到一位担心若交往过多可能会导致自己经济状况较好的虚假现象从而招致不必要的麻烦的社区矫正对象。这位对象的大概情况是：1994 年与现在的老婆结婚，二人是通过别人介绍相识，并都是再婚。结婚两年以后，发现两人的感情不和，遂提出离婚。他老婆要求给予 5 万元经济补偿才同意离婚，而他说自己没那么多钱，于是协议离婚不成，一直拖至今日，他也一直住在父母家。在此过程中，他每次回家都提出离婚之事，但始终未达成协议。后来他又找了一位女友，并同居也带回见过父母，打算与之结婚，也想以此促成离婚的进程。但仍然没有达到离婚的目的。之后他就与该女友领取了结婚证，从而触犯刑法，构成重婚罪。现在他还是要求离婚，法院进行调解，因为经济补偿问题目前还没有达成协议。该对象说：“我现在与有些朋友不敢来往，我又是很爱面子的，在交往的时候总是有消费的吧。（交往）太多了可能还会产生我（经济）条件蛮好的假象呢，免得她（指他老婆）产生误解，以为我有钱不给她呢。其实我真没有钱，否则早给她离了，我也不会吃官司了。她以前离婚也是到法院多少趟，向人家要钱，否则就不离。她卑鄙的也不要脸了。”（对象 MRL）这种情况虽然属于个别现象，并且是由于其自身的处境所产生的自我排斥，但是，这里面反映出来的一个人的心态值得探究。由于这并非本书所研究的主题，故在此不再赘述。

总之，通过实地考察，社区矫正对象在复杂的社会关系当中遭到社会网络排斥的因素有多种，并且各种因素并非孤立地存在，而是相互作用的。但是，在各种因素中具有直观而显性作用的主要有身份地位、经济限制和面子问题。其中，身份地位是社区矫正对象遭到社会网络排斥的根本因素，经济限制是社区矫正对象遭到社会网络排斥的加深因素，面子问题是社区矫正对象遭到社会网络排斥的文化因素。除此之外，因为个人的私利、避免不必要的麻烦等也会成为社会网络排斥的个别因素。社区矫正对象由于这些因素在社会网络中遭受社会排斥，其结果阻隔了他们融入社会的进程，降低了他们社会化的效果，击破了他们的社会归属感和信任感，甚至产生对社会的抵触情绪以及以反社会的行为表现出来，最终使社区矫正制度预设的功效成为泡影。这些都促使我们须进一步思考：社会是融合了各种因素的有机整体，而不是各种因素的简单混合，在对社会某一方面进行规范时，公证、完善的制度设立是基本的前提，但是也不能忽视社会其他方面的牵制作用，始终坚持“社会母体”的整体观。针对社区矫正制度而言，这种保护社会和保障人权双重理念指导下的先进制度，已被历史和现实证明是符合人类发展规律的“社会产物”，但是如何使它的功能得以充分地发挥，同样需要经济、文化、观念等各种因素的协调发展。

第二节　社区矫正对象社会网络排斥的镜像

前面说的是社区矫正对象社会网络排斥的成因，其实也是影射着社区矫正对象社会网络排斥的镜像，只是从他们受到社会网络排斥的发生角度来说明问题，现在再从他们因犯罪类型的不同而受到社会网络排斥的程度的差别角度来呈现他们受排斥的现状。

既然要区别社区矫正对象的犯罪类型，首先必须对本书所建基于的犯罪含义做一说明。由于犯罪不只是刑法学中的概念，它也是一种评价事实。因而对犯罪的理解，不同的学科从不同的角度都有自己的界定。比如刑法学为了定罪量刑的需要，在我国严格遵循罪刑法定原则，1997 年《刑法》第十三条将犯罪界定为：“一切危害国家主权、领土完整和安全，分裂国家、颠覆人民民主专政的政权和推翻社会主义制度，破坏社会秩序和经济秩序，侵犯国有财产或者劳动群众集体所有的财产，侵犯公民私人所有的财产，侵犯公民的人身权利、民主权利和其他权利，以及其他危害社会的行为，依照法律应当受到刑罚处罚的，都是犯罪，但是情节显著轻微危害不大的，不认为是犯罪。”于是一种行为是否构成犯罪，严格按照法律的规定来予以确定。而社会学研究犯罪的目的是为了预防犯罪，所以它对犯罪的理解既要依据《刑法》的规定，又不局限于《刑法》。因而社会学中就会把在刑法学中不认为是犯罪的一些违法行为和不良行为囊括进它的犯罪概念之内。本书研究的社区矫正对象中的 5 类人员，都是根据我国《刑法》作出的判决而确定为犯罪的，所以本书对犯罪分类时所理解的犯罪是建基于《刑法》的基础之上的。

在刑法理论上，根据不同的标准对罪犯可以做出不同的分类。例如，根据行为的表现形式，可以分为作为犯、不作为犯、表示犯；根据行为的形态及其意义，可以分为实质犯、形式犯、结果犯、举动犯、侵害犯、危险犯、结合犯、结果加重犯等；根据构成要件的符合情况，可以分为既遂犯、未遂犯、单独犯、共犯；根据对行为的非难形式，可以分为故意犯、过失犯；根据行为的主观面，可以分为目的犯、倾向犯、表现犯；根据法定刑为标准，可以分为重罪犯、轻罪犯、违警罪犯；根据有告诉权的人的告诉为追诉条件，可以分为亲告罪犯、非亲告罪犯。除此之外，还有政治犯与普通犯、确信犯的分类，自然犯、刑事犯与法定犯、行政犯的分类，等等。[①]而我国《刑法》中将犯罪分为十大类，即危害国家安全罪；危害公共安全罪；破坏社会主义市场经济秩序罪；侵犯公民人身权利、民主权利罪；侵犯财产罪；妨害社会管理秩序罪；危害国防利益罪；贪污贿赂罪；渎职罪；军人违反职责罪。目前共有 400 多个罪名，而在现实中常用的罪名就几十个。根据访谈中的实际情况以及研究的需要，本书将 21 名被访谈的社区矫正对象涉及的 17 个罪名分为四组，即暴力性犯罪、财产型犯罪、经济类犯罪和其他类型犯罪（这种分类不具有严格的刑法理论上和实践中的意义，而是为本书研究所作的描述性的需要）。暴力性犯罪包括（4 种）：故意杀人罪、故意伤害罪、聚众斗殴罪、强奸罪；财产型犯罪包括（4 种）：盗窃罪、抢劫罪、诈骗罪、信用卡诈骗罪；经济类犯罪包括（7 种）：贪污罪、受贿罪、职务侵占罪、虚开增值税专用发票罪、滥用职权罪、走私普通货物物品罪、挪用公款罪；其他类型犯罪包括（2 种）：重婚罪、交通肇事罪。

一、暴力性、财产型犯罪的社区矫正对象的社会网络排斥

暴力性犯罪，主要强调的是犯罪手段具有暴力性，是指以暴力、胁迫等

① 张明楷：《外国刑法纲要》，清华大学出版社 1999 年版，第 57-58 页。

手段进行犯罪行为。虽然我们这里将故意杀人罪、故意伤害罪、聚众斗殴罪、强奸罪归为暴力性犯罪予以描述，但实际上以上这些犯罪也未必都以暴力手段才能构成。比如故意杀人罪、故意伤害罪可能是暴力行为，也可能是其他非暴力行为，甚至是其他非有形的方法。可以是积极的作为，也可以是消极的不作为。再如强奸罪，既可能是采用暴力、胁迫等手段违背妇女的意志实施奸淫，也可能采用非暴力行为。同样财产型犯罪，主要强调的是以非法占有财物为目的，但对犯罪人的身份没有做出要求的犯罪，这是与下面所要说的经济类犯罪的最大区别所在。所以，我们这里是从社会的传统观念的认识角度，或者说是人们听到这些罪名时头脑中产生的第一印象（即暴力形象）来进行归纳的。这样也符合我们研究的主题，毕竟犯这些罪的社区矫正对象在社会网络中遭到社会排斥时，主要的原因在于网络中的参与者对他们的认识，特别是在对他们的犯罪行为不了解的情况下，现实生活中人们根据自己的生活经验所形成的对罪名的认识，对社区矫正对象在社会网络中的排斥程度具有决定性的作用。

犯暴力性犯罪和财产型犯罪的社区矫正对象，在社会网络中遭受的社会排斥最严重，特别是在家庭以外的社会网络中。像访谈中遇到的犯盗窃罪的社区矫正对象 IHM，几乎是与外面人不接触，并且其子女都会受到外界的歧视。在与社工的交谈过程中，说到社区矫正对象在生活中的社会关系情况与他们犯罪之间的联系时，一名社工说："在所有犯罪中可能最让人歧视的就属盗窃犯了，他们不但与其他人不来往，就是家里人好多也不来往。一般都认为这种人品德最坏，有时我们帮他们联系工作，人家一听是犯盗窃罪，都不愿意。除盗窃罪之外，还有就是故意杀人啊、故意伤害啊、诈骗啊、抢劫啊，像犯这些罪的人，他们往往都受到别人的歧视，在社会上一般都很少有交往活动，大家都怕这种人。一来认为他们道德品质差，二来认为他们没头脑，三来认为他们可能还有暴力倾向。他们自己心里好像也知道，所以在我们的集中学习的时候，他们一般也都是不说话，就是这些对象与其他对象之间，也会被其他对象看不起的。"（社工 LZL）我问一名犯聚众斗殴罪的社区矫正对象："为什么与周围邻居的关系都不好，与有些朋友都不怎么联系了？"他说："还不是打架呗，人家也不愿和我来往，我也不好意义老是去找人家，除了以前一起犯事的还无所谓。在周围邻居眼里，我也不是好人。"（对象 IXW）这里需说明的是，他既然构成聚众斗殴罪，"打架"也不是他所轻描淡写的"打架"。根据我国《刑法》第二百九十二条第一款规定："聚众斗殴的，对首要分子和其他积极参加的，处三年以下有期徒刑、拘役或者管制；有下列情形之一的，对首要分子和其他积极参加的，处三年以上十年以下有期徒刑：（一）多次聚众斗殴的；（二）聚众斗殴人数多，规模大，社会影响恶劣的；（三）在公共场所或者交通要道聚众斗殴，造成社会秩序严重混乱的；（四）持械聚众斗殴的。”所以构成聚众斗殴罪的是首要分子和其他积极参加者，而一般参加者不以犯罪论处。

其实，在访谈的过程中，无论是社工还是社区矫正对象本人，以上归纳的暴力性犯罪和财产型犯罪中涉及的 8 个罪名的社区矫正对象，普遍反映出他们与社会没有太多的交往，甚至处于完全封闭的状态，社会网络关系的节点完全断裂。只有部分社区矫正对象与家庭中的成员有些来往，这部分还往往是年龄较轻或者还未成家的社区矫正对象。至于在社工点的所有对象，根据社工们的反映，总体情况也是如此。

二、经济类犯罪的社区矫正对象的社会网络排斥

经济类犯罪，主要强调以非法占有财物为目的，这里的占有既包括占为己有而不具有归还的目的，也包括占有取得非法利益后具有归还的目的。我们这里将经济类犯罪与财产型犯罪区别开的标准主要以一般人的观念中是否具备一定的身份或条件才能构成，经济类犯罪在一般人看来需具备一定的身份或条件才能构成。既包括《刑法》中明确规定需具备一定的身份，又包括虽然《刑法》中没有规定需要具备一定身份，但是纯粹是人们的观念中不是一般人极易实施的犯罪行为。比如贪污罪、受贿罪、挪用公款罪等根据《刑法》规定是由国家工作人员才能构成，这里的国家工作人员包括：国家机关中从事公务的人员；国有公司、企业、事业单位、人民团体中从事公务的人员；国家机关、国有公司、企业、事业单位委派到非国有公司、企业、事业单位、社会团体从事公务的人员；以及其他依照法律从事公务的人员，以国家工作人员论。滥用职权罪根据《刑法》规定是由国家机关工作人员才能构成的，这里的国家机关工作人员，即在国家各级立法机关、各级行政机关、各级司法机关、各级军事机关中从事公务的人员，不包括在国有公司、企业中从事公务的人员。职务侵占罪根据《刑法》规定是由公司、企业或者其他单位的人员才能构成，这里的公司、企业或者其他单位的人员，不包括国有公司、企业或者其他国有单位中从事公务的人员和国有公司、企业或者其他国有单位委派到非国有公司、企业以及其他单位从事公务的人员。走私普通货物物品罪和虚开增值税专用发票罪，根据《刑法》的规定，一般的个人和

单位都可构成。但是，通常在人们的观念中实施走私普通货物物品行为的，并非常人敢为或能为，这与我们现有的生活中不太接触从而了解较少有关。再者就是这个罪主要侵害的是国家利益，而不能直接体现出对我们周围身边人身、财产等利益的侵害。而犯虚开增值税专用发票罪的人往往是合法持有增值税专用发票的人和其他可用于骗取出口退税、抵扣税款发票的持有人，或者以其他非法手段获取增值税专用发票的单位和个人。正因为此，实施走私普通货物物品罪和虚开增值税专用发票罪的犯罪人在《刑法》中虽然没有具体的身份要求，但是与前面所说的暴力性犯罪、财产型犯罪中的犯罪人在人们的社会观念中还是有所区别的。并且在人们的思想观念中对犯走私普通货物物品罪和虚开增值税专用发票罪与贪污、受贿等职务犯罪有着类似的看法，即都不是一般人所能犯的，故将犯此二罪的社区矫正对象放在经济类犯罪中予以讨论。

经济类犯罪的社区矫正对象在社会网络中相对来说招致的社会排斥程度较低，与家庭成员的关系一般较好，虽然交往不如以往那么密切，但是与朋友等一些熟人都有一定的交往。并且这类社区矫正对象还有一个较明显的特点，他们不太频繁地与别人交往，有些时候不是来自于别人过多的歧视，而是自己感到自己现在是犯罪的人而不好意思与别人接触。就像一名社区矫正对象所说的："我现在与家里的亲戚关系都较好，与过去的一些朋友也都有来往，他们对我也和过去差不多，与某些同事的来往相对少些，其实多少与过去还是有些变化，毕竟自己现在是犯罪的人，也不好意思经常找他们。"（对象 BSC）至于此类犯罪的社区矫正对象在社会网络中受到的排斥程度较低的现象，几位社工都谈到一些类似看法。比如其中一名社工说："这些经济犯罪、职务犯罪的，往往年龄较大些，他们在犯罪前都已经有自己的社交圈子，并且也比较稳定，都是多少年形成的。最关键的是，对这些犯罪我们社会上对他们的看法也不一样。因为犯这些罪的往往都是当官的，或者是具有一定条件的，一般人还犯不了这个罪。不像盗窃罪、抢劫罪、强奸罪等这些犯罪，人家都看不起他们。"（社工 ZJL）正是经济类犯罪的行为人需要具备一定的条件，起码在人们的观念中需要具备一定的条件才能构成。所以，这些社区矫正对象在犯罪前也还有被人们普遍认可的地方，从而他们在社会上不像暴力性犯罪和财产型犯罪那么遭人憎恨，特别是在他们的利益群体之间。在访谈的过程中，甚至个别此类犯罪的社区矫正对象不认为自己属于弱势群体，并且说自己的社会关系没有发生变化。在进一步追问的情况下，发现他们只是与过去的熟人接触，而没有在暴露身份的前提下与社会接触，否则他们也承认自己毕竟是犯罪的人，也会遭受别人的异样眼光，也就是说他们还是难以建立新的网络关系。

三、其他类型犯罪的社区矫正对象的社会网络排斥

本书将暴力性犯罪、财产型犯罪和经济类犯罪之外的归入其他类型犯罪，访谈过程中主要涉及两个罪名，即重婚罪与交通肇事罪。重婚罪是指有配偶而与他人结婚或者明知他人有配偶而与之结婚的行为。此罪主要是保护我国一夫一妻制的婚姻关系。交通肇事罪是指违反交通运输管理法规，因而发生重大事故，致人重伤、死亡或者使公私财物遭受重大损失的行为。这两种犯罪有它们的特殊性，重婚罪一般不会伤及国家与他人的人身、财产安全，交通肇事罪在《刑法》中只能由过失才能构成。并且犯这些罪的人在社区服刑，他们往往不会对周围的人造成威胁，也不会对社会秩序的稳定造成破坏。因此，这类社区矫正对象虽然属于犯罪人，但易于得到别人的“原谅”，甚至某些情况下还会得到人们的同情。所以，他们在社会网络中受到的排斥，相对于其他类型的犯罪程度要低得多。就是受到排斥，自我排斥又是占主要部分。

就像我们上面提到的犯重婚罪的社区矫正对象MRL，他由于自己案件中的特殊情况，现在不想太过多地与朋友之间交往，但是按照他自己的说法：“我现在和朋友之间的关系仍然好得很，虽然现在我属于犯罪人，自己心里有些不自在，我认了。我也是非常讲义气的，在单位和同事关系也不错。主要是这个女人（指他现在的合法妻子）不是个东西。”这里附带说一下，他虽然犯重婚罪被判缓刑，但是原单位并没有与其解除劳动关系，他现在仍然在原工作单位上班。至于他案件的具体情况我们撇开不论，通过与他交谈，在他气愤而激动的侃侃而谈中，能够感觉到他想尽量早日解决此事，并也认识到触犯刑律而为此付出的代价。再看看犯交通肇事罪的社区矫正对象YZM。他现在仍然住在原住宅小区，没有工作，一家三口，有个女儿。与他交谈，让人感觉到最多的是懊悔和自责。问到他现在与家人及其他朋友、邻居等相关人员的关系时，他说：“与家里人都还好，只是在家不太说话。都怪自己一时侥幸，造成现在这个样子，我很对不起她们。与邻居和以前的老朋友关系都还好，但是交往的次数不像以前那么多了，平时主要还是在家，很少出门。主要是不好意思，毕竟自己现在还在服刑。”对以上这两个社区矫正对象，据社工反映，他们比较配合社工的工作，也易于管理，对组织的公益劳动也是积极参加。

四、不同犯罪类型的社区矫正对象的社会网络排斥的比较

虽然社区矫正对象的犯罪类型不同，但是他们都有一个共同的基点，就是他们都属于犯罪人的身份，正如前文所述，这个基点是他们在社会网络中遭到社会排斥的根本原因。也正因为这个基点，社区矫正对象在社会网络中都有些程度不同的自我排斥。再者，每个社区矫正对象的社会网络排斥从总体而言，也存在着“差序格局”的状态，即关系越近的排斥程度越小，关系越远的排斥程度越大。而由于不同的犯罪对国家和社会造成的危害不同，国家和社会对不同犯罪的评价也就有所差异，并且不同类型的犯罪在人们的传统观念中，认识上也存在很大的差异，从而使不同犯罪类型的社区矫正对象在社会网络中遭到社会排斥的程度产生区别。

通过上面对各类型犯罪的社区矫正对象在社会网络中的排斥境况的分析呈现，在各类犯罪中，暴力性犯罪和财产型犯罪的社区矫正对象遭到社会网络排斥的程度最大。这些传统型犯罪（信用卡诈骗罪严格来说不属于传统型犯罪，并且在《刑法》中也与诈骗罪不在一类，由于属于诈骗的方式，故放在此类来探讨），在人们的思想观念中往往与野蛮、贪财、下流联系在一起，也是人类发展初期最常见的犯罪。可以说一谈起犯罪，人们头脑中首先出现的就是这些犯罪，它们在人们的观念中已经根深蒂固。并且这些犯罪在社会中是最被人憎恨的，正如社工 LZL 所说的“一来认为他们道德品质差，二来认为他们没头脑，三来认为他们可能还有暴力倾向”。还有就是这些犯罪里有些不仅侵犯到财产利益，而且侵犯到人身，并且这些犯罪对我们日常生活秩序影响较大。也正因为此，这些犯罪人的家人在众人面前也觉得抬不起头，认为他们是给家庭丢脸、抹黑，进而可能转化为对他们的排斥。所以，在暴力性犯罪和财产型犯罪的社区矫正对象中，最严重的是社会网络关系全部断裂，离了婚、父母不认，一个人过着近乎与世隔绝的生活。就像社工 LL 说这些人：“像这些人非常孤独，不与任何人来往，若哪天在家有什么事，就是死了，都没人知道。”相比较而言，经济类犯罪的社区矫正对象社会网络虽然有所松动，有些也发生断裂，但是，在社会网络中遭受的排斥，不像暴力性犯罪和财产型犯罪的社区矫正对象那么严重。我们上面已经提到，经济类犯罪的构成往往是在法律上或人们的观念中须具备一定的身份条件，也就是不是一般人轻易能够所为的。因此，他们在犯罪前也具有被人们认可的地方。社工 WL 说：“像贪污、受贿、职务侵占、滥用职权、挪用公款、挪用资金、玩忽职守等这些职务性犯罪，起码他们当时具有犯罪的一些条件，你叫老百姓

还犯不了这些罪。所以，有些人还觉得他们有本事。现在社会上腐败这么严重，有些事都见怪不怪了，还觉得你犯罪了是你运气不好呢。”同样，虚开增值税专用发票罪和走私普通货物物品罪，与普通老百姓的日常生活联系的不是那么紧密，虽然法律上对行为人没有具体的条件限制，但是现实中不是想为就为的。除此之外，经济类犯罪主要侵犯的是财产利益，一般情况不侵犯到人身，并且主要又是侵犯的是国家或集体的财产利益。这又拉开了人们与这类犯罪在认识上的距离，使得人们对这类犯罪人的憎恨程度，不像犯暴力性犯罪和财产型犯罪的犯罪人由于可能随时会侵犯到自己的人身、财产利益而那么严重。特别是取得这些犯罪所得的受惠群体，反而还具有“感恩戴德”的思想，这里既可能是家人，也可能是朋友等。所以，经济类犯罪在社会网络中受到排斥相对较轻，甚至在家庭、某些朋友等之间与犯罪前没有太大的变化。至于其他类型犯罪中的重婚罪和交通肇事罪，犯这些罪的社区矫正对象在社会网络中的社会排斥程度也较轻。正如前面所说的，重婚罪既没有侵犯到国家和集体的财产利益，又没有侵犯到他人的人身和财产利益，交通肇事罪又是由过失才能构成，对这些社区矫正对象，与其说他们在社会网络中的排斥来自于法律的惩罚，不如说更多地来自于道德的惩罚，不论是外界的还是内心的。总之，社区矫正对象在社会网络中由于内外等各种因素遭到社会排斥的程度虽然有所差异，但是他们在“罪犯”帽子底下形成的特定的社会关系无法变更，从而使他们在社会中呈现出弱势的镜像。

第三节 社区矫正对象社会排斥的后果及反社会排斥

一、反社会排斥研究概况

社会排斥在现代社会中成为一种显性的且较普及的现象，这从另一方面也反映出现代社会的相关政策及社会的运转过程中存在着一定的缺陷。随着对社会各个领域社会排斥现象的研究增多，不同的学者根据自己的研究对象所涉及的社会排斥情形，也提出了一些反社会排斥的中肯建言。比如，谢新力对农民遭遇社会排斥的政策建议为：改变乡镇政府职能、完善村民自治、保障农民的公民权、维护农民的劳动权利。[①]薛在兴认为解决流浪儿童的社会

① 谢新力:《从社会排斥的视角分析中国农民政治权利的实现》，载《江西社会科学》2003年第10期。

排斥问题，首先应维系儿童健全的家庭，通过建立多子女补助制度、完善家庭早期干预制度、改革我国目前的流浪儿童遣返制度，进而对全方位的排斥进行全方位的改革：进行教育制度改革、改革家庭收养制度、改革流浪儿童救助保护办法、发挥非政府组织在流浪儿童救助中的保护作用、改变舆论导向来培育社会关心爱护流浪儿童的良好社会风尚。[①]周林刚对消除社会对残疾人的社会排斥提出建议：首先，增加社会融合，在全社会树立全新的残疾人观，这是消除残疾人社会排斥的基本前提。其次，开展职业培训，推进残疾人就业，增强残疾人自身的“造血”功能。再次，大力发展教育，提高残疾人自身的素质。最后，加强残疾人立法工作，健全残疾人社会保障体系，营造文明进步的环境氛围（尤其是无障碍基础设施建设），促进残疾人平等地参与社会生活。[②]向德平、唐莉华提出从制度方面、法律和政策方面、经济方面、社会关系方面、文化方面来消除社会对艾滋病患者的各种社会排斥，[③]等等。他们虽然研究的对象不同，但是都是从制度内和制度外两个方面针对这些处于社会弱势群体的社会排斥提出反社会排斥的建言，对社会排斥理论的提升和实践的运行都具有一定的参考价值。

在国际上，陈树强对欧洲国家的反社会排斥政策做出归纳：第一，劳动力市场介入。融入劳动力市场，也即就业，不仅可以提供收入，而且可以提供把个人和社会联结起来的社会与符号价值。欧洲克服劳动力市场排斥的政策和方案主要有：其一，提高失业者组织和参与社会能力的政策和方案。其二，用于劳动力市场嵌入的政策和方案。其三，防止失业和社会排斥的政策和方案。通过超越现金交易关系的政策和方案，运用提供岗位把被排斥者个人生活的文化、教育、健康、家庭和其他方面都整合起来。第二，提升能力。能力是人们在劳动力市场竞争中的一个重要砝码，所以提升能力或进行培训被看作反社会排斥的又一种类型的社会政策。在欧洲发展起来的这种类型的社会政策，或者是支持失业者的常规方案的组成部分，或者是专门设计用来克服社会排斥的。第三，收入支持。传统欧洲的社会救助，主要是为那些不能通过劳动力市场获得体面收入的人提供一个安全网，针对的是包括失业者在内的特殊弱势者。后来随着贫穷、低工资、长期失业和不安全的非标准工作等社会排斥现象的日益增加，社会保险津贴期满的人或者从一开始就不符

① 薛在兴：《社会排斥理论与城市流浪儿童问题研究》，载《青年研究》2005 年第 10 期。
② 周林刚：《社会排斥理论与残疾人问题研究》，载《青年研究》2003 年第 5 期。
③ 向德平、唐莉华：《农村艾滋病患者的社会排斥——以湖北农村的调查为例》，载《华东师范大学学报》（哲学社会科学版）2006 年第 6 期

合资格要求的人的数量也增加了，于是产生试图把收入支持和积极参与社会嵌入的义务联结起来的“用于整合的最低收入”政策。虽然其提供的收入水平不高，但它可以使接受者满足某些基本需求。而且由于这种收入的经常性和稳定性，接受者可以做出长期规划并因而能够获得一个社会嵌入的机会。第四，地域取向。由于社会排斥具有多面向的性质，因而需要跨部门及跨学科的通力合作来反社会排斥，也即利用地理上的地域作为反社会排斥行动的基础、在地方或社区层面上建立连贯的策略。[①]欧洲国家的反社会排斥政策，对我国反社会排斥的实践以及进行深入的研究都具有一定的借鉴意义。

二、社区矫正对象社会排斥的后果

社区矫正对象在各个领域都遭受到社会排斥，而且这些排斥并非孤立地产生着影响，而是相互交织地发挥着作用，一个方面遭受排斥还会引起其他方面遭受排斥的连锁反应。从而导致矫正目标发生偏离、社会秩序受到威胁、社会公正遭受侵害、法治社会得到削弱的不利后果，使社区矫正制度的理念无法彰显、功效无法发挥。

（一）矫正目标发生偏离

实行社区矫正的出发点就是要利用社会上的各种力量，“为表现良好的服刑人员提供一个缓冲的机会和空间，使得他们在刑期内提早开始适应社会生活，并在社区正常的人文环境中逐步以健康的心理状态顺利回归社会，从而减少和避免重新犯罪”。[②]正因为此，最高人民法院、最高人民检察院、公安部、司法部于2003年联合发布的《关于开展社区矫正试点工作的通知》中明确将社区矫正界定为“是与监禁矫正相对的行刑方式，是指将符合社区矫正条件的罪犯置于社区内，由专门的国家机关在相关社会团体和民间组织以及社会志愿者的协助下，在判决、裁定或决定确定的期限内，矫正其犯罪心理和行为恶习，并促进其顺利回归社会的非监禁刑罚执行活动。”据此，社区矫正的目标就可以简单地概括为矫正罪犯的犯罪心理和行为恶习，并促进罪犯顺利回归社会。具体而言，就是对社区服刑的罪犯进行思想、法律、道德、心理等方面的教育，对其家庭、就业等生活方面遇到的困难予以帮助，使其

① 陈树强：《社会排斥：对社会弱势群体的重新概念化》，载中国社会科学院社会政策研究中心社会政策网，2002年11月11日。

② 2002年8月8号吴志明同志在社区矫正试点工作动员大会的讲话。

改过自新、重新做人，融入正常的社会生活中，与社会同步发展，以至于成为能够自食其力，对他人、对社会有用的人。

然而在现实生活中，身背“犯罪”标签的社区矫正对象在各方面遭受的社会排斥，不仅使他们在物质上有所损失，就连最起码的精神慰藉也无法得到，还具有“污名”作用。虽然他们就生活在当下的社会，与其他人过着同样的生活，但是社会排斥在无形中把他们分割为另一类，使他们在同一片蓝天下与其他相同条件的人产生了差距，从而无法真正地融入现实的社会。本身社区矫正对象由于犯罪人的身份，自卑感和缺乏自信心带来的弱势地位就已经是一个永久的伤痛，而现实中的社会排斥就是持续地向他们伤口上撒盐，提醒着他们可能“淡忘”的阴影。这样即使他们有改过自新、重新做人的意念，也会被现实的不平等冲撞得粉碎，甚至使以前的改造成果付之东流，从而社区矫正对象所遭受的社会排斥使社区矫正制度的矫正目标无法实现，甚至会产生一些负面影响。

（二）社会秩序受到威胁

任何社会秩序都是一定时代的人们在一定的法律观、道德观、习俗观等规范原则指导下的社会秩序，它既是人们实践活动的结果，又是人们进一步活动的基本条件和行为准则。甚至可以说，秩序就是人类社会客观存在的一种生存方式。正如马斯洛概括的作为个体的人对安全和秩序的需要：“从这些观察以及其他类似的观察中，我们可以归纳出一点：我们社会中的普通儿童以及成年人（在后者身上不甚明显）一般更喜欢一个安全、可预料、有组织、有秩序、有法律的世界。这个世界是他所可以依赖的。在这个世界中，出人意料、无法应对、混乱不堪的事情或者其他有危险的事情是不会发生的；而且在这个世界里，无论遇到了什么情况也会有强大的父母或者保护人使他免遭受难。”①所以，社会秩序的稳定是人类生存发展的基本前提，是任何国家都予以关注的首要问题。

而社区矫正对象在各方面的社会排斥，不仅不利于他们的改造，还可能构成对社会秩序稳定的威胁。首先，在经济上使社区矫正对象处于更加拮据的状态。经济上的保障是一个人得以在社会上生存的最基本需求，劳动力市场的排斥，使社区矫正对象难以获得生活的基本来源。养老保险、低保、医疗、失业保险等作为社会保险的重要组成部分，就是为了弥补家庭养老的不

① [美]A. H. 马斯洛：《动机与人格》，许金声、程朝翔译，华夏出版社 1987 年版，第 46-47 页。

足、自身生活的困难和无奈，来化解由于年老而带来的各种风险，摆脱眼前的困境，而为他们提供基本的生活保障和救助。特别是对家庭养老不足的社区矫正对象中的老年人和其他无任何生活来源的社区矫正对象，其基本的养老金、低保和医疗救助就是“雪中送炭”。因此再对其进行部分或完全地剥夺，使他们的生活变得更加困顿。其次，在思想上使社区矫正对象易于产生对社会的抵触情绪。社区矫正对象本身就会因为自身的犯罪身份而产生一些自我排斥，若再加上外界的各种社会排斥，就会强化他们的这种自我否定的心理，使他们在心理上产生与社会之间更大的鸿沟。比如社区矫正对象养老保险、低保等作为基本的社会保障在遭受到社会母体的排斥时，他们认为这仍然是一种惩罚，并且是一种持续性的惩罚。社区矫正对象社会网络的排斥，也会使他们产生孤独感、被社会抛弃感。这些都会导致他们失去对生活的信心，失去对社会的期待，不满情绪也会油然而生。生活的贫困和抵触心理积压到一定程度，就很有可能以反社会的行为再次表现出来，以至于重新走上犯罪的道路，成为破坏社会秩序稳定的因素。

（三）社会公正遭受侵害

社会的公平正义，所表现出来的是社会关系中的所有成员在地位、政治、经济、文化等各方面都处于一种合理的状态。社会的公正一直是人类不懈追求的理想和愿望，也是我们党一贯坚持的政治主张和价值追求。罗尔斯在其鸿篇巨制《正义论》的开篇就指出：“正义是社会制度的首要价值，正像真理是思想体系的首要价值一样。……每个人都拥有一种基于正义的不可侵犯性，这种不可侵犯性即使以社会整体利益之名也不能逾越。因此，正义否认为了一些人分享更大利益而剥夺另一些人的自由是正当的，不承认许多人享受的较大利益能绰绰有余地补偿强加于少数人的牺牲。所以，在一个正义的社会里，平等的公民自由是确定不移的，由正义所保障的权利决不受制于政治的交易或社会利益的权衡。”[①]社会公正，简而言之，就是要求权利平等、机会平等、分配公正、规则公平。

社区矫正对象在社会上遭受社会排斥的过程中，权利平等所要求的社会对其成员的不偏袒性，应当以平等的起点融入社会，具有参与相应社会生活的资格等并没有得到实现。比如社区矫正对象由于犯罪人的身份，被制度内或制度外的因素排斥于一定的职位之外，不能融入相应的社会网络之中等。

---

① [美]约翰·罗尔斯：《正义论》，何怀宏等译，中国社会科学出版社1988年版，第3-4页。

机会平等要求社会成员不但有参与社会生活的机会，还有在社会生活中获得发展的机会。然而社区矫正对象在遭受社会排斥的过程中，参与和发展的机会被有形或无形的剥夺。比如社区矫正对象在劳动力市场上的排斥，在申请最低生活保障时所遭受的排斥等。分配公正，就是社会对社会资源按照社会成员的贡献来进行分配，它是社会公正的根本内涵、实质所在和最高层次，也是社会公正的实质体现和最终归宿。而社区矫正对象在遭受社会排斥的过程中，社会资源被正式或非正式地不平等分配。比如社区矫正对象在养老保险制度中所遭受的排斥，在医疗保障中所遭受的排斥等。规则公平要求社会成员在参与经济和社会发展的过程中所面对的行为规范和行为准则，如法律法规、规章制度、道德标准等，都必须正确地、真实地反映现实生活中的各种社会关系及其相互作用，反映相应时期的经济和社会发展的客观规律，体现社会成员正当的愿望和要求。然而社区矫正对象在遭受社会排斥的过程中，不公平的规则在显性地或潜在地发挥着作用。比如社区矫正对象养老保险制度中的有关规定，对有犯罪前科的人排斥于有关职业之外的相关法律的规定等。

（四）法治社会难以实现

“法治”是一个既古老又现代的话题，追根溯源，对法治的理解可以追溯到西方政治思想的奠基人亚里士多德，他认为：“法治应包含两重意义：已成立的法律获得普遍的服从，而大家所服从的法律又应该本身是制定的良好的法律。”[①]这一定义对后世产生了深远的影响，虽然不同国家的法律制度中法治的内容有所差异，但是，从一定意义上来说，他们都是对亚里士多德的法治思想进行符合自己时代精神的发挥和进一步的阐释。总体而言，“法治”的“法”不是指现有的制定法，而是处于更高层次的自然法，也就是说反映了道德性、正义性价值观念的人类社会生存发展的客观规律的“良法”。而现有的制定法中既有“良法”又有“恶法”，“良法”才是法治的前提。“获得普遍的服从”是法治的条件和所要达到的状态。简言之，法治不仅是统治社会的工具，更加体现出来的是一种理想状态，一种社会秩序类型。所以，法治社会一直是人类孜孜以求的奋斗目标，在这个过程中每一步都凝集着人类智慧的结晶。

而目前相关的法律规定，对社区矫正对象的社会排斥合法不合理地客观存在着，有违人类社会生存发展的道德性、正义性的价值观念，与法治社会的本质要求背道而驰。比如根据我国《刑法》第一百条的规定内容，一个人

① 亚里士多德：《亚里士多德选集》（政治学卷），颜一编，中国人民大学出版社 1999 年版，第 138-139 页。

若受过一次刑事处罚，该经历将成为求职就业的障碍。再如对社区矫正对象养老保险的相关规定，导致社区矫正对养老保险的社会排斥，也即对他们来说作为最基本的生活保障的养老金的全部或部分地被剥夺，使得这种不利状态即使已经为他们的犯罪行为承担完责任后还持续地存在着，也有违法治社会的本质内涵和公平、正义的价值理念，在法治的建设发展中具有负面效应，从而不利于法治社会的实现。

法治社会的实现不仅体现在立法上，还体现在司法的过程中。因为立法是将纷繁复杂的人类行为归纳抽象为一般的、普遍的、非人格化的规范，这是实现法治社会的前提条件，而司法则是要将这些抽象的规范运用于具体的案件中，赋予具体的个案一定的规范效果，由于司法具有统一裁判各种纠纷、并最终解决纷争的权威性和地位，所以司法是实现法治社会的最终表现。并且，公众对法治社会的认识和理解，往往并不是通过对纸面上的法律条文的学习和感悟，而是直接通过司法实践所感受到的。于是，司法对法治社会的实现，特别是对公众而言，是最直接、外显的过程。作为犯罪人身份的社区矫正对象在遭受社会排斥的过程中，尤其是法律、政策等规范性文件的不合理所导致的排斥现象，不仅降低法律、政策等规范性文件在公众心目中的神圣地位，而且减损司法目标实现的效果，从而有违社区矫正制度设立的初衷，也成为法治社会实现的阻滞因素。

三、针对社区矫正对象的反社会排斥的主要措施

社区矫正对象在社会上遭受社会排斥的现实，所产生的不利后果应引起我们每个人的关注，因而反社会排斥的策略对减小甚至消除社区矫正对象的社会排斥，为社会的良性运行发展有着重要的理论和实践意义。在现实生活中，无论是在舆论上还是在实际的运行中，一些反社会排斥的运作已经取得了较大的成果。在这里，我们从整体上归纳总结出反社会排斥的主要措施有转变观念、情感支持、物质帮助、提高技能、机会平等、政策保障等几个方面。

（一）转变观念

我国台湾学者林山田认为，对罪犯施以刑罚，用刑罚的痛苦来报应犯罪的恶行，一方面可以实现正义的理念，另一方面可以增强“伦理的力量”，用以形成社会大众的“法意识”以建立社会赖以存在的法秩序。[①]但是，在我国

① 林山田:《刑罚学》，台北三民书局1983年版，第48页。

的传统观念中，不仅深深地根植着"善有善报、恶有恶报"的思想，而且"重刑主义"一直占据着主导地位。于是在民众中就形成这样一种观念：一个人犯了罪，就应该对他进行严重的惩罚，只有让他受苦、失去自由甚至生命，才能使他得到赎罪，才能满足人们的正义感。这样也就导致除了判处死刑之外的罪犯，只有在壁垒森严的高墙电网中才是对他们的真正惩罚，才使他们与我们真正地划清界限，才能使社会真正地得到安宁。据零点调查公司对北京市的抽样调查，在不接受社区矫正的居民中，有 24.9% 的人认为"在社区里服刑，对他们的惩罚太轻"。有的居民说："你在院里（社区内）服刑，你是在服刑期间呀，他跟没事似的，他没有压力了。"有的居民说："按我的思想是绝对不行，你犯了罪了就要严肃处理，犯错与犯罪是两个概念，你这等于是把国家的法律当儿戏了，没有一点儿力度了。"还有的居民说："他既然犯了罪了，咱们就不能给他机会，绝对不能给他第二次机会犯罪，知道吗？你如果说提前给他机会了，把他下放到社会了，他觉得国家的约束力就没有了。"① 这些隐性的、非物质化的观念障碍，是与我国正在如火如荼实行的社区矫正制度的价值理念相悖的，是社区矫正对象在社区服刑遭到社会排斥的思想根源。

随着社会的进步、文明程度的提高，我们对待犯过错误乃至犯罪的人的思想观念上的认识也应该得以改变。他们虽然从事过不被社会普遍认可的行为，得到社会的否定评价，但是他们已经或正在承担着以前行为所产生的不利后果，也为此付出了一定的代价。何况社区矫正对象也与我们生活在同一片蓝天下，和我们过着同样的生活，面临着同样的来自于自然或社会的风险。他们既然是我们生活中的一分子，是社会中一个有机的组成部分，无论是从他们自己考虑还是从整个社会的利益考虑，我们都不应该将他们用无形的栅栏分割为另一类，并且在实质意义上也无法分割出去。同样，我们也应该看到他们"善"的一面，用发展的眼光看待他们，应该给予他们一个改过自新，重新做人的机会。俗话说"人无完人，孰能无过"，今天对待他们的社会排斥，可能就是以后的某一天社会对待自己的排斥。其实我国社区矫正制度的设立与推广，也正是从这些方面的考虑，虽然目前还有很多不完善的地方，但是任何事情并非一蹴而就，我国的社区矫正制度对于软化我国坚固的"重刑主义"等思想观念已经起到了前所未有的作用。行为的取向来自于思想的主导，因此，我们每一个人和国家对待犯罪人的传统观念的转变，是减小乃至消除

① 转引自但未丽：《社区矫正：立论基础与制度构建》，中国人民公安大学出版社 2008 年版，第 156-157 页。

社区矫正对象社会排斥的最深层的因素。

（二）情感支持

“人是一个精神的存在，情感是人的精神生活的重要内涵，是人的生命力的重要体现。凡人皆有情。”[①]作为世界上情感最为丰富的一种生灵的人，其表达情感的方式也最为多样，如喜、怒、哀、乐、忧、痛、惊、惧等，甚至一个微妙的眼神等肢体行为都能予以表达。从某种意义上来看，人生活在世上情感的需求还会高于肉体的满足，此时人的身躯只是情感的载体而已。就像维特根斯坦在《哲学研究》中所说的“人的身体是人的灵魂的最好的图画”。正因为此，我们不乏听到过为了一份情感而终生煎熬着肉体的痛苦，或者为了一份情感而放弃自己的生命之类的事例。看不见摸不着的情感，通过躯体的外在行为得以表现，而行为又并非是一个人的最终目的，其最终目的还是通过行为来传递或满足情感的需求。因而对人的规范，外在的规范是强制的、表面的、短暂的，内在的规范才是自觉的、内在的、长久的。

然而，情感又具有联动性，“良性的连动能起积极的作用，整合行为人的情感组合，创造和谐互动的感情氛围，使行为人群体呈现出昂扬向上、生机勃勃的健康态势。而恶性的联动则起到消极的作用，可使一些颓废、糜烂、腐朽的思想情感在行为人中弥漫传播，浸淫侵蚀群体中每个成员的情感健康，使群体的消极性力量异化生长，进而危及他人与社会。”[②]作为犯罪人的社区矫正对象，在社会上遭受社会排斥的过程中，他们不仅仅失去的是有形的物质损失，无形的情感流失也与物质损失形影相随，并且在没有物质损失的情况下，情感的受伤也在所难免。因此，情感的缺失体现在社区矫正对象的社会排斥的各个方面和整个过程中，从而产生情感的恶性连动。那么，给予社区矫正对象的情感支持在反社会排斥中就显得尤为重要，这直接决定着社区矫正制度的目标是否能够得到真正地实现，即矫正他们的犯罪心理和行为恶习，使他们顺利回归社会。在对社区矫正对象的情感支持，应该体现在家庭、单位、社区等外界的各个方面，由于他们本身就有自责和极其敏感心理，因此简单的一句话、一个细小的行为可能都会使他们有归属感，都是对他们的情感支持。同样，不仅仅对社区矫正对象本人给予情感支持，还要对他们共同生活或关心的人给予情感支持，这既是社会和谐发展的需要，也是社区矫

---

① 贾洛川：《罪犯感化新论》（绪论），广西师范大学出版社 2009 年版，第 1 页。

② 刘强：《社区矫正制度研究》，法律出版社 2007 年版，第 405 页。

正对象得以矫正的保障。比如社工 ZY 谈到宝山区大场镇大华三村四居委杨书记的两个事例，为我们在生活中对社区矫正对象的情感支持具有一定的典型意义。“杨书记是一名非常正直的共产党员。有一天他上班看到一名女清洁工在为他们办公室打扫卫生，他认为基层干部办公室不应该用清洁工，没有必要浪费这笔开销。于是他就提前上班，把卫生打扫好，水烧好，心想这样你还有什么事做。后来知道这名清洁工是社区服刑人员，就动员所有办公室人员早上与她一起打扫卫生，那名女工非常感激。还有一名贩卖毒品被判刑后来保外就医的对象，现在这名对象已经去世。由于他贩毒还吸毒，给他家庭带来巨大的经济负担。杨书记认为他虽然犯了罪，但是他的家里人是无辜的，我们不能因为他的罪行而漠视他家人现有状况。于是又动员居委会所有党员为他捐款，其他社区服刑人员后来都被感动了，也纷纷加入到捐款的行列，当时的场面非常感人。”（社工 ZY）虽然第二个对象主要是对他的家庭所进行的物质帮助，其中更重要的是传递着情感的关怀，使得他们的精神得以慰藉。因此，情感支持不仅是对社区矫正对象本人，还具有一定的感染力，不仅是针对一个点，还会带动一个面，在反社会排斥中具有举足轻重的深刻含义。

（三）物质帮助

美国人本主义学者马斯洛曾提出著名的“需要层次理论”，即人的需要是由生理需要、安全需要、归属需要、尊重需要和自我实现需要五个层次构成的。这五个层次的需要又可划分为两大类：一类是基本需要或物质需要。第一、二层次的需要属于这一类需要。此类需要是因缺乏而产生的，故称匮乏性需要，或缺失性需要，属于低层次的需要。另一类是心理需要或精神需要。第三、四、五层次的需要属于心理这一类需要。此类需要因个体生长所必需，故又称之为成长性需要，或发展性需要，属于高层次需要。马斯洛认为，只有低层次的需要得到满足，人才会产生高层次的需要。[①]人生在世，衣食住行是最基本的物质需求，也就是马斯洛所说的第一层次的需要，这些最基本的物质需求都没有实现的情况下，其他的一切都将成为空中楼阁。“人为财死，鸟为食亡。”在生产力水平较低的社会里，绝大多数的犯罪都因此而发生，即使是在现代的文明社会，为此而越轨的也比比皆是。因此，最基本的物质需求是一个人能够在社会上生存的最基本的前提，只有在此基础上才谈得上生

① 贾洛川：《罪犯感化新论》，广西师范大学出版社 2009 年版，第 172-173 页。

活的质量、精神上的满足，也才能对他们人权的保障成为可能。

社区矫正对象在社会排斥的过程中，基本的物质短缺，是反社会排斥首先需要考虑的问题，因而物质帮助是反社会排斥中最直接、最普遍、最现实的一种形式。在现实生活中，无论是从人道主义出发，还是为了实现社区矫正制度的目标，从各种渠道提供的物质帮助渗透在社区矫正对象矫治的各个方面。比如对家庭经济困难的社区矫正对象的低保、临时补助、生活特困补助、廉租房、医疗救济等制度内的物质帮助，捐款、节日慰问金、针对社区矫正对象子女的爱心助学款等制度外的物质帮助。这些物质帮助为社区矫正对象渡过眼前的难关，缓解生活上的压力，平息思想上的波动，逐步融进正常的社会生活，减弱乃至消除社区矫正对象在社会中遭受社会排斥带来的负面效应，都具有不可替代的巨大作用。如一名社区矫正对象在服刑期间给黄浦区工作站的感谢信中这样写道："2006 年 4 月假释期满，回归社会已有五年半，身体一直不好，也没有工作，每月靠政府的低保金生活，我虽然有一个弟弟，但极少联系，至今也没有迈进我弟弟的家门，原因很简单，因为我坐过大牢，兄弟之情如此淡薄，令人心凉！可我万万没想到，现在唯一关心我的人只有街道社工 LL。我患有慢性肝炎、肾炎、高血脂等多种疾病，没有医保，根本没钱去医院治疗，LL 多次为我向居委会反映情况，帮助我落实医疗帮助，平均每年 600 元，满足了我购买药品的需求。为了解决我的后顾之忧，在 LL 的努力下，居委会曾两次替我申请慈善医疗卡，尽管上级还没有批下来，但 LL 和居委会的心意我都领了。"物质帮助虽然钱不多，但是对社区矫正对象本人及社会的稳定的作用不可低估。

同样，对社区矫正对象提供物质帮助也是保障他们人权的基本前提。人权是人依其自然属性和社会属性所享有和应该享有的权利。人人皆有自然属性和社会属性，因而人人皆有人权。正如徐显明教授所言："人权的主体是普遍的，不管是'敌人'，还是'人民'，只要他是人，他就享有人权。"[①]犯过罪的人也是人，当然也享有人权。2004 年 3 月 14 日，对我国人权保障而言具有里程碑意义，也是我国立法史上、宪政史上最重大事件之一的是将"国家尊重和保障人权"正式写入宪法。但是，人权的行使是以一定的物质为基础的，即所谓"无财产便无人权"，否则"尊重和保障人权"也只不过是造成空气振动的漂亮口号而已。这种现象在社会生活中并非少见。例如，"为了发展经济，许多保护市场主体法律法规，对资方利益保护有加，对劳工权利的保

① 转引自陈佑武：《罪犯人权保障理念的提出及其意义》，载《行政与法》2006 年第 2 期。

护则不充分。‘打工仔’或‘打工妹’为了有限的工资有意识或无意识‘忍气吞声’地让渡自己的人权。又如，在教育权的保障方面，有较强经济基础的学生往往能享有更好、更全面的教育，而经济基础很差的学生往往无法充分实现其受教育权。再如，经济基础较好的人一般会得到较好的社会评价与肯定，受人尊敬，而经济基础较差的往往社会评价不很高，也往往难以得到社会的应有尊敬。”[①]因此，针对社区矫正对象的反社会排斥中，提供物质帮助还具有保障人权这个更深层的内涵。

（四）提高技能

技能是一个人谋生的手段，尤其是随着科学技术的发展，社会分工越来越细，在复杂多变的社会中能够得以生存，一个人的技能成为不可或缺的重要因素。其实从古至今，每个人随着社会发展的同时，都是在无意识或有意识地提高自身技能的过程，这样他才能立足于社会，能够自食其力。从某种意义而言，这也是人类随着社会的进步不得已而为之。并且根据个人技能的高低，也就决定了其在社会中所从事的工作性质与所处的社会阶层。因而可以这么说，一个人自身所具有的技能情况，决定和反映了其在社会上生存和发展的意义与空间。

社区矫正对象在社会上遭受社会排斥的过程中，特别是求职的过程中，其技能低下是不可忽视的阻滞因素。正如前文所呈现的社区矫正对象的社会排斥镜像，他们所从事的主要是一些工资待遇较低、流动性较大的低技能岗位。因而要使社区矫正对象在社会中易于寻得一块自食其力的方田，提高他们的技能是无法回避的现实。物质帮助只能是一时的或较低需求的救济，提高技能才是受益终生的帮助。正因为此，授人以鱼，不如授人以渔，目前在现实生活中设置了许多提高社区矫正对象技能的学习班、培训班等。比如街道社区文化中心举办的网络知识免费学习班、修理制作等各种岗位的技能培训班，等等。这些都在针对社区矫正对象的反社会排斥中产生了一定的效果。比如社工 WW 说：“有名对象我们建议他学习装配‘行车’技术，后来在一家私营‘行车’厂找到了活干。在工作中他的技术日渐成熟，老板对他也变得非常信任。现在他对自己的生活充满了信心，也再没有到前妻家吵闹。他老母亲看到儿子心情舒畅、安心工作、正常生活，感到非常欣慰。”所以说要

① 陈佑武:《人权保障的几个原理问题》，载《江西社会科学》2006 年第 3 期。

使社区矫正对象真正摆脱外界的扶持，独立地行走在社会之中，削弱社会对他们的排斥，他们自身的技能提高才是真正的立命之本。

（五）机会平等

机会，是指社会成员生存与发展的可能性空间和余地。对于每一位社会成员而言，机会是一种资源。而所谓的机会平等，是指社会成员在解决如何拥有作为一种资源的机会问题时应遵循这样的原则，即平等的应当予以平等的对待，不平等的应当予以不平等的对待。从机会对于不同层面的社会成员所具有的不同意义的角度着眼，可以把机会平等分为“共享的机会平等”（共享机会）和“有差别的机会平等”（差别机会）这样两种类型。所谓共享的机会平等，是指从总体上来说每个社会成员都应当具有的大致相同的基本发展机会。而所谓有差别的机会平等，是指社会成员之间的生存与发展的机会不可能是完全相等的，应有着程度不同的差别。[①]机会是否平等，影响着一个人在社会上的生存与发展，决定着社会资源的占有情况。

社区矫正对象在社会上遭受社会排斥的重要表现之一就是机会不平等，这里既有制度外的阻隔又有制度内的规制所致，比如人们对犯罪人的传统看法、为了物质名誉等自身利益、相关法律政策有差别的规定等，这些都使得社区矫正对象在社会资源的占有上处于不利地位，从而呈现出弱势的镜像。因而对社区矫正对象提供平等的机会，也是针对社区矫正对象的反社会排斥的重要内容。这就要求我们不但提供“共享的机会平等”，这是前提，而且同时也应认识到个体之间的差异，正确地对待“有差别的机会平等”。易言之，我们说的是机会平等，而非机会相等。比如在劳动力市场上，虽然社区矫正对象是犯罪的人，若不影响工作性质的情况下，处于同等条件时，我们不应该戴着有色眼镜去审视他们，要看他们现有的条件和未来的发展，给他们一个竞争的平台和回报社会的机会。社工 WL 根据他工作多年中遇到的情况深有感触地说：“说实话，我在没有干这份工作之前，对犯罪的人的看法也是总认为他们都不是好人。其实并非如此，犯罪的原因各种各样，有些人也不是我们想象的那样坏。但是，他们毕竟是犯罪的人，就是因为这个，很多东西都无法得到，有些并不是他们没有这个能力，而是社会根本就没有给他们这个机会。”正因为机会的大门在很多情况下对社区矫正对象关闭了，导致他们无法享受到应该享受也能够享受到的资源，失去了改变自己和证明自己的平台。

① 吴忠民：《社会公正论》，山东人民出版社 2004 年版，第 6 页。

（六）政策保障

政策是成文化的规则，它是对社会生活规律的提炼，既来自于社会生活又最终服务于社会生活，既有规范作用又有指导作用。任何一个国家或地区为了对某一个领域的调整具有统一性、稳定性和强制性，都会制定相应的政策。也即政策过程的起点是社会问题，为了解决社会问题，通过政策议程，社会问题就转化为政策问题，政策过程就随之开始了。经过政策制定、执行、评估、终结等阶段性过程，解决了社会问题，实现了政策主体确定的目标，政策运行的全过程终止。然后又会产生新的社会问题，如此循环反复。如果从价值论的角度来看，社会问题就是已经实现的价值和尚未实现的价值之间的矛盾。政策过程，就是政策主体对尚未实现的价值的一种追求，也就是政策主体想要实现的价值，这是政策主体所追求的终极目标。[①]简而言之，政策具有相对的稳定性和强制性的特点，它会随着社会的发展变化而适时地进行调整。若违反政策，将有国家的强制力为后盾来进行制裁。于是，对某一领域的保护若上升到政策这个制度层面，也就进入正规的、持续的、强制的保护。

社区矫正对象在遭受社会排斥的过程中，既有制度外的因素也有制度内的因素，政策因素所产生的社会排斥就属于制度内的因素。制度内的因素产生的社会排斥具有刚性，也是社区矫正对象感到最无可奈何的。因而在针对社区矫正对象的反社会排斥中，对不合理的政策制度应该进行修改，对相关政策制度的缺失应该进行制定。只有完善的政策保障，才能使针对社区矫正对象的反社会排斥得到国家的认可，上升到国家层面，从而使反社会排斥具有一定的强制性，也才能使其他反社会排斥方式具有一定的依据，在实践中具有可操作性。因此，在访谈的过程中，各方面在针对社区矫正对象的反社会排斥的政策保障的呼声最高，也就不言而喻。

（七）完善立法

我国目前针对社区矫正的国家层面的规范性文件主要有：2003 年 7 月 10 日最高人民法院、最高人民检察院、公安部、司法部联合下发的《关于开展社区矫正试点工作的通知》，2005 年 1 月 20 日高人民法院、最高人民检察院、公安部、司法部联合发布的《关于扩大社区矫正试点范围的通知》，以及 2009 年 9 月 2 日，最高人民法院、最高人民检察院、公安部、司法部联合下发的

① 刘斌、王春福：《政策科学理论》，人民出版社 2000 年版，第 14 页。

《关于在全国试行社区矫正工作的意见》。而这些《通知》和《意见》从立法学意义上来看并不属于法律的范畴，也不属于司法解释。因为"司法解释必须也只能由'两高'（即最高人民法院、最高人民检察院）制定，其内容必须是对现行的《刑法》和《刑事诉讼法》所规定的内容予以解释，不能超出法律规定的范围。而该《通知》除'两高'参与制定外，还有两部（公安部、司法部），显然不符合司法解释的主体要求。同时《通知》已超出了法律规定的限制，明确将社区矫正的实际监督、矫正和服务职权交给司法行政部门，具有对刑事（罚）执行权或司法权的重大调整。"①所以，严格意义上看，目前我国还没有关于社区矫正的法律。

除了国家层面的规范性文件之外，各试点省（区、市）政法机关还制定了一些地方性的带有政策指导性的文件（比如上海有《上海市社区矫正管理办法（条例）》、北京有《关于开展社区矫正试点工作的意见》、浙江有《浙江省社区校正试点工作意见》、山东省制定了《山东省社区矫正工作实施细则》等），以及公安、检察院、司法行政机关各部门内部制定与发行的文件（比如司法部 2004 年 5 月 9 日印发的《司法行政机关社区矫正工作暂行办法》）。这些文件在各地开展社区矫正工作都具有直接的规范效力。

正是由于目前规制社区矫正的规范性文件的规格不高，可以说是针对社区矫正存在着法律"真空"状态，既与"依法治国"的国家政策不符，也与同属于刑事执行法范畴的《监狱法》不处于同一层次。由于，社区矫正毕竟是一项刑事执法活动，在当今强调法律治理国家的重要性的世界中，开展一项刑事执法工作没有充分的法律依据是不可想象的。因此，制定《社区矫正法》是完善且能够得以健康发展社区矫正制度的必由之路，也是我们法治国的必然要求。也只有如此，才能使我们上面提到的各种针对社区矫正对象的反社会排斥的措施制度化、规范化，才能使人们更加理解社区矫正制度的初衷以及更加重视社区矫正制度存在，从而引领对社区矫正对象这些犯罪的人的重新认识和适当关注，为构建和谐社会做些力所能及的贡献。

随着社会排斥现象的增加和对社会排斥研究的深入，反社会排斥也就成为当然的话题。国内外学者针对自己的研究对象提出了各种反社会排斥的建言，为反社会排斥运动起到了一定的推动作用，也为本书针对社区矫正对象的反社会排斥得到一定的启示。

之所以要进行反社会排斥，就是因为社会排斥在社会中造成了一定的不

① 王顺安：《社区矫正研究》，山东人民出版社 2008 年版，第 261 页。

利后果。而社区矫正对象在社会中遭受社会排斥后，会导致矫正目标发生偏离、社会秩序受到威胁、社会公正遭受侵害、法治社会得到削弱的不利后果。从而使社区矫正制度的理念无法彰显，功效无法发挥。

正是由于社区矫正对象在社会中遭受社会排斥会产生一定的不利后果，因此必须进行反社会排斥。在现实生活中，针对社区矫正对象的反社会排斥以各种方式存在着，并且也取得了一定的效果。我们从整体上归纳总结出反社会排斥的主要措施有：转变观念、情感支持、物质帮助、提高技能、机会平等、政策保障、完善立法等。

参考文献

[1] [英]皮特·雷诺，莫里斯·范斯顿. 解读社区刑罚——缓刑、政策和社会变化[M]. 刘强，王贵芳，译. 北京：中国人民公安大学出版社，2009.

[2] [英]詹姆斯·迪南. 解读被害人与恢复性司法[M]. 刘仁文，等，译. 北京：中国人民公安大学出版社，2009.

[3] [英]朱利安·罗伯茨，麦吉·豪夫. 解读社会公众对刑事司法的态度[M]. 李明琪，等，译. 北京：中国人民公安大学出版社，2009.

[4] [日]大塚仁. 刑罚概说（总论）[M]. 冯军，译. 北京：中国人民大学出版社，2003.

[5] [日]大谷实. 刑事政策学[M]. 黎宏，译. 北京：法律出版社，2000.

[6] [意]恩里科·菲利. 犯罪社会学[M]. 郭建安，译. 北京：中国人民公安大学出版社，1990.

[7] [美]L. A. 柏文. 人格科学[M]. 周榕，等，译. 上海：华东师范大学出版社，2001.

[8] [美]罗纳德·J. 博格，等. 犯罪学导论——犯罪、司法与社会[M]. 刘仁文，颜九红，张晓艳，译. 北京：清华大学出版社，2009.

[9] [英]戈登·休斯. 解读犯罪预防——社会控制、风险与后现代[M]. 刘晓梅，刘志松，译. 北京：中国人民公安大学出版社，2009.

[10] [英]海泽尔·肯绍尔. 解读刑事司法中的风险[M]. 李明琪，等，译. 北京：中国人民公安大学出版社，2009.

[11] [意]切萨雷·龙勃罗梭. 犯罪及其原因和矫治[M]. 吴宗宪，等，译. 北京：中国人民公安大学出版社，2009.

[12] [德]康德. 道德形而上学原理[M]. 苗力田，译. 上海：上海人民出版社，1986.

[13] 蔡德辉，杨士隆. 犯罪学[M]. 台北：五南图书出版公司，2004.

[14] 崔建宇. 论行政程序的功能[J]. 山西青年管理干部学院学报，2001（2）.

[15] 陈瑞华. 通过法律实现程序正义——萨默契斯“程序价值”理论评析[J]. 北

大法律评论，1998，1（1）.
[16] 陈兴良，梁根林. 润物无声——北京大学法学院百年院庆文存之刑事一体化与刑事政策[M]. 北京：法律出版社，2005.
[17] 陈和华. 论我国社区矫正的组织制度[J]. 法学论坛，2006（4）.
[18] 陈正云. 刑法的经济分析[M]. 北京：中国法制出版社，1997.
[19] 狄小华. 社区矫正评估研究[J]. 政法学刊，2007（6）.
[20] 丁寰翔，等. 社区矫正理论与实践[M]. 北京：中国民主法制出版社，2009.
[21] 但未丽. 社区矫正；立论基础与制度构建[M]. 北京：中国人民公安大学出版社，2008.
[22] 何显兵. 社区刑罚研究[M]. 北京：群众出版社，2005.
[23] 何显兵. 死缓制度研究[D]. 北京：中国政法大学，2009.
[24] 季卫东. 法律程序的意义[J]. 法学研究，1993（1）.
[25] 姜爱东. 关于社区矫正立法中的几个问题[J]. 中国政法大学学报，2010（6）.
[26] 骆群. 弱势的镜像：社区矫正对象社会排斥研究[M]. 北京：中国法制出版社，2012.
[27] 刘强. 美国社区矫正演变史研究[M]. 北京：法律出版社，2009.
[28] 刘强. 美国社区矫正的理论与实务[M]. 北京：中国人民公安大学出版社，2004.
[29] 刘强. 社区矫正制度研究[M]. 北京：法律出版社，2007.
[30] 刘强. 社区矫正的定位及社区矫正工作者的基本素质要求[J]. 法治论丛，2003（2）.
[31] 刘作揖. 少年观护工作（增订五版）[M]. 台北：五南图书出版公司，2007.
[32] 刘豪兴，朱少华. 人的社会化[M]. 上海：上海人民出版社，1993.
[33] 刘益民，程甫，刘耀中. 心理学[M]. 北京：科学出版社，2000.
[34] 罗大华：犯罪心理学[M]. 北京：中国政法大学出版社，2003.
[35] 罗国杰：人道主义思想论库[M]. 北京：华夏出版社，1993.
[36] 李蓉. 社区矫正程序实证研究[M]. 湘潭：湘潭大学出版社，2011.
[37] 李宏伟. 论我国社区矫正试点工作的现状、问题、对策及前瞻[D]. 中国政法大学，2005.

[38] 范燕宁，席小华．矫正社会工作研究[M]．北京：中国人民公安大学出版社，2009.
[39] 刘豪兴，朱少华．人的社会化[M]．上海：上海人民出版社，1993.
[40] 柳忠卫．假释制度比较研究[M]．济南：山东大学出版社，2005.
[41] 陆敏．论我国非监禁刑罚制度的完善[J]．华北电力大学学报：社会科学版，2009（6）.
[42] 卢琦．监狱服刑人员未成年子女基本情况调查”综述[J]．中国监狱学刊，2007（1）.
[43] 林山田．刑法通论（下册）[M]．北京：北京大学出版社，2012.
[44] 林立．波斯纳与法律经济分析[M]．上海：上海三联书店，2005.
[45] 马怀德．论行政听证程序的基本原则[J]．政法论坛，1998（2）.
[46] 屈新，何显兵．社区矫正根据的反思与再定位[J]．中国司法，2005（9）.
[47] 孙笑侠．法律程序设计的若干法理[J]．政治与法律，1998（4）.
[48] 孙笑侠，夏立安．法理学导论[M]．北京：高等教育出版社，2004.
[49] 司绍寒．社区矫正立法基本问题研究[J]．中国司法，2011（4）.
[50] 王珏，王平，杨诚．中加社区矫正概览[M]．北京：法律出版社，2008.
[51] 王平．社区矫正制度研究[M]．北京：中国政法大学出版社，2014.
[52] 王平. 口头解读刑法修正案(八)——社区矫正制度上升为法律规定[J]. 法制日报，2011-04-27.
[53] 王名扬．美国行政法[M]．北京：中国法制出版社，1993.
[54] 王泰．现代监狱制度[M]．北京：法律出版社，2003.
[55] 吴宗宪．当代西方监狱学[M]．北京：法律出版社，2005.
[56] 吴宗宪．刑事执行法学[M]．北京：中国人民大学出版社，2007.
[57] 吴宗宪．社区矫正比较研究（上卷）[M]．北京：中国人民大学出版社，2011.
[58] 吴宗宪．论社区矫正立法与刑法修正案[J]．中国司法，2009（3）.
[59] 吴宗宪. 利用社会资源开展社区矫正的模式探讨[J]. 中国司法，2007(1).
[60] 赵秉志，郎胜．和谐社会与中国现代刑法建设：新刑法典颁行十周年纪念文集[M]．北京：北京大学出版社，2007.
[61] 肖天存．常州审结全省首例社区矫正对象减刑案件[J]．江苏法制报，2007-08-21.
[62] 薛波．元照英美法词典[M]．北京：法律出版社，2003.

[63] 袁登明. 行刑社会化研究[M]. 北京：中国人民公安大学出版社，2005.
[64] 严励. 刑事政策的概念分析[J]. 江苏警官学院学报，2003（3）.
[65] 周晓虹. 现代社会心理学[M]. 上海：上海人民出版社，1997.
[66] 郑杭生. 社会学概论新修[M]. 3版. 北京：中国人民大学出版社，2013.
[67] 郑震. 犯罪压力下的警力资源不足之探讨[J]. 北京：中国人民公安大学学报：社会科学版，2008（1）.
[68] 张明楷. 刑法学[M]. 北京：法律出版社，2007.
[69] 湛中乐，王敏. 行政程序法的功能及其制度[J]. 中外法学，1996（6）.